中国社会科学院文库
经济研究系列
The Selected Works of CASS
Economics

中国社会科学院创新工程学术出版资助项目

中国社会科学院文库·经济研究系列
The Selected Works of CASS · Economics

产能过剩、重复建设
形成机理与治理政策研究

Research on the Formation Mechanism and
Governing Policies of Excess Capacity and
Repeated Construction of China's
Industry during China's Transition

李 平　江飞涛　曹建海　等 / 著

社会科学文献出版社
SOCIAL SCIENCES ACADEMIC PRESS (CHINA)

　　本书为中国社会科学院数量经济与技术经济研究所李平研究员与中国社会科学院工业经济研究所曹建海研究员主持的国家社科基金重点项目"转轨体制下中国工业产能过剩、重复建设形成机理与治理政策研究"（项目号09AZD017）的最终成果，参与本书撰写的作者有：李平、江飞涛、曹建海、耿强、李晓萍、傅坦、商闯红、张航燕。

《中国社会科学院文库》
出版说明

　　《中国社会科学院文库》（全称为《中国社会科学院重点研究课题成果文库》）是中国社会科学院组织出版的系列学术丛书。组织出版《中国社会科学院文库》，是我院进一步加强课题成果管理和学术成果出版的规范化、制度化建设的重要举措。

　　建院以来，我院广大科研人员坚持以马克思主义为指导，在中国特色社会主义理论和实践的双重探索中做出了重要贡献，在推进马克思主义理论创新、为建设中国特色社会主义提供智力支持和各学科基础建设方面，推出了大量的研究成果，其中每年完成的专著类成果就有三四百种之多。从现在起，我们经过一定的鉴定、结项、评审程序，逐年从中选出一批通过各类别课题研究工作而完成的具有较高学术水平和一定代表性的著作，编入《中国社会科学院文库》集中出版。我们希望这能够从一个侧面展示我院整体科研状况和学术成就，同时为优秀学术成果的面世创造更好的条件。

　　《中国社会科学院文库》分设马克思主义研究、文学语言研究、历史考古研究、哲学宗教研究、经济研究、法学社会学研究、国际问题研究七个系列，选收范围包括专著、研究报告集、学术资料、古籍整理、译著、工具书等。

中国社会科学院科研局

2006 年 11 月

摘　要

2012 年以来，国内经济增速放缓，国际市场持续低迷，我国工业领域产能过剩问题更加突出。传统制造业产能普遍过剩，特别是钢铁、水泥、电解铝、平板玻璃、船舶等行业尤为突出。在新兴产业领域，多晶硅、光伏电池、风能设备等产品产能过剩亦相当严重。如不及时化解和调整过剩产能，将会使得部分行业长期陷入难以转型升级的困局，且会引发诸多新矛盾甚至导致经济危机。因而，正确认识产能过剩问题，准确把握当前产能过剩的形成机理，寻求化解产能过剩的长效机制，既紧迫又具有重要现实意义。

本书首先区分了两种不同类型的产能过剩。一种是在比较完善和健全的市场体制下，现实经济运行的供需动态匹配和调整过程中以及经济周期性波动过程中出现的生产能力相对需求过剩的情形。另一种是经济体制缺陷扭曲企业投资行为而导致的产能过剩。本书指出第一种产能过剩是市场经济的常态，市场机制能有效调整这种产能过剩，并不需要宏观经济政策之外其他政策进行应对；第二种产能过剩是制度扭曲与政府的过度干预，使得企业过度投资以及市场协调供需均衡的机制难以有效运转，进而导致系统性的产能过剩和经济波动加剧，这才是中国出现产能过剩顽疾的关键所在，也是政策部门真正需要重点关注的问题。

接着本书分析了本轮产能过剩及部分重点行业产能过剩的基本情况与主要特征，并指出：本轮产能过剩涉及行业领域广泛，呈现全方位产能过剩的新特点；由于本轮产能过剩是发生在我国经济发展阶段转换与世界经济深度调整的背景下，故本轮产能过剩还具有长期性的特征。

进而本书深入解析了本轮产能过剩的形成机制，并指出增长阶段转换与体制机制缺陷共同作用导致本轮产能过剩。一是中国经济与世界经济进入深度调整期，这是导致本轮产能过剩的直接原因；二是体制缺陷背景下，地方政府在招商引资领域的恶性竞争是导致本轮产能过剩的深层次原因，也是导致本轮产能过剩最为主要的原因；三是产业政策上存在的缺陷也是推动产能过剩形成的重要原因。

本书进一步的研究表明财政分权和以考核 GDP 增长为核心的政府官员考核机制，使得地方政府有强烈招商引资竞争的动机，土地所有权的地方垄断、资源能源等要素价格扭曲、金融体系的软预算约束以及生态与环境补偿机制的缺乏，使低价供地、财政补贴、提供廉价资源、帮助企业获取金融资源以及降低环保要求等措施成为地方政府招商引资大战的主要手段。正是这种恶性招商引资竞争，导致系统性的产能过剩。此外，地方保护主义使得市场调整和化解过剩产能的机制难以有效运转。

本书接着对于现阶段产能过剩治理政策进行了研究探讨，指出现行产能过剩治理政策仍多依赖严格新建项目审批、提高准入标准、强制清理违规产能与淘汰落后产能等行政手段。这种政策模式虽能在短期内暂时缓解产能过剩，但这些行政手段难以长期实施，且与取消行政审批、深化市场体制改革的大方向不符，也不能从根本上治理产能过剩，并带来一些不良政策效应。不消除导致系统性过剩的体制机制缺陷，不建立起以市场主导的化解产能过剩长效机制，不但不能从根本上治理产能过剩，还使得产能过剩由低技术水平、低端环节、低端产品向高技术水平、高端环节、高端产品发展。

在此基础上本书提出了应着力于建立防范和化解产能过剩的长效机制。而建立防范和化解严重产能过剩的长效机制，关键在于深化改革，理顺市场与政府的关系。一是必须矫正导致系统性产能过剩的体制机制缺陷，约束地方政府招商引资过程中不当干预市场的行为；二是必须健全和完善市场制度，让市场机制在协调供需平衡、调整过剩产能、淘汰落后企业与落后产能、促进产业转型升级方面更为有效地发挥其决定性作用，充分利用市场机制的高效率性；三是采取适当救济措施，应对严重产能过剩行业调整对于就业、社会稳定带来的冲击，弥补市场机制在社会领域的不足。

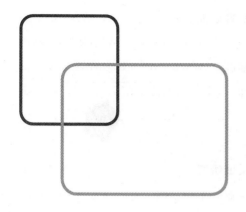

目　　录

总报告

国际金融危机以来，产能过剩问题再度成为各界关注的焦点。2009年初，国家颁布的《船舶产业调整和振兴规划》《钢铁产业调整和振兴规划》《有色金属产业调整和振兴规划》认为产能过剩将严重影响行业的健康、平稳发展，并将治理产能过剩作为规划的重要内容。2009年9月26日，国家发展改革委、工业与信息化部等部门联合出台《关于抑制部分行业产能过剩与重复建设引导产业健康发展的若干意见》（以下简称《意见》）。《意见》指出钢铁、水泥、平板玻璃、煤化工等传统行业的产能过剩将会进一步加剧，多晶硅、风电设备等新兴行业也出现了重复建设倾向，并呼吁要高度重视部分行业的产能过剩和重复建设问题。该《意见》从严格市场准入、强化环境监管、依法依规供地、实行有保有控的金融政策、严格项目审批管理、做好企业兼并重组工作、建立信息发布制度、实行问责制、深化体制改革九个方面提出了抑制产能过剩和重复建设的对策。虽然这些政策措施在加强环保、要素价格管理、政府部门的信息服务等方面有比较大的改进，也强调要发挥市场的基础性作用，但是从具体政策措施来看，基本延续了主要以行政规制手段治理产能过剩和重复建设的传统。近年来，强制淘汰落后产能也成为治理产能过剩的重要手段，并进一步强化了问责制的实行和行政上的组织领导。

然而，这些政策的实施效果并不如预期的理想。2012年以来，部分行业产能过剩的程度愈发严重，产能过剩涉及的行业和领域更广泛。钢铁、水泥、平板玻璃、煤化工、造船、机床等传统行业产能严重过剩；铜、铝、铅锌冶炼等有色行业生产形势低迷，产能过剩问题凸显；多晶硅、风电设备等新兴产业领域的产品也出现明显的产能过剩；氮肥、电石、氯碱、甲醇、塑料等化工产品也有产能过剩的趋势。2012 年 12 月，中央经济工作会议把化解产能过剩矛盾作为 2013 年经济工作的重点。准确把握本轮产能过剩的特征、趋势和形成机理，反思产能过剩治理政策中存在的突出问题，并在此基础上改进甚至重构产能过剩化解调整机制和治理政策具有重要现实意义。

一 正确认识产能过剩，区分两种不同类型的产能过剩

产能过剩并不是一个严谨的经济学概念，从字面上理解，产能过剩就是生产能力超过社会需求的状态。因而，有必要区分两种不同类型的产能过剩。

一种是在比较完善和健全的市场体制下，现实经济运行的供需动态匹配和调整过程中以及经济周期性波动过程中，出现的生产能力相对需求过剩的情形。这种过剩是市场经济运行中的常态，也正是这种过剩，会使市场竞争加剧，市场的优胜劣汰机制才会起作用。在市场经济中，企业还会保有一定的富余产能以应对需求的突然增长。在比较完善和健全的市场体制中，市场能有效协调经济主体之间的行为并引导供需迅速趋向动态均衡，一般情形下并不需要宏观经济政策之外的其他政策应对产能过剩。

但是在一些特殊情形下，亦需要政策部门予以关注。即在一国经济发展过程中，尤其是在增长转换阶段，随着需求结构、要素成本、环境成本、比较优势等方面发生急剧改变，一些产业（主要是劳动密集型产业、高能耗和高污染行业）或者一些产业的特定生产环节（劳动密集型生产环节）会在经历长期快速增长后面临行业（或行业特定生产环节）的长期衰退和产能过剩的压力。这时，政府往往需要采取一些政策措施，以应对这些行业急剧调整给就业、社会稳定带来的冲击，并帮助这些行业的过剩产能顺利退出，或者促进这些行业沿着产业链从低附加值环节向高附加值环节升级。

另一种是经济体制缺陷扭曲企业投资行为而导致的产能过剩。在中国转轨过程中，在土地产权模糊、银行预算软约束以及地方政府干预金融等体制

缺陷背景下，地区之间采取投资补贴的形式竞争资本流入，使得企业过度投资以及市场协调供需均衡的机制难以有效运转，进而导致系统性的产能过剩和经济波动加剧。体制扭曲才是中国出现产能过剩顽疾的关键所在，也是政策部门真正需要重点关注的问题。

将两种不同类型的产能过剩混为一谈，会导致不适当的治理政策。将市场信息不完备的现实经济与假定信息完备的理想状态相比较，将体制缺陷下市场主体行为扭曲和市场协调困难看作市场自身的问题，很容易将两种类型的产能过剩混为一谈，并得出产能过剩是"市场失灵"的结论，要求政府采取干预市场的方式来治理产能过剩。在现实经济中，市场主体的信息从来就是不完全的，市场机制和市场过程的功能恰恰在于发现信息（包括消费者偏好、需求信息、生产者信息和市场供给信息等），并充分利用这些分散的信息，通过市场纠错机制使市场供需不断趋于动态均衡并实现动态效率。需要进一步指出的是，市场体系调节供需平衡的能力以及促进经济效率的能力，总是受到制度体系的制约，对于曾长期处于计划体制指导、目前市场体系仍不健全的中国，转轨过程中看似"市场失灵"的产能过剩现象，是制度缺陷和政府对微观经济过度干预的结果。试图通过对微观经济更为广泛和细致的管束来治理产能过剩，只能是南辕北辙，不但不能从根本上治理体制扭曲导致的产能过剩，相反会使供需市场调节更为困难，并带来更多不良的政策效应。

二　当前产能过剩形成的原因与特征

2012 年以来，我国工业部门产能过剩问题尤为突出。当前的产能过剩不同于以往，是全面性、长期性过剩，而不是结构性、短期性过剩；是增长阶段转换和体制性因素综合作用的过剩，而不是单纯的经济短期波动或制度性因素导致的过剩。

当前，中国工业部门正面临严重的产能过剩问题。IMF 2012 年 7 月 6 日发布的国别报告指出，中国正面临严重的产能过剩问题，当前的产能利用率只有 60% 左右，而金融危机前的产能利用率略低于 80%。美国当前与危机高峰期的全工业利用率分别为 78.9% 和 66.8%，这意味着目前中国的产能利用率尚不及美国 2008～2009 年金融危机高峰期水平。产能过剩涉及的行业和领域广泛，呈现全方位产能过剩的新特点。

中国经济与世界经济进入深度调整期，是导致本轮产能过剩的直接原因，并使得本轮产能过剩呈现长期性的新特征。

一是中国国民经济已进入增长阶段转换期，增长动力和经济结构都面临比较大的调整，许多传统重工业产品需求峰值已经或即将到来，这些行业将在较长一段时间面临较为严峻的产能过剩态势。中国经济经历了30余年高速增长以后，随着要素成本的不断上升、环境与资源约束强化、投资效率的不断下降和全要素生产率的恶化，以往过度依赖投资拉动、粗放式规模扩张与要素驱动的增长方式将难以为继，经济增长的方式将不得不更为依赖消费拉动、创新与效率驱动。随着投资对于工业增长拉动的效力逐渐减弱，投资实际增速逐渐下降，钢铁、水泥、平板玻璃、有色金属、普通机床等传统重工业产品需求增速显著放缓，这些行业将会在较长一段时期面临较为严峻的产能过剩态势以及产能调整压力。

二是世界经济格局正在发生深远变化，中国传统（低成本）竞争优势正在减弱，传统出口制造业将在很长一段时间面临产能过剩的压力。世界经济已由危机前的快速发展期进入深度转型调整期，低速增长态势仍将延续；全球需求结构正在发生深刻变化，国际市场需求将长期低迷；而在劳动密集型产品、"两高一资"产品市场，随着劳动力成本、土地成本、资源与环境成本的快速上升，欠发达国家和地区发展觉醒，中国低成本优势面临越来越严峻的挑战；第三次工业革命的发展与发达国家的再工业化，将进一步削弱中国制造业的国际竞争优势。因而，中国传统出口制造业将面临长期产能过剩的压力。

在体制缺陷背景下，地方政府采用各种优惠政策进行招商引资竞争，是导致本轮产能过剩的深层原因。在土地产权模糊、要素市场扭曲和金融体系软预算约束等体制缺陷下，地方政府采用土地优惠、税收优惠、能源价格优惠甚至提供财政资助等补贴措施，以及帮助企业获取贷款等手段进行招商引资竞争。这些行为严重扭曲企业的投资行为，使得企业具有强烈扩张规模与过度产能投资的倾向，并会倾向于对市场需求的增长做出过度反应，进而导致全行业产能过剩。资本密集型行业项目投资大、产出高，是地方政府各项优惠政策竞争的重点行业，当这些行业市场进入的技术壁垒较低或者技术壁垒被突破时，就会导致比较严重的产能过剩，集中体现在钢铁、电解铝、水泥、平板玻璃、造船等传统资本密集型行业。新兴产业中的太阳能光伏产业，正是地方政府对于企业产能投资提供的大量优惠政策及补贴，导致该行业严重的产能过剩问题。此外，地方政府对于本地企业的保护和支持，以及国有企业的软预算约束问题，严重阻碍优胜劣汰的市场调节机制，进一步加剧了产能过剩的程度，并加大过剩产能的退出障碍，严重阻碍市场自发的产能调整。

产业政策的不当干预是部分新兴产业出现严重产能过剩的重要原因。培育新兴产业一直是产业政策的一个重要目标。在中国，产业政策支持不但意味着更容易获得来自中央财政的政策补贴，而且意味着获得地方政府廉价土地的支持、税收优惠、财政补贴以及更容易获得地方政府在融资上的帮助。一旦技术壁垒被打破，在地方政府投资优惠政策的作用下，大量新的进入者会涌入这个新兴行业，对于这个行业的产能投资会随之激增。地方政府的大量优惠政策一方面给投资企业带来了大量补贴性收益，另一方面使企业能以较少的投资撬动大的投资项目，并将投资风险转嫁给银行和社会。在这种体制下，当某个新兴行业出现市场需求扩张时，整个行业和行业中的多数企业都会对需求的扩张做出过度反应，导致行业产能远大于市场需求的扩张。当前，光伏产业出现的严重产能过剩现象以及全行业所面临的危机，正是体制扭曲下地方政府以超乎寻常的热情推动太阳能光伏产业产能投资的结果。在江西赛维、无锡尚德等许多光伏企业的建立和发展过程中，都不难发现地方政府的深度参与。并且，对于产能投资环节大量的投资补贴会诱发企业的寻租行为，使得企业经营者将更多的精力和更多的资本放在追逐地方政府的低价土地等寻租行为上，而不是把更多的投入放在研究开发和技术工艺的改造升级上，这也使得新兴行业中企业在国际竞争中更依赖以政府补贴和低污染排放标准所带来的所谓低成本竞争力。

需要特别指出的是，国际金融危机以来，加大基础设施建设与刺激家电、汽车等产品消费需求等政策，为国民经济的企稳回升起到了极为关键的作用，同时也刺激了相关行业的产能投资。随着政策逐渐退出，基础设施建设投资增速明显放缓，家电、汽车等产品消费增长乏力，原材料工业需求增速也明显放缓。而近年来投资的新建项目不断形成新的产能，加深了相关行业的产能过剩问题。从某种意义上说，上一轮强劲的经济刺激政策加深了本轮产能过剩的严重程度。本书的实证研究亦表明，中国政府基础设施建设投资的波动是中国经济总体产能利用率波动最为重要的影响因素。

三 现行产能过剩治理政策存在的问题

长期以来，我国政策部门以包括市场准入、项目审批、供地审批、贷款行政核准、目录指导、强制性清理等行政管制措施来治理产能过剩，体现出直接干预微观市场的特征。2009 年出台的《意见》中投资审批与核准和行业准入实际上是最为核心的政策措施，供地和信贷审批措施都是以行业准入与投资项目的审批、核准为依据的。而关于深化体制改革，依旧缺乏具体措施，难以具体实行。近来，强制淘汰落后产能也成为治理产能过剩的重要手段，并进一步强化了问责制的实行和行政上的组织领导。治理产能过剩依然以直接干预微观经济的措施为主。

这种产能过剩治理政策在制定和实施过程中，政策部门以其自身对市场供需状况的判断以及对未来供需形势变化的预测来判断某个行业是否存在产能过剩，并以此为依据制定相应的行业产能投资控制目标和控制措施，这实际上是以政策部门的判断和控制来代替市场协调机制。这种政策需要相应部门能对未来市场供需状况做出准确的预测，而这一点恰恰是最让人质疑的。政策部门对于供需状况的准确判断和预测，需要事先知道关于消费者偏好、生产者成本、潜在生产者进入意愿等大量市场细节信息，而这些信息只能依靠市场机制才能逐渐展现出来，并且具有很强的时效性。现实中，政策部门难以及时收集和处理数量巨大的市场信息，也不可能对未来市场进行准确的预测。以钢铁工业为例，20 世纪 90 年代以来，许多政策文件对未来市场的预测，无论长期或者短期预测，均与实际情况存在很大差异，如果这些政策中的控制目标实现，那么将会出现严重的供不应求①。

计划色彩强烈的投资管制政策，不但不能从根本上治理产能过剩，反而会导致市场协调困难、市场波动加剧等不良的政策效应。以钢铁工业为例，严格控制产能投资的政策，曾阻碍了钢铁产品结构的迅速调整与技术装备的及时更新，引起钢铁工业固定资产投资在"过冷"和"过热"之间剧烈波

---

① 据国家发改委公布，2003 年后新增的炼钢产能中，经国家发改委、国家环保总局、国土资源部核准（名为核准，实为审批）的项目中新增产能在全部新增产能中占比不足 20%，没有经过审批的违规建设产能约为 3 亿吨左右。如果没有这些违规的产能存在，我国钢铁产品的严重短缺将制约中国经济的发展。

动，市场机制下正常的产能调整受到阻碍。鼓励板材产能投资的政策在一定程度上直接导致这类产品生产能力的相对过剩；限制线材、螺纹钢产能等低端产品产能的政策，则直接导致建筑钢材市场供应的相对短缺。还需指出的是，金融危机后刺激汽车消费需求、家电产品需求的政策，虽然短期内显著刺激了这两个行业的消费，但是在一定程度上使消费者消费行为提前，并扭曲了市场信号，推动两个行业加大产能投资，使政策退出时或政策效应减弱时行业的产能过剩问题更为显著，供需动态平衡的调整也更为困难。

现行产能过剩治理政策中，以设备规模作为落后产能标准，在投资审批过程中设定比较高的设备规模标准，在市场准入标准中设定比较高的企业规模标准，这些政策在一定程度上加重了产能过剩的程度。淘汰落后产能以设备规模作为主要标准，这可能导致小企业避免被淘汰而投资相对大规模的设备，在投资审批过程中设定比较高的设备规模标准，使得企业在扩大规模时，不得不选择大规模设备和生产线；在准入标准中设定比较高的规模标准，则会使小企业避免被淘汰而进行新的产能投资。这些都会进一步加深产能过剩的严重程度。

现行产能过剩治理政策中，片面强调提高市场集中度，导致大量低效率重组行为。推动兼并重组与提高市场集中度，一直被当作产能过剩治理政策的重要手段，从政策诸多方面扶持大企业并限制小企业发展。这种政策模式导致大量地方政府主导而非市场导向的兼并重组，这些重组大多效率较低。地方政府为了避免本地企业被政策边缘化，也为了获取更多的政策扶植，倾向于将本地钢铁企业拼凑在一起。河北钢铁集团、山东钢铁集团的组建实际就是出于这样一种目的。这种兼并不同于高效率企业对低效率企业的兼并整合，往往是几家效率并不高的企业在形式上的组合，即便是在行政强力推动下实现了财务、采购和销售上的整合，除了地区垄断能力得到提升外，核心能力的提高有限。从近年来钢铁、有色金属等行业兼并重组的案例来看，多数兼并重组企业不但没有缩减产能，反而是大规模扩大了产能。

四　现阶段治理产能过剩的政策与措施调整

针对现阶段工业产能过剩的性质与新特点，应以尊重经济规律和市场机制为基本原则，调整政策思路、措施和执行方式。

（一）短期政策

在短期政策方面，不宜采用直接干预微观经济、管制经济的方式实现人为的"供需平衡"，而应以避免严重产能过剩行业整体陷入生存危机与避免系统性金融风险为主要目标，产能调整与供需调节则主要依靠市场机制，市场的优胜劣汰机制是化解调整过剩产能最为有效的手段。随着政策目标的调整，措施与手段亦做相应调整。

1. 适度拉动需求，缓解严重产能过剩带来的剧烈冲击

应在优化投资结构的基础上，保持基础设施建设的适度增长；通过结构性减税，刺激消费需求，减轻企业负担；扩大节能绿色产品的补贴范围（例如绿色节能建筑材料），并适当加大补贴力度。严重产能过剩行业往往会面临剧烈的调整，不利于产业的长期发展，甚至会冲击金融稳定。此时，应通过财政税收政策适度拉动需求，缓解行业的生存危机，避免金融风险的集中释放。需要重点指出的是，政策力度不易过大。否则，会使得市场内生的产能调整与结构升级压力散失，刺激政策退出后产能过剩的格局不但不会得到根本改变，甚至还会进一步加深其严重程度。

2. 调整拉动需求政策的投入方向，重点加大农村与小城镇基础设施建设投入

中央财政应加大转移支付力度，积极支持中西部地区加大乡村公路（道路）建设、农田水利设施建设、乡村教育与医疗基础设施建设、乡村电网与通信网络建设、乡村饮水工程建设、乡村环境保护基础设施建设等方面的投入。这些措施一方面可以拉动投资需求，缓解钢铁、有色金属、水泥等行业产能过剩程度；另一方面也可以推进基本公共服务的均等化和城乡一体化建设。

3. 新兴产业培育政策取向由"厂商补贴"向"消费者补贴"转变，并积极推进智能电网和分布式电网的建设

对于生产厂商的大量补贴是导致太阳能光伏、风电设备制造业严重产能过剩的主要原因。支持新能源产业发展，应转为从消费端补贴新能源消费者，以刺激太阳能发电、风电等新能源的消费需求；而智能电网与分布式电网的建设一方面可以拉动投资需求，另一方面可以破除新能源大规模应用的技术瓶颈。两项措施相结合有利于缓解太阳能光伏、风电设备行业的产能过剩。

4. 由"强制性退出"向"援助性退出"转变

部分落后产能（或企业）对于当地经济和就业举足轻重，如强行淘汰，会影响当地社会与经济的稳定，地方政府也会不配合。为保证这些产能或企业的顺利退出，应当加大失业人员救助与社会保障力度，提供再就业培训，对于落后地区还可以提供特别的税收优惠政策，以帮助这些地区吸引投资、发展经济，应对退出带来的冲击。

5. 由"规模性标准"向"环境性""安全性"标准转变

现行政策及政策实施中，仍将设备规模甚至企业规模作为重要标准，这既不合理，还导致部分小企业避免被淘汰而投资相对大规模的设备，从而加重产能过剩的严重程度。建议应以环保、安全生产指标作为主要标准，并严格执行相应标准，坚决淘汰不符合环境保护、安全生产要求的落后产能。

（二）中期政策

本轮产能过剩是增长阶段转换与体制性扭曲共同作用的结果，钢铁、有色金属、水泥、平板玻璃、纺织、服装等行业面临长期过剩产能调整压力。对于这些行业来说，应在充分尊重市场机制与经济规律的基础上，实施援助退出与辅助调整政策。

实施援助退出和辅助调整政策，不宜采取"收购报废"和"补贴报废"、控制行业准入、支持大企业合并形成垄断、干预企业层面投资和生产活动等方式。对日本此类政策的深入研究表明，这类政策不但不能有效治理产能过剩，反而不利于衰退行业的产能调整，不利于产业竞争力提升，甚至会加重产能过剩问题。应在不直接干预企业生产经营活动、充分发挥市场机制的基础上，从宏观方面为过剩产能退出提供援助并辅助（或者说促进）这些产业调整升级。辅助调整与援助退出政策主要集中在以下两个方面。

1. 援助劳动力转移与人力资源的再开发

对衰退行业过剩产能调整中的失业者进行救助，并对失业人员和调整转产人员进行职业培训。这种职业培训有两种不同的形式。一种是培训失业人员从事其他行业的技能，使其能较为顺利地在其他行业再就业。另一种培训是帮助失业人员或在职人员强化从事原所在行业工作的技能和获得新的技能。这一方面可以帮助这些行业提高劳动生产率，缓解甚至抵消劳动力成本上升带来的不利影响；另一方面可以帮助这些行业的本国企业向产业链高端环节拓展，促进这些行业的低端环节过剩产能的退出，并在高端环节形成新的产能。

2. 资助技术创新与管理创新

鼓励衰退产业企业组成技术创新或管理创新联盟，并对企业及企业联盟的研发和管理创新活动进行资助。由政府出面联合企业、大学或研究机构成立研究开发中心，并提供技术开发资助，从新产品开发、技术流程创新与管理创新方面着手，推动衰退行业企业价值链的低端环节向高端环节拓展。同时，对社会资金从事衰退行业企业重组和技术创新提供税收优惠。如美国机床工业在 20 世纪 80 年代衰退较严重时，国防部不仅直接资助 R&D 费用，而且出面联合 110 家机床生产商与用户公司以及大学或研究机构参加组建了全国制造科学中心（NCMS）。又如，在 20 世纪 80 年代初美国政府组织服装公司、纺织公司和纤维生产公司联合成立"快速响应计划"，使整个纺织业从纤维到服装到零售的周期由原来的 66 周缩短到 21 周。"快速反应计划"大大降低了纺织业的成本。

（三）长期政策

从长期来看，完善市场机制是根治产能过剩之道。治理产能过剩的关键在于通过推进经济体制改革，健全和完善市场制度，矫正导致系统性产能过剩的体制缺陷，并增进市场机能，以充分发挥市场在利用分散信息、协调供需平衡、淘汰落后企业和产能、促进产业转型升级等方面的高效率性。具体而言，从根本上治理产能过剩应该从以下方面着手。

1. 调整财税体制，特别是理顺中央与地方之间的利益分配机制

改革以考核 GDP 增长为重点的政府官员政治晋升体制，消除地方政府不当干预企业投资的强烈动机；推动地方财政透明化与民主化改革，避免地方政府为企业投资提供财政补贴。

2. 改革现有土地管理制度

明晰土地产权，深化土地市场的改革，理顺土地市场的价格形成机制，从根本上杜绝地方政府通过低价甚至零地价供地为企业提供补贴。

3. 进一步推动金融体制改革

进一步硬化银行预算约束，理顺地方政府与银行的关系，通过市场手段提高企业投资中自有资金的比例，解决企业投资行为中的风险外部化问题。

4. 改革现有的环境保护体制

保障环境保护相关法规的严格执行，防止地方政府以牺牲环境去竞争资本流入。同时，制定实施长期稳定和严格的环境政策，与治理产能过剩等产业政策目标相对独立，不能因为产能不过剩就不实施严格的环境保护政策。

5. 放松政府对于微观经济的干预

减少不必要的投资行政审批和准入管理，扩大经济主体的自由度（尤其是进入、退出市场和自主投资的自由度）；进一步推进国有企业改革，建立不同所有制企业公平竞争的竞争环境，促进市场竞争。

第一章
引言

一　问题的提出

（一）金融危机以来产能过剩问题凸显

国际金融危机以来，产能过剩问题更加突出。2009 年 9 月 26 日，国务院转发国家发展改革委、工业和信息化部等部门《关于抑制部分行业产能过剩与重复建设引导产业健康发展的若干意见》（以下简称《意见》）。该《意见》指出，钢铁、水泥、平板玻璃、煤化工等传统行业产能过剩、重复建设问题突出，并且仍在继续盲目扩张；多晶硅和风电设备等新兴产业也出现了重复建设倾向。2008 年，我国多晶硅产能 2 万吨，产量 4000 吨左右，在建产能约 8 万吨，产能明显过剩。2010 年，我国风电设备产能超过 2000 万千瓦，而每年风电装机规模为 1000 万千瓦。该《意见》同时指出，电解铝、造船、大豆压榨等行业产能过剩矛盾也十分突出。该《意见》从严格市场准入、强化环境监管、依法依规供地、实行有保有控的金融政策、严格项目审批管理、做好企业兼并重组工作、建立信息发布制度、实行问责制、深化体制改革九个方面提出了抑制产能过剩和重复建设的对策。虽然在加强环保、政府部门的信息服务等政策上有比较大的改进，也强调要发挥市场的基础性作用，但是，从具体政策措施来看，基本延续了主要以行政规制手段治理产能过剩和重复建设的传统。

2008 年第 4 季度至 2010 年期间，我国实施了宽松的货币政策与积极的财政政策，大规模的基础设施建设在一定程度上缓解了工业领域的产能过剩问题。然而，随着经济刺激政策的逐步退出，我国工业领域的产能过剩问题更为严重。IMF 2012 年 7 月 6 日发布的国别报告指出，中国正面临严重的产能过剩问题，当前的产能利用率只有 60% 左右，而金融危机前的产能利用率略低于 80%。而美国当前与危机高峰期的全工业利用率分别为 78.9% 和 66.8%，这意味着目前中国的产能利用率尚不及美国 2008~2009 年金融危机高峰期水平。产能过剩涉及的行业和领域广泛，呈现全方位产能过剩的新特点。产能过剩涉及的行业非常广泛。钢铁、水泥、平板玻璃、煤化工、造船、机床等传统行业产能大量过剩；铜、铝、铅锌冶炼等有色行业生产形势低迷，产能过剩问题凸显；多晶硅、风电设备等新兴产业领域的产品也出现严重的产能过剩；氮肥、电石、氯碱、甲醇、塑料等化工产品也呈现产能过剩的态势。

部分行业产能过剩情况尤为严重。中国钢铁工业由结构性过剩转为全面过剩，并面临全行业亏损。2012 年，炼钢产能超过 10 亿吨，全年粗钢产量约 7.2 亿吨，产能利用率仅为 72% 左右，多数钢材品种产能过剩较为严重，钢铁工业协会会员企业盈亏相抵实现利润 15.8 亿元，销售利润率为 0.04%。目前中国大部分（有色金属）行业冶炼产能过剩，尤以电解铝产能过剩问题突出。2012 年，电解铝产能为 2765 万吨，产能利用率仅为 72%，铝冶炼利润同比下降 92.7%，全年仅实现利润 9.3 亿元。2012 年年底，全国水泥、平板玻璃产能仍分别达 30 亿吨、10.4 亿重量箱，产能利用率又创新低，分别降至 72.7%、68.3%，两个行业利润总额同比分别下降 32.8%、66.6%。造船行业生产大幅下降，产能过剩问题严重，行业经营状况恶化。2012 年，全国造船完工 6021 万载重吨，同比下降 21.4%，绝大多数中小型船厂开工率严重不足，1~10 月份，中国船舶工业协会重点监测的船舶企业实现利润总额同比下降 55.6%。部分石化行业产能过剩问题也非常突出。2012 年年底，我国尿素产能过剩约 1800 万吨；磷肥（折纯）产能超过国内需求 1000 多万吨；氯碱行业全年装置利用率约 70%，聚氯乙烯装置利用率约 60%；甲醇装置开工率约 50%；电石行业新增产能约 400 万吨，远超过全年淘汰 127 万吨产能，装置利用率约 76%。太阳能光伏、风电设备、碳纤维、锂电池等一些新兴行业也相继出现较为严重的产能过剩问题。当前，光伏组件产能近 40 吉瓦，实际产量 21 吉瓦，产能严重过剩，多数企业处于停工半停工状态，尚德、赛维等龙头企业深陷破产危机，全行业面临生存困境。风电设备制造业 40% 以上的产能处于闲置状态。

2012 年 12 月 15 日，中央经济工作会议明确提出，要充分利用国际金融危机形成的倒逼机制，把化解产能过剩矛盾作为工作重点，总的原则是尊重规律、分业施策、多管齐下、标本兼治。要加强对各个产能过剩行业发展趋势的预测，制订有针对性的调整和化解方案。

（二）长期以来产能过剩治理政策的实施效果不佳

20 世纪 80 年代以来，重复建设与产能过剩问题一直是困扰我国经济健康运行的痼疾，政策部门曾出台大量政策试图治理这一问题，例如，2003 年以来就相继出台了《关于制止钢铁行业盲目投资的若干意见》《关于制止电解铝行业违规建设盲目投资的若干意见》《关于防止水泥行业盲目投资加快结构调整的若干意见》《国务院办公厅关于清理固定资产投资项目的通知》《国家发展和改革委员会关于印发〈国家发展改革委核报国务院核准或审批的固定资产投资项目目录（试行）〉的通知》《国务院关于加快推进产能过剩行业结构调整通知》《关于加强固定资产投资调控从严控制新开工项目意见的通知》《关于抑制部分行业产能过剩与重复建设引导产业健康发展的若干意见》等一系列政策。

2009 年出台的《关于抑制部分行业产能过剩与重复建设引导产业健康发展的若干意见》中，产能过剩的治理措施有九条：严格市场准入，强化环境监管，依法依规供地，实行有保有控的金融政策（信贷审批），严格项目审批管理，做好企业兼并重组工作，建立信息发布制度，实行问责制，深化体制改革。这些措施在很大程度上是原有产能过剩治理措施的延续，但进一步细化了土地控制和信贷控制的措施，新增了问责制的内容，试图通过行政问责制来保障政策的实施。《意见》中投资的审批与核准和行业准入实际上是最为核心的政策措施，供地和信贷审批措施都是以行业准入与投资项目的审批、核准为依据的。关于深化体制改革的内容，依旧缺乏具体措施，难以具体实行。近来，强制淘汰落后产能也成为治理产能过剩的重要手段，并进一步强化了问责制的实行和行政上的组织领导。从一系列相关文件看，治理产能过剩依然以直接干预微观经济的手段为主。

但是从实施效果来看，这些以行政规制手段为核心的治理政策，无法从根本上治理重复建设与产能过剩，并反而会导致市场协调困难、市场波动加剧等不良的政策效应。现行产能过剩治理政策中，以设备规模作为落后产能标准，在投资审批过程中设定比较高的设备规模标准，在市场准入标准中设定比较高的企业规模标准，这些政策在一定程度上加重了产能过剩的程度。

（三）对产能过剩的形成机理与治理政策依据需要更为深入的研究

对重复建设、产能过剩形成机理的研究，一直存在两种截然不同的研究传统：一种传统是以"市场失灵"来解释重复建设的形成机理；另一种则是以转轨经济中体制缺陷对经济主体行为的扭曲来解释。长期以来，政府部门以"市场失灵"解释作为广泛干预微观经济的最为重要的依据之一；而以体制扭曲来解释产能过剩的形成，则意味着政府应该通过完善相应市场制度来治理产能过剩。政策部门更倾向于认为产能过剩、重复建设是"市场失灵"的结果。

以"市场失灵"来解释产能过剩的形成机理的研究，可以追溯到社会主义政治经济学对于经济周期的认识。早期的研究认为市场经济社会化生产中投资决策的分散化和无政府状态导致重复建设；在随后的研究中，多数学者运用产业组织理论，将"不合理重复建设"和"过度竞争"的形成，解释为一种市场失灵。最具代表性的有四种理论观点：①低集中度的市场结构导致重复建设。持这类观点的学者，多误读了贝恩（Bain，1959）、鹤田俊正（1988）关于过度竞争问题的相关论述，也误读了克拉克（Clark，1940）的有效竞争理论，在论证上缺乏严密的理论逻辑。②杨蕙馨（2000，2004）、牛桂敏（2001）等人认为，行业低进入壁垒和高退出壁垒的结构性特征导致重复建设。这种观点面临的理论和逻辑上的矛盾，就在于退出障碍就是一种进入障碍（Caves 和 Porter，1977；Gilbert，1989；Caves，1998），高的退出壁垒将会导致高的进入壁垒，低进入壁垒和高退出壁垒无法并存（李伟，2006）。③以自由进入的企业数目可能会大于社会福利最大化情况下的企业数目（即过度进入定理）解释过度竞争或重复建设（Suzumura 和 Kiyono，1987；张军，1998；曹建海，2001；罗云辉，2004）。该定理的成立严格依赖于次可加性的成本函数和商业盗窃效应两个强假设。由于在多数竞争性行业中这两个条件均不能满足，以过度进入定理解释竞争性行业的过度竞争、重复建设并不合适（江飞涛和曹建海，2009）。④以保有过剩生产能力促进企业间的价格合谋来解释重复建设或过度竞争（植草益，2000；罗云辉，2004）。该理论的一个根本缺陷是忽略了过多的产能投入会带来更多的成本投入；此外，由于真实价格信息的不对称性和滞后性，而产能投资可观测性很高，保持在默契合谋时均衡数量的产能而不增加额外产能，相对于价格协调更有利于保持企业间的合谋。

近年来，林毅夫、巫和懋、邢亦青等人提出"潮涌"理论，将产能过剩归结为发展中国家特有的"市场失灵"现象，它试图阐述发展中国家存在对于新产业发展前景的准确、良好的社会共识，这种共识会引发投资的"潮涌"现象，并进而导致产能过剩。该理论自提出后，产生了广泛的影响，而该理论假说存在的重要缺陷被忽视了。正如本书稍后将详细阐述的，首先，"潮涌"理论的基本假设就不成立，并不存在企业对未来有前景行业市场需求所谓（基于正确预测）的共识；其次，其模型中可能出现的产能过剩是不完备信息假设条件下对均衡状态的偏离，而这只是现实市场的常态。从中国现实经济中产能治理政策实施效果来看，基于"市场失灵"解说、以直接干预微观经济为特征的产能过剩治理政策，不但不能从根本上治理产能过剩，并导致一系列的不良政策效应（江飞涛、陈伟刚等，2007；曹建海、江飞涛，2010）。

二　研究目的和意义

本研究具有非常高的理论价值：在深入调查研究的基础上，运用现代经济学理论，建立严谨的经济学模型阐述产能过剩的形成机理，对于大力推进关于产能过剩与重复建设形成机理的理论研究，对于深入理解转轨经济的特殊现象、丰富转轨经济学的相关理论具有重要理论价值。重复建设与产能过剩是中国经济转轨时期面临的特殊问题，"重复建设"与"产能过剩"这两个词在中国也具有特殊的含义。对于秉承市场传统的西方学者而言，重复建设与产能过剩只是市场经济中的正常现象，并不需要过多关注，因而，西方学者对于重复建设与产能过剩问题的研究是不足的。虽然中国学者对于这一问题有大量研究，但这些研究中多数存在根本性的缺陷。其中，最常见的问题是理论分析与制度分析、描述分析的严重脱节，并且在理论应用上存在根本性缺陷，即在现象描述分析和制度分析中将重复建设、产能过剩形成的原因归结于转轨经济体制的缺陷，而理论分析中却试图简单套用产业经济学的相关理论把产能过剩归结于"市场失灵"，并且在理论分析中存在误读相关理论、错误扩展理论适用范围等根本性缺陷。近年来，有一些研究者从土地模糊产权、金融体系软约束、以 GDP 增长为核心的地方官员评价与晋升体系等体制缺陷着手，从理论上说明重复建设和产能过剩问题。但在这些研究中，有的着重于地方政府行为，有的侧重于重复建设、产能过剩的宏观影响，对于这些体制性弊病如何导致重复建设和产能过剩，缺乏完整、系统、严谨的理论分析。因而，本研究具有重要的理论价值。

　　本研究同时具有重要的现实意义：正确认识产能过剩的形成机理和全面反思此前治理政策的合意性，对于从根本上治理产能过剩和重复建设，避免产业和经济发展的大起大落，维护产业健康成长和宏观经济的稳定，具有重要现实意义。只有全面、正确地认识产能过剩和重复建设的形成机理，才能从根本上制定治理产能过剩和重复建设的政策。目前，我国产能过剩与重复建设治理政策，仍然延续以项目审批、进入管制、强制清理等行政规制措施为主的政策传统，对这类政策理论依据的全面反思是非常必要的。初步看来，这些政策并不能从根本上治理产能过剩，并导致一些不良的政策效应。因而，通过深入的调研和理论分析，系统分析这些政策实施过程中地方政府、企业的策略性行为以及这些行为产生的后果，全面探讨我国重复建设和产能过剩治理政策的实施效果，是非常必要的，它对于未来政策的制定具有重要的借鉴价值。因此，本研究具有重要的现实意义。

三　研究方法与分析框架

　　本研究力图运用现代经济学及其前沿理论、统计与计量经济学理论与工具，通过严谨的理论分析构建严密的数理模型和坚实的实证研究，来达到研究的目标。

　　本研究采取以产业组织理论、博弈论为基础，结合转轨经济学、公共经济学中关于中国地方政府行为的相关研究成果，从理论上对中国转轨时期产能过剩的形成机理进行研究，并构筑严谨的数理模型；以产业组织理论为基础，结合博弈论与产业政策的相关理论研究，解析产业政策对企业产能投资行为、地方政府行为的影响，从理论上探讨产业政策不当干预下企业过度投资行为与行业产能过剩的形成机理，并构建严谨的数理模型。以产业组织理论、激励理论结合竞争理论、奥地利学派的市场过程理论以及对产业政策的相关理论研究，讨论我国重复建设和产能过剩治理政策的影响、企业与地方政府对政策的策略反应以及政策合意性。

本书将借助协整、脉冲响应等方法对产能过剩的形成机理进行实证检验；借助问卷调查、现场走访、统计分析的方法了解产能过剩行业的企业投资的策略与行为特征，并对政策与理论研究中的一些理论进行验证，采用面板回归等方法对本研究中主要理论假说、政策研究中得出的主要结论进行实证检验。

第二章
产能过剩研究文献综述

一　产能过剩的概念与测度

（一）产能过剩的定义

产能过剩并不是一个严密的经济学概念。张晓晶（2006）认为宏观产能过剩就是指经济活动没有达到潜在产出水平，从而存在着资源的未充分利用。微观产能过剩就是企业将资本边际收益维持在边际成本水平上时所出现的产能过剩。周劲（2007）认为微观层面的产能过剩是指生产能力的过剩，即经济活动中的实际产出数量大幅小于最佳生产能力；宏观层面上，产能过剩是指产出大于需求，实际上是一种总量上的供给和需求不平衡的概念。张晓晶（2006）和周劲（2007）认为讨论产能应区分宏观产能和微观产能。李江涛（2006）认为，尽管产能过剩和传统意义上的生产过剩存在着密切联系，但两者之间存在着很大的差异。王岳平（2006）认为，只有当供过于求的产能数量超过维持市场良性竞争所必要的限度、企业以低于成本的价格进行竞争、供过于求的正面影响超过负面影响时，超出限度的生产能力才有可能是过剩的生产能力。

卢峰（2010）认为，产能过剩是一个针对特定产品和部门的现象，因而是发生在微观经济中的一种现象。他将产能过剩定义为："主要发生在工业部门的闲置富余产能超过某种合理界限时的现象，并且产能过剩通常伴随价格下降和利润减少以至持续亏损。"周劲（2011）认为产能富余与产能过剩是相互联系的两个不同的概念。他认为，产能富余是市场经济条件下的正常现象，有正负两方面的影响。而产能过剩则是当产能富余超过一定限度，对经济的负面影响超过正面影响时的现象。此外，他根据产能过剩出现的时间将其分为即期和预期产能过剩。前者主要是指当前经济条件下现实经济运行中已经出现的产能过剩现象；后者主要是指根据对未来产能及市场需求的预测，推断出来未来可能出现的产能过剩。曹建海和江飞涛（2010）认为产能过剩与重复建设、过度投资、恶性竞争指的是同一现象，并将其定义为企业提供的生产能力和服务能力超过了均衡价格下的市场需求。

从以上对产能过剩概念的辨析中可以看出，产能过剩并不是一个非常严密的概念。国内外对于产能过剩概念的界定和评价不尽相同。西方经济较发达的国家一般使用产能利用率这一指标来衡量其工业经济的产能利用情况。由于美国、欧盟等发达国家已经实现完全的市场经济体制，使用产能利用率能够比较准确地考察行业产能情况。经济合作与发展组织（OECD）把"产能过剩"定义为企业在比其实际设计时所能达到的更低的产量上进行生产，也就是说企业实际运用的生产能力少于其能够达到的水平。而从我国政府部门相关政策制定和表述中大致可以看出，我国宏观调控部门把产能过剩看作一个独立概念。总体而言，由于我国和国外发展所展现的不同工业特征，西方和中国学者对产能过剩概念的认知既有区别，也存在着密切联系。国内的政府部门在论及产能过剩时则偏向于从特定的角度进行解释，认为产能过剩是由盲目投资、低水平重复建设形成的生产能力远远大于市场需求的现象，其不良后果表现为由于企业过剩的产能导致库存高于一般水平，市场上供过于求，产品价格下跌，企业利润率下降，企业的亏损额和亏损企业增加，并进一步影响金融稳定。

（二）产能过剩的测度

国内外在产能过剩测度方面，基本上根据产能利用水平或评价指标来测度产能过剩水平，其中主要的应用指标为产能利用率，指的是可用生产能力中被利用的比例。

李江涛（2006）认为在经济周期性波动过程中经济运行不同时期的产能过剩表现出不同特征，因此不应该采取完全相同的标准，应该综合考虑市场生产能力超出市场需求能力的比例以及生产能力的利用率等指标来加以确定。赵颖（2011）使用1991～2009年我国固定资产形成总额和GDP数据，以生产理论为基础，通过生产函数中的线性生产函数来推导得到了产能利用率，发现我国产能利用率很低的根本原因在于经济模式的不合理，即主要靠投资拉动。沈坤荣和钦晓双（2012）对中国 35 个工业行业 1998~2008 年产能利用率进行测度，发现我国有 42.8% 的行业存在着不同程度的产能过剩问题。韩国高（2011）借鉴 Berndt 和 Morrison（1981）提出的成本函数法，利用面板模型的广义矩估计方法（GMM）分别测度了我国重工业和轻工业 28 个行业 1999~2008 年的产能利用水平，据此得出七大产能过剩行业。周劲和付保宗（2011）认为判断和评价产能过剩问题需要从两方面入手：一是根据产能利用率对产能过剩程度的评价；二是对产能过剩正、负面效应的判断和评价。为此，他们提出了从经济效应、社会效应和环境效应三个方面构建的产能过剩评价体系。

对于产能过剩的测度，产生了很多源于不同理论和视角的测度方法，目前还没有产能过剩的直接度量指标，更多是依靠间接的度量方法来测算产能过剩的程度，如产能利用率和包括供给、需求等因素在内的评价指标体系。

（三）产能过剩认识上存在的误区

产能过剩并不是一个严密的经济学概念，从字面上理解，产能过剩就是生产能力超过社会需求的状态。因而，有必要区分两种不同类型的产能过剩。一种是在比较完善和健全的市场体制下，现实经济运行的供需动态匹配和调整过程中以及经济周期性波动过程中，出现的生产能力相对需求过剩的情形。这种过剩是市场经济运行中的常态，也正是这种过剩，会使得市场竞争加剧，市场的优胜劣汰机制才会起作用。在市场经济中，企业还会保有一定的富余产能以应对需求的突然增长。在比较完善和健全的市场体制中，市场能有效协调经济主体之间的行为并引导供需迅速趋向动态均衡，一般情形下并不需要宏观经济政策之外的其他政策应对产能过剩。

但是在一些特殊情形下，亦需要政策部门予以关注。即在一国经济发展过程中，尤其是增长阶段转换时，随着需求结构、要素成本、环境成本、比较优势等发生急剧改变，一些产业（主要是劳动密集型产业、高耗能和高污染行业）或者一些产业的特定生产环节（劳动密集型生产环节）会在经历长期快速增长后，面临行业（或行业特定生产环节）的长期衰退和产能过剩的压力。这时，政府往往需要采取一些政策措施，以应对这些行业急剧调整给就业、社会稳定带来的冲击，并帮助这些行业的过剩产能顺利退出，或者促进这些行业沿着产业链从低附加值环节向高附加值环节升级。

另一种是经济体制缺陷扭曲企业投资行为而导致的产能过剩。在中国转轨过程中，在土地产权模糊、银行预算软约束以及地方政府干预金融等体制缺陷背景下，地区之间采取投资补贴的形式竞争资本流入，使得企业过度投资以及市场协调供需均衡的机制难以有效运转，进而导致系统性的产能过剩和经济波动加剧。体制扭曲才是中国出现产能过剩顽疾的关键所在，也是政策部门真正需要重点关注的问题。

在产能过剩认识和研究上存在的一个重要误区，就是将两种不同类型的产能过剩混为一谈，这会导致不适当的治理政策。将市场信息不完备的现实经济与假定信息完备的理想状态相比较，将体制缺陷下市场主体行为扭曲和市场协调困难看作市场自身的问题，很容易将两种类型的产能过剩混为一谈，并得出产能过剩是"市场失灵"的结论，要求政府采取干预市场的方式来治理产能过剩。在现实经济中，市场主体的信息从来就是不完全的，市场机制和市场过程的功能恰恰在于发现信息（包括消费者偏好、需求信息、生产者信息和市场供给信息等），并充分利用这些分散的信息，通过市场纠错机制使市场供需不断趋于动态均衡并实现动态效率。需要进一步指出的是，市场体系调节供需平衡的能力以及促进经济效率的能力，总是受到制度体系的制约的，对于曾长期处于计划体制指导、目前市场体系仍不健全的中国，转轨过程中看似"市场失灵"的产能过剩现象，是制度缺陷和政府对微观经济过度干预的结果。试图通过对微观经济更为广泛和细致的管束来治理所谓的产能过剩，只能是南辕北辙，不但不能从根本上治理体制扭曲导致的产能过剩，相反会使得供需市场调节更为困难，并带来更多不良的政策效应。

在产能过剩的研究上还存在另一个误区，那就是试图以产能利用率高低判断是否产能过剩。政策部门和部分学者试图区分"一定程度（适度）的产能过剩"与"生产能力大大超过了有效需求（的产能过剩）"（或者"超出限度的生产能力过剩"），并将后者作为"产能过剩"这个词所要表述的问题，并认为后者将带来严重的后果，并以此作为政策调控的依据。一些研究者试图给出一个可供判断的标准，其中发达国家在判断经济周期性波动时制造业整体产能利用率的参考标准成为借鉴的重要来源，在这些国家这种利用率参考标准从来不作为对具体行业产能投资进行管制的依据。国内的研究者即便是借鉴了这种参考标准，也很难说确定产能利用率数值作为"超出限度"中"度"的判断标准是客观的。钢铁等周期性行业的产能利用率在经济波动过程中往往呈现波动幅度大的特征，很难说产能利用率低于70%或者低于60%，就是超过限度的产能过剩，就需要宏观经济政策以外的管制措施来进行治理。因为，宏观经济的复苏可能很快使得这些暂时"过剩"的产能得以充分利用。国内专家学者、政府部门对于"度"的划分更多是一种主观判断。在确定"适度"衡量标准上的主观性与困难，在很大程度上为明确"产能过剩"到底是要讨论什么样的问题带来了混乱。

二　产能过剩形成机理相关研究述评

重复建设、产能过剩等问题一直是学者、政策部门高度关注的问题。对于重复建设、产能过剩形成机理的研究，一直存在两种截然不同的研究传统：一种传统是以"市场失灵"来解释产能过剩、重复建设的形成机理；另一种传统则是以转轨经济中体制缺陷对经济主体行为的扭曲来解释。两种不同的研究传统，同时意味着两种完全不同的治理政策。以"市场失灵"来解释产能过剩的形成机理，意味着政府应该通过干预市场的方式来治理产能过剩、矫正市场失灵；而以体制扭曲来解释产能过剩的形成，则意味着政府应该通过完善相应市场制度来治理产能过剩。政策部门更倾向于认为产能过剩、重复建设是"市场失灵"的结果。长期以来，政策部门以包括市场准入、项目审批、供地审批、贷款的行政核准、目录指导、强制性清理等行政管制政策来治理重复建设、产能过剩。同时，重复建设、产能过剩及其"市场失灵"解说成为政府部门广泛干预微观经济的最为重要的依据之一（江飞涛、李晓萍，2010）。

（一）以"市场失灵"解释产能过剩形成的主要理论及其缺陷

以"市场失灵"解释产能过剩形成的研究传统，可以追溯到社会主义政治经济学对于经济周期的认识。早期的研究认为市场经济社会化生产中投资决策的分散化和无政府状态导致重复建设；在随后的研究中，多数学者运用产业组织理论，将"不合理重复建设""过度竞争"的形成，解释为一种市场失灵。最具代表性的有四种理论观点：①低集中度的市场结构导致重复建设。持这类观点的学者，多误读了贝恩（Bain，1959）、鹤田俊正（1988）① 关于过度竞争问题的相关论述，也误读了克拉克（Clark，1940）的有效竞争理论，在论证上缺乏严密的理论逻辑。② 杨蕙馨（2000，2004）、牛桂敏（2001）等人认为，行业低进入壁垒和高退出壁垒的结构性特征导致重复建设。这种观点面临的理论和逻辑上的矛盾，就在于退出障碍就是一种进入障碍（Caves and Porter，1977；Gilbert，1989；Caves，1998），高的退出壁垒将会导致高的进入壁垒，低进入壁垒和高退出壁垒无法并存（李伟，2006）。③ 以自由进入的企业数目可能会大于社会福利最大化情况下的企业数目（即过度进入定理）解释过度竞争或重复建设（Kotaro Suzumura & Kazuharu Kiyono，1987；张军，1998；曹建海，2001；罗云辉，2004）。该定理的成立严格依赖于次可加性的成本函数和商业盗窃效应两个强假设。由于在多数竞争性行业中这两个条件均不能满足，以过度进入定理解释竞争性行业的过度竞争、重复建设并不合适（江飞涛、曹建海，2009）。④ 以保有过剩生产能力促进企业间的价格合谋来解释重复建设或过度竞争（植草益，2000；罗云辉，2004）。该理论的一个根本缺陷是忽略了过多的产能投入会带来更多的成本投入；此外，由于真实价格信息的不对称性和滞后性，而产能投资可观测性很高，保持在默契合谋时均衡数量的产能而不增加额外产能，相对于价格协调更有利于保持企业间的合谋。

近年来，在延续"市场失灵"传统的研究中，林毅夫等人的研究颇有影响。林毅夫（2007）把产能过剩归结为一种"潮涌"现象，认为中国是一个发展中国家，存在着"后发优势"，很容易正确预测产业的前景并达成共识，而良好的社会共识又引发大量的企业进入某个行业，出现投资的"潮涌"。这一假说试图说明，发展中国家由于其阶段性特征会产生有别于发达国家周期性波动中产能利用不足的严重产能过剩现象。"潮涌"在一定程度上是发展中国家产业升级过程中新行业市场需求快速增长带动产能投资相对集中与高速增长特征的描述②。但是，"潮涌"现象必然导致严重的产能过剩的逻辑却不清晰。在一个技术成熟、产品市场已经存在、有前景的似乎充满确定性的产业，投资者几乎不考虑其他市场进入者的数量与投资规

---

① 引自小宫隆太郎、奥野正宽等《日本的产业政策》，国际文化出版公司，1988。

② 在某个行业市场需求规模快速增长的过程中，大量企业的进入、投资的相对集中以及产能的快速增长是企业和市场的正常反应，具有很强的合理性，本身不应该被诟病。

模，集体对未来市场供需状况产生持续、严重的错误预期，本身就是异常矛盾的。即便在一个技术成熟、市场已经存在的新产业中，市场需求规模、结构及其变化趋势仍然面临高度的不确定性。该产业具体在什么时间迎来市场规模的高速增长？在某一具体时间市场需求规模多大？在未来这一市场规模将面临什么样的变化？未来市场上会出现多少新的供给者以及供给规模、成本如何？未来市场的供需平衡状况是什么样？这些都将是高度不确定的，在投资风险、投资损失和投资收益自我承担的经济体制中，即便存在"潮涌"现象，投资失败的风险和损失依旧是约束企业投资冲动的重要力量。还需要进一步指出的是，对这些新的、有前景的行业，企业、政府也并不存在对未来市场预期的所谓共识，不同预期之间往往分歧巨大[①]；也根本不存在所谓全社会对于行业良好发展前景（产业升级方向或总需求等）的正确预见，在钢铁、汽车、电解铝等行业发展中，社会各方对于需求规模的预测均与实际需求存在巨大差异。

林毅夫、巫和懋、邢亦青（2010）试图在此基础上，阐述"潮涌"现象和产能过剩的形成机制。该文在延续全社会对行业的良好前景（特别是总需求）可正确预见并达成共识的假定，构建了一个先建立产能再进行市场竞争的动态构架，探讨各企业对行业内企业数目和投资总量不确知情况下的产能投资行为，并指出"行业内企业总数目不确知"情形下可能会出现产能过剩的现象，实际上这种不确知情形下同样可能出现产能不足的现象。在模型中，企业进行产能投资决策时，必须在未来（可能）出现产能不足时（实际企业进入数目不足）尽可能获取风险收益，以及未来（可能）出现产能过剩时（实际进入企业数目过多）尽可能减少风险损失之间进行权衡，企业选择的均衡产能满足边际风险损失与风险收益相等的条件；从社会总福利的角度来看，则是面临尽量减少（可能出现的）产能不足时消费者需求不能得到满足时消费者剩余的损失，与尽量减少（可能出现的）产能过剩时生产者福利损失之间的选择；企业选择均衡产量时，社会总体产能投资数量同时也是社会总福利期望值最大化时的数量。在模型中，可能出现的产能过剩实际上只是不完备信息假设条件下对均衡状态的偏离，这种偏离是

---

① 例如，在钢铁工业（铝工业）快速发展的过程中，关于中国到底需要多少吨钢（铝）的激烈争论从未停止过，不同意见之间分歧巨大；在汽车工业发展的过程中，对于轿车是否能进入家庭就发生过激烈的争论，对于汽车市场需求规模的争论也从未停止，各方对于未来市场的前景同样存在很大的分歧。

现实世界中市场的真实、正常现象，并不需要宏观政策之外的其他政策关注。在现实经济中，经济主体的信息从来就是不完备的，市场始终处于供需动态匹配并趋于均衡的过程中，对于均衡状态的偏离与回复都是市场的常态。市场的发现机制、纠错机制以及有效利用分散局部知识的特质，使其能迅速发现这种偏离并趋向动态均衡。林毅夫、巫和懋、邢亦青（2010）高估了发展中国家新行业市场需求急剧扩张对于产能过剩出现的概率和程度的影响。例如，他们假设某行业的企业实际数目在概率分布的无偏估计不变的情况下，市场规模急剧扩大并被正确预期时，产能过剩发生的概率与程度都会增大。然而，事实上市场规模急剧扩大并被各方准确预期的时候，对于未来市场上该行业企业预期的数目将会增加，这会在很大程度上抵消市场急剧扩张对于可能形成产能过剩的影响。又如，他们认为当产能投资的沉没成本很低时，将使得产能过剩发生的概率明显增加，产能过剩可能发生的程度也会更为严重。然而，产能投资的沉没成本越低，产能过剩导致的福利损失越小，退出成本也越小，产能过剩发生时的调整也更为迅速。

（二）以转轨经济体制缺陷解释产能过剩形成机理的主要理论评述

以转轨经济中体制缺陷对经济主体行为扭曲的研究传统，可以追溯到科尔奈（中文版，1986）关于"投资饥渴症"的论述。科尔奈认为，由于缺乏内部产生的自我约束机制，在经典社会主义体制中存在严重的投资饥渴症，中央政府只能通过行政机构严格的投资分配过程从外部来约束这种投资饥渴症。科尔奈（中文版，2007）指出在社会主义经济体制转轨过程中，投资决策的分散化，放松了政府对企业投资的外部控制，但是却没有通过利润动机或者对财务困境的担心建立起任何自我控制机制，这使得改革往往加重了经典社会主义体制固有的投资领域过热倾向，而并非使之降低。科尔奈的开创性研究为重复建设的形成机理开辟了一个独特、有益的视角。国内一些学者延续了这一研究传统，进一步从中国经济转轨过程中的体制缺陷来解析重复建设的形成，其研究更多结合了中国经济转轨过程中的实际情况，在一定程度上发展和补充了科尔奈的研究。①张维迎、马捷（1999）建立了一个所有权和经营权分离条件下的古诺模型，来说明国有企业的所有权缺陷和落后的技术水平将导致恶性竞争。他们认为国有企业经营者在追求个人目标最大化和追求"企业效益最大化"之间存在严重偏离且技术水平足够落后时，国有企业经营者就会进行恶性竞争。张维迎和马捷的研究，在很大程度上可以看作是对科尔奈研究的一种延续。不过，他们的研究主要适合解释改革初期重复建设的形成。随着国有企业改革的加深和破产机制的建立，其所隐含的条件不再符合实际。②杨培鸿（2006）建立了一个基于委托代理框架的模型，从政治经济学的角度分析重复建设的形成机理。模型分析表明，在信息不对称的条件下，地方政府利用（对中央政府）信息优势寻租的行为会导致重复建设问题。杨培鸿分析中的情形很符合中央政府计划、主导和出资条件下的基础设施建设和重点投资项目，但是并不符合一般性行业中的投资行为。③皮建才（2008）建立了一个先进、落后两地区之间的分工模型。试图以此说明，两个地区先进部门（比如制造业部门）的技术差距太小以及宏观经济环境中存在的初级产品的价格扭曲，会导致先进部门的重复建设。皮建才的分析中假设先进地区在制造业产品的劳动生产率上略高于落后地区，并在其模型中抽象掉了劳动力等要素价格差异。但是，先进地区与落后地区之间，这种要素价格上的差异是显著并且十分重要的，落后地区在劳动力价格、土地价格等生产要素上所具有的显著成本优势，会使得在技术差距比较小的情况下先进地区制造业部门转移到落后地区具有比较强的经济合理性，把这种转移当作重复建设并不合适。

20世纪90年代末以来，许多学者注意到现阶段转轨过程中发生的显著变化，并将地区竞争中地方政府对于投资的不当干预，作为重复建设的根本性原因。郭庆旺、贾俊雪（2006）指出，地方政府在财政利益和政治晋升的双重激励下，总是有利用违规税收和土地优惠政策进行引资的强烈动机，继而引发企业的投资冲动。周黎安（2004，2007）指出，中国的地方官员在类似于政治锦标赛的晋升体制下，更为关心自己与竞争者的相对位次，政府官员不愿意合作却愿意支持"恶性"竞争，各级地方官员在招商引资过程中进行恶性竞争，并以此解释我国地方保护主义和重复建设的形成原因。北京大学中国经济研究中心宏观组（2004）认为，地方政府、企业和银行三方共谋土地和贷款两种最关键的生产要素，导致对全社会而言过度的投资。李军杰、钟君（2004）和李军杰（2005）认为：过分注重经济增长、招商引资的政绩考核体制决定性地引导了政府官员的行为，不完善的市场体制使地方政府能控制稀缺资源，进而保障地方政府的意愿得到实现。在这样的约束条件下，地方政府给投资者提供各种各样的优惠条件，例如零地价、税收优惠、压低电价等，这极大地降低了私人投资成本，使私人投资成本远远低于社会成本，从而扭曲了企业的投资行为，使企业进行过度的产能投资。王晓姝（2012）及沈坤荣、钦晓双（2012）均认为在现有政绩考核制度下，GDP 锦标赛的晋升机制导致地方政府更为关注经济发展的短期效应，忽视优化结构均衡的投入，从而诱发以产能过剩为代表的经济非均衡性发展，而中央政府的治理措施在地方往往被束之高阁，产能过剩问题因此愈演愈烈。周黎安、李军杰、郭庆旺等人的研究，暗含了这样一层意思，即地区之间对于资本流入普遍的补贴性竞争是导致产能过剩的主要原因。这为我们进一步分析现阶段的产能过剩形成机理提供了很好的思考与借鉴。但这些研究有的着重于地方政府行为，有的侧重于产能过剩的宏观影响，对于地方政府的补贴性竞争如何扭曲企业的投资行为最终导致产能过剩的形成机理则很少涉及。

（三） 不当产业政策导致重复建设与产能过剩——被忽略了的研究

对经济的微观干预往往会阻碍市场的自发调整过程，产生新的市场过程，从而引起无法预期的不良后果。产业政策对经济进行直接的微观干预时，往往也会引起无法预期的不良后果。中村隆英和小宫隆太郎（1988）都认为，在日本，大家所说的"过度竞争"正是因为产业政策干预才发生的现象。中村隆英指出，日本企业之所以能在同行业内部争夺地盘，并超出自有资本能力进行投资而实现整个行业的高速发展，是因为在行业中存在着一种期待感，即认为一旦生产过剩、利润率急剧减少而使整个行业陷于困境时，政府就会"行政指导"给予救济。小宫则认为，设备投资的"过度竞争"，正是政府实行"某些配额制"的结果。也就是说，在可以用简单的指标表示生产投资设备能力的产业，由于是通过与现有能力相适应的配额制进行行政审批的，对超出从市场状况来看是妥当而且合理限度的设备投资来说是一种刺激。Kim（1997）建立了一个在位者、潜在进入者与政府共同参与的模型，并考虑在位者阻止进入的行为，以及进入管制对在位者阻止进入行为的影响。他的研究表明，政府对进入的规制行为会降低在位者阻止进入行为的成本，在位企业会通过保有较多的剩余产能以诱使政府进行更为严格的进入限制。根据 Kim（1997）的研究，即使过度进入定理成立，不但不会减轻产能过剩的问题，反而会进一步导致产能过剩。

在中国每当出现产能过剩时，政府就会出台一系列的政策进行调整和救济，在中国的产业政策中有很强的扶持大规模企业限制小规模企业的倾向，在淘汰落后政策中也往往以小规模设备与小规模企业为主要淘汰对象,这些政策与日本治理"过度竞争"的政策非常相似。有迹象表明,这些政策在较大程度上扭曲了企业产能投资行为,是造成产能过剩的重要原因之一。李平等(2009)指出淘汰落后产能以设备规模作为主要标准,这可能导致小企业为避免被淘汰而投资相对大规模的设备,使产能过剩问题加重。江飞涛(2008)指出:在"扶大限小"的产业政策下,许多中小型钢铁企业为了避免未来成为规制政策限制和淘汰的对象,纷纷在地方政府的支持下快速扩充产能,许多钢铁企业为了能在规制政策收紧后获取更多的市场份额,并在今后的运行中得到更多的政策倾斜,往往同时在政策相对宽松时期尽可能高速度大规模进行产能投资,这反而加重了产能过剩的严重程度。李平等(2010)指出"扶大限小"的产业政策,对战略性新兴产业产能投资的大量补贴,会导致较为严重的产能过剩问题。

(四) 地区竞争相关研究简要述评——紧密相关的研究

改革30多年的发展,使中国的经济取得了举世瞩目的成就,对于中国经济增长源泉的解释,主要归结于地方政府的竞争在基础设施建设、扶持本地企业发展、利用各种优惠政策招商引资等方面尤为重要的作用(Montinola,Qian,Weingast,1995;Qian,Weingast,1996;Jin,Qian,Weingast,2005;李永友等,2008;徐现祥等,2007;张五常,2009;陶然等,2009)。在中国以分权为特征的改革过程中,财政分权为地方政府提供了相对自主的经济决策权和财税激励,以及以GDP增长为基础的晋升锦标赛,为中国地方政府提供发展经济的动机,使其在长达30多年的地区经济增长中扮演了一个非常重要的角色,地方政府致力于寻求一切可能的来源进行投资、推动地方经济发展的热情在世界范围内也是罕见的(周黎安,2007)。并且,由于政治晋升博弈的基本特征,政治促使参与人只关心自己与竞争者的相对位次,参与者面临零和博弈而非正和博弈,这就使得同时处于政治和经济双重竞争的地方官员之间的合作空间非常狭小,而竞争空间非常巨大(周黎安,2004)。尤其是1994年分税制改革后,地区竞争的方式也发生了转变,从对本地政府所有的国有和乡镇企业提供各种形式的支持,乃至设置地区壁垒实行地方保护主义,转向吸引外来私营企业投资而进行竞次式地区竞争,并且竞争程度愈演愈烈(陶然等,2009)。

近来有少数学者指出地方政府的竞争是重复建设、诸侯经济、地方保护、公共品供给低效率、土地实际价格扭曲等问题的根源，而且还可能导致耕地流失、政府财政收入流失、环境恶化等问题，甚而引起经济波动（周业安等，2008）。随着市场一体化程度的加深，中国地方竞争的形式出现了比较大的变化，对于资本流入的补贴性竞争成为重要的竞争手段，普遍的补贴性竞争对于企业的空间选择产生重要影响。尤其近来，中国各地方政府的债务危机引起各方关注（各地方政府的债务总额达到 10.7 万亿元人民币，相当于中国国内生产总值的近 30%）。究其原因，正是地方政府投资冲动下对经济的过度干预造成的。在中国的财政分权体制和以考核 GDP 增长为核心的政府官员政治晋升体制的激励下，地方政府具有强烈的动机干预企业投资和利用各种优惠政策招商引资，由此推动各级地方政府以吸引资本为核心展开竞争，导致地方政府利用各种融资手段而债台高筑。

事实上，这些债务仅仅是地方政府投资激励中的一部分。渐进式改革施行的制度安排，为地方政府预留的制度创新空间及剧烈竞争的地方政府提供了可以利用的"模糊产权"和"预算软约束"等不规范的制度约束环境。在缺乏统一的举债口径和刚性的举债数量限制的情况下，以利用非市场化的土地征用体制扭曲土地供应、攫取国有银行的"金融租金"等手段进行隐性融资，通过低价甚至零地价出让工业用地、税收优惠或返还、补贴性基础设施等手段，对企业的投资行为进行直接干预，导致大量的地方政府机会主义行为出现，并不断"自我强化"，引发企业投资冲动，财政竞争加剧和中央政府调控不足更是助长了地方政府的违规行为（李军杰，2005；郭庆旺，贾俊雪，2006；陶然等，2007）。

地方政府行为的以上特征，就决定了地方政府为了吸引和促进企业在本地投资，会不惜大量负债甚至扭曲土地等资源的供应。这种以地方政府提供低价土地、补贴性基础设施乃至放松劳工、环境保护标准吸引制造业为特征的地区竞争和发展模式，虽然短期内对经济增长具有促进作用，但长期而言，并不具备经济、社会发展乃至环境保护上的可持续性，带来的后果显而易见。①地方政府大肆进行基础设施建设，造成盲目举债和金融风险加大；②制造业重复建设、过度投资、产能过剩，资源利用率低，企业盈利能力差；③助长了高污染企业的生产，导致生态环境恶化，使资源环境约束矛盾更为突出；④扭曲企业的投资与竞争行为，带来区域间产业同构问题，使区域分工与专业化水平低、经济结构不协调的问题更为严重；⑤甚至进一步造成通货膨胀，带来经济波动等问题（周业安等，2008，2009；陶然等，2009；耿强等，2011）。

三　部分行业产能过剩问题及其成因的研究

(一) 钢铁 (原材料) 等行业

一直以来，产能过剩的焦点更多地集中于传统的原材料行业，对产能过剩原因和形成机理的分析也基本上是对传统原材料行业产能过剩的分析。但从 2008 年之后，对原材料行业产能过剩的原因分析逐渐出现了新的看法和观点。

窦彬 (2009) 认为，导致目前中国钢铁行业投资过度、产能过剩的原因主要存在于三个方面。首先，需求是根本原因。工业化发展、2001 年以来的经济增长以及钢铁行业所处生命周期的成长期阶段，都极大地拉动了钢铁产品的需求。其次，投资体制的不完善起到了催化作用。最后，产业组织结构不合理、钢铁产业集中度低放大了投资需求，加大了投资波动的幅度，增加了企业的投资冲动。张晖明 (2010) 从产能过剩产生的时序结构和主体结构角度进行分析，认为我国传统行业 (如钢铁、水泥等) 领域之所以过剩，是由于国有企业 "占位" 在先，这些行业的准入尚未真正放开，产业内存在获得大量高额利润的机会，民营企业后续进入容易形成过剩。张新海 (2010) 认为，从形成机理看，产能过剩主要有两种类型。2004～2005年钢铁、水泥、电解铝等行业出现产能过剩属于投资过度型产能过剩类型；而 2008 年 8 月份以来的这些行业的产能过剩属于需求萎缩型产能过剩类型。张建伟 (2010) 认为，钢铁、电解铝等原材料行业的产能过剩与经济周期密切相关，经济增长处于低谷，产能过剩成为比较普遍的现象。过度投资、盲目扩张直接导致产能过剩，要素市场发育滞后、价格扭曲导致落后产能得以生存，收入分配失衡、消费乏力制约了产能的释放。何记东和史忠良 (2012) 认为，企业在产能过剩条件下仍然扩张的主要原因，在于预期市场需求的长期增长使企业在面临短期亏损时仍然扩大产能；另外，产业政策的技术标准限定，起了反向激励作用，企业为了达到产业政策规定的门槛标准，必须加大技术设备的投入，从而使产能提高。

(二) 太阳能光伏等 (新兴) 产业

与传统产业产能过剩问题的研究相比较，目前对新兴产业产能过剩问题的研究比较少，现有研究主要从以下三个方面来解释光伏、风电等新兴产业产能过剩的原因与形成机理。

第一，产业特性、产业发展阶段与产能过剩。在分析新兴产业产能过剩问题时，有学者关注新兴产业的产业特性及产业发展阶段对其产能过剩的影响。如陈志（2010）、朱利（2012）指出，新兴产业本身就具有比较大的不确定性，处在产业生命周期的初级阶段。他们还以美国1972年以来高科技产业也存在产能过剩现象为例，指出新兴产业产能过剩是一种正常现象。朱利（2012）从产业链的长度来解释新兴产业的产能过剩问题，由于光伏等产业的产业链条比较长，产业链上各环节就越不太容易实现同步或者是平衡发展，也就容易造成环节之间的供需矛盾，因此就不可避免地会出现有的环节产品过剩，有的环节产品供应不足。

第二，市场性因素对产能过剩的影响。不少学者阐述了我国新能源产业的市场结构对产能过剩的影响。造成我国新能源等战略性新兴产业"产能过剩"的重要原因是我国新能源产业市场开发与产业发展不协调。以光伏产业为例，光伏产业对国外市场依赖严重，特别是对欧洲市场的依赖非常强。而近年来，由于经济不景气等原因，不少光伏应用大国削减了对光伏发电的补贴，这使得欧洲光伏市场需求骤降，造成我国光伏产业制造环节出现严重的产能过剩问题（韩秀云，2012；朱利，2012）。还有学者认为是国内光伏产业链下游较高的发电价格抑制了国内需求。由于我国新能源和传统能源价格扭曲的现象尚未得到根本解决，因此，虽然近年来我国光伏发电的成本不断下降，但其价格仍然远远高于传统火力发电的平均价格，较高的成本抑制了电网企业对光伏发电的需求，进而限制了国内对光伏产品的总需求，这也是造成我国光伏总产能与国内实际光伏需求巨大缺口的重要原因（刘新宇，2010；韩秀云，2012）。

第三，非市场性因素对产能过剩的影响。还有学者（陈志，2010；姜江，2010；蒙丹，2010；王立国，2011；韩秀云，2012；朱利，2012）从非市场性因素视角来进行分析，认为转轨时期不完善的要素市场以及地方政府的投资冲动是我国战略性新兴产业产能过剩的重要原因。由于不健全的要素市场、财税体制和政绩考核体制，以及地方政府不恰当的市场干预行为导致新兴产业的风险成本严重外部化，造成过度的产能投资行为，进一步加重了新兴产业的产能过剩问题。李平等学者（李平和江飞涛，2010；李平，2010）还指出，不当的产业政策是导致新兴产业产能过剩的重要原因。此外，还有学者认为新兴产业产能过剩的原因包括企业过度依赖技术引进，缺乏创新能力（蒙丹，2010；韩秀云，2012）；企业的片面乐观预期与投机行为（蒙丹，2010；王立国，2011）等。

（三）造船（装备）等行业

从 2009 年起，中国造船业的严重产能过剩问题逐渐凸显，在 2009 年 9 月国务院将造船业列为产能过剩矛盾十分突出的三大行业之一，并出台了《船舶工业调整和振兴规划》。在 2009 年 9 月的《关于抑制部分行业产能过剩和重复建设引导产业健康发展的若干意见》中，将产能过剩矛盾十分突出的造船业列入产能限制行业，明确要求今后三年不再受理新建船坞、船台项目的申请，暂停审批现有造船企业船坞、船台的扩建项目，提出要优化存量，引导企业利用现有造船设施发展海洋工程装备。根据《2012 年中国实体经济发展报告》，我国企业船舶订单量持续下跌。江苏、浙江、福建、山东等造船大省的船企陆续陷入开工不足或者停工的困境，一些"明星企业"，如浙江台州规模最大的出口船舶企业浙江金港船业有限公司、中韩合资的大连东方精工船舶等相继宣告破产（蒲小雷，2012）。近年来，产能过剩的问题又延伸到配套业，包括修船、低速柴油机制造等船用设备行业（秦萍，2009）。

目前，尚缺乏结合行业特点对造船业产能过剩的形成机理和演进过程进行系统的研究。罗清启（2011）认为，中国造船业的产能过剩实际上是"低端产能过剩，高端产能不足"。因为与日、韩造船大国相比，虽然我国能在规模上领先对方，但造船技术的创新方面远不如日、韩两国。与国外相比，我国造船业在船型设计、制造效率、管理水平、产业配套等方面差距明显，缺乏自主创新能力与高端产品制造能力。总的来说，中国造船业在很大程度上还只是一个全球船舶加工者角色。他提出，当前各种国际交易货物正呈现快捷化的趋势，这对国际远洋运输以及船舶制造业提出了新挑战。因此，新交通方式冲击、国际远洋运输新需求以及创新能力落后等问题，是中国造船业发展面临的重要课题。

从已有的对于特定行业产能过剩形成原因与形成机理的研究来看，多是描述性分析和直觉观察，缺乏严谨的理论分析和相应的实证研究。对于非市场性因素如何扭曲企业产能投资从而导致新兴产业产能过剩的系统性研究几乎是空白，更没有建立在严谨数理模型基础上的深入研究分析。从对太阳能光伏、风能发电设备行业的初步分析来看，政策的过度扶持也是这两个行业面临产能过剩问题的主要原因。因而，从不当产业政策干预角度研究产能过剩的原因非常必要。

四 产能过剩治理政策研究文献综述

研究产能过剩治理政策的文献可大致分为五类：第一类研究认为产能过剩是正常的市场现象并不需要政府采取相应政策进行干预；第二类研究认为产能过剩主要是"市场失灵"的结果，相关政策部门应当通过短期宏观调控和适当干预市场的政策进行治理；第三类研究认为政府应援助退出，并在宏观上协调投资与消费，来化解和治理产能过剩；第四类研究认为产能过剩问题是由于我国经济体制缺陷造成的，应该通过推动投资体制改革、促进长期制度建设来根本治理产能过剩的问题；第五类研究通过对产能过剩的特定行业进行分析，对不同行业提出不同的治理对策。

第一，部分学者认为"重复建设""产能过剩"等是市场经济中的正常现象，政府需要减少对企业过多干预。喻新安（2002）、高栓平和董明会（1998）认为没有重复建设和过剩产能，就没有真正的市场竞争，在市场竞争中的优胜劣汰会带来一定的资源浪费，但是能大大提高生产效率，其成本远远小于收益；政府应主要通过市场手段进行调控，对竞争性行业要完全放开，真正需要制止的是投资主体不承担风险、不对投资行为后果负责的重复建设。左小蕾（2006）指出市场经济本质就是"过剩经济"，市场经济具有自我调节功能，政府需要做的是维护公平竞争的市场环境，并深化经济体制改革。殷保达（2012）通过分析日本政府在面对产能过剩时所采取的政策认为，中国政府也应该认清形势，减少对企业过多干预，但是在市场失灵的情况下要及时控制，分散投资方向，引导产业的多元化发展趋势。何记东和史忠良（2012）认为产业政策对企业合理市场行为的干预应逐步减少，放宽企业自主权。

第二，政府部门应通过管制进入和实施短期宏观政策的方式治理产能过剩。支持政府干预的学者们，在政策措施选择上各有侧重。张军（1998）、曹耳东等（1999）指出，政府应对部分行业实施进入管制，以制止这些行业的过度进入和重复建设问题。马传景（2003）认为政府应制定行业标准，规范企业投资行为，严格项目审批。国家统计局课题组（2005）认为，应建立适应市场竞争的产业分类和综合监管体制，按国家安全领域、资源性领域、自然垄断领域和非资源性竞争性领域分类，制定各自的行业规范。杨蕙馨（2000）、魏后凯（2001）、盛文军（2006）认为，不仅要对规模经济显著的行业实施进入管制，而且要从准入门槛、源头上控制低水平盲目投资和重复建设，避免厂商的过度进入和低效竞争，同时政府也应该降低体制性退出壁垒，加速利用市场机制实行优胜劣汰，使经营不善的企业能及时顺利退出。周维富和吴敏（2012）指出政府应加强宏观调控措施，包括提高热门行业的准入门槛，鼓励新兴产业的发展，调整产业结构，充分发挥市场机制的作用。同时也应该淘汰落后产能，通过经济补偿鼓励企业兼并重组。还有一些学者主张借鉴日本反过度竞争的经验，如孙执中（1997）、杜丹清（1999）、郑胜利（2000）、付保宗和郭海涛（2011）等认为，我国应该学习当年日本政府的经济调控政策，通过实行管制进入、援助企业退出等来治理过度竞争与产能过剩。

　　第三，部分学者认为政府应该刺激消费需求、帮助严重产能过剩产业的企业退出，并在宏观上促进消费与需求的协调。江小涓（1996，1999）认为政府应该帮助夕阳产业的企业更好地退出行业，从而优化产业结构，治理重复建设。不过她也说明这类政策需要慎重执行，以免产生以下不良后果：政策实行不当反而会降低资源配置效率，甚至导致加重重复建设和产能过剩现象；也可能导致企业利用政策的不当行为，减弱市场机制的作用。曹建海（2002）也持类似观点，认为消除过高的市场退出壁垒是解决企业重复投资、行业产能过剩问题，实现我国产业竞争力的关键措施。通过减少企业的退出成本，来鼓励企业及时退出落后行业，实现资源的优化配置。苏剑（2010）认为建立可靠稳定的医疗、教育、住房、就业和养老等社会保障体系，使居民对收入和消费有一个乐观的预期，以刺激消费的合理增长，这样能有效地减缓我国消费不足和产能过剩的状况。而宗寒（2010）、张晖明（2010）认为投资不仅要求与消费在数量上相适应，更重要的是要在结构上相适应，不然就会造成部分行业生产过剩畸形发展、部分行业相对落后停滞不前的情况。付保宗和郭海涛（2011）指出美国为应对产能过剩，实行减免税收的财政政策，用以刺激国内消费支出，同时加大技术转化、教育、研究与开发方面的投资，在新生产力方面投入大量资金，来改善投资与消费结构失衡的状况。日本在1957年发生经济危机时，主要行业产能明显过剩，在这个背景下，日本制定了《国民收入倍增计划》，从此开始了向内需主导特别是民间消费主导型发展模式的转型。扩大民间消费的政策不仅化解了由于需求不足导致的产能过剩危机，还使得设备投资与制造业生产形成良性互动，进而推动整个日本经济保持了近 20 年的高速增长（吕铁，2011）。在出口结构调整方面，我国可以借鉴日本在应对经济腾飞之后出现过的产能过剩问题的措施（付保宗和郭海涛，2011；吕铁，2011）：一方面日本政府坚持扩大内需，启动民间消费化解过剩危机；另一方面，扩大海外市场，坚持"走出去"策略，双管齐下取得了积极的成效。

第四，产能过剩、重复建设等问题是由我国转轨过程中经济体制缺陷造成的，应通过推动投资体制改革、促进长期制度建设来从根本上治理产能过剩问题。马传景（2003）、张伟和曹洪军（2004）等认为政府应当通过进一步深化投资体制改革、下放投资权、明确投资风险责任、推动投资主体的多元化、规范政府投资行为和国有企业投资行为以及推动国有企业改革等政策措施来治理产能过剩。王小广（2006）认为治理"产能过剩"或"重复建设"，应当转变政府行政管理职能，减少政府特别是地方政府对投资的直接干预，并应继续加强宏观调控和严格制定、执行行业发展规划及产业政策。曾五一等（2006）亦持类似观点。盛文军（2010）提出缓解产能过剩的政策选择应是进一步深化投资体制改革，发挥市场配置资源的基础性作用。王立国和张日旭（2010）提出应深化投资体制改革，发挥市场配置资源的基础性作用等政策建议。

周黎安（2004）指出治理产能过剩，需要改革传统以 GDP 增长为基础的晋升激励体制，另外进一步减少地方政府对市场的干预能力。李军杰和周卫峰（2005）指出，治理地方政府主导下的过度投资需要重构上下级政府间直接的委托代理关系，需要"硬化"经济转型期间的制度约束环境，需要建立规范、有序的地方政府间竞争模式。杨英杰（2009）认为应从体制上解决产能过剩的深层次问题。一是通过改革，逐步放松政府对金融资源、土地资源的管制和垄断，创造优良的制度环境，鼓励和支持民间金融机构加快发展，进一步深化土地流转制度改革；二是在加快推进国有企业改革的同时，打破行业垄断，对民营企业实行全方位开放政策，逐步壮大能够真正以市场信号为导向的市场投资、生产主体。周劲和付保宗（2011）认为治理产能过剩的目标是需要区别对待不同的产能过剩类型，通过优化政府和市场有效协作的机制，尽可能降低产能过剩的风险和负面效应。他们认为，改革财税体制和政绩考核机制，规范地方政府投资行为；推进产权制度和国有企业改革，强化企业和行业自律制度；完善产业进入与退出政策，改进行业信息统计发布制度；推进收入分配体制改革，调节长期总供需关系是解决问题的重要措施。

第五，通过对产能过剩的特定行业进行分析，对不同行业提出不同的治理对策。周劲和付保宗（2011）认为我国产能过剩发生的频度相对较高，产能过剩体现了阶段和体制特征，不同类型行业的产能过剩有各自不同的原因。轻工行业呈现较明显的结构性产能过剩特征，重化工行业呈现较明显的体制性产能过剩特征，新兴工业领域主要由于处于行业成长阶段因而产能过剩，因此治理的政策会因所属行业不同而不同。

杜重华（2011）认为钢铁行业应淘汰落后产能，降低行业投资的热度；减少国际贸易壁垒，扩大海外出口；提高企业的科技水平和管理水平；鼓励企业进行产业升级和自主创新，提高竞争力。沈婷婷（2010）则更多地从长期制度方面提出建议，认为钢铁行业应该完善相关制度法规，严格市场准入和市场退出机制；加强监管力度，建立相互监督机制。刘晔（2009）指出，为了抑制焦炭产能过剩，推行行业结构调整，应从以下几个方面着手：完善行业准入机制，加强部门配合；淘汰落后生产力；鼓励企业联合重组；完善行业规定，加强行业自律；建立焦炭行业市场供需信息的收集、披露及预警机制，及时反馈市场信息，以销定产；控制进出口规模，保持适度出口量。李鹏（2011）通过大量实地调研以及对煤化工行业现状和未来发展趋势的分析，对防范煤化工行业产能过剩风险提出诸多对策建议，重点提出应该实现产业结构升级，转变发展方式；发挥市场机制，坚决淘汰落后产能。王立国（2012）持相同观点，并且认为强化风险意识、增强投资主体的理性观念也相当重要。

我国水泥行业产能地区分布不均，所以需要区域内协调产能布局，使生产量与需求量相结合，防止盲目生产。刘长发（2010）建议高度重视用科学的水泥发展规划指导水泥工业的发展，政府部门应对此加强宏观调控。雷前治（2011）为防止水泥行业产能过剩，更强调严格控制新上项目，加快淘汰落后产能的步伐，加大对生态环境保护，推进战略重组的步伐，用政策引导新工艺、新技术、新装备的投资，努力推动产业升级。

光伏、风电设备等新能源产业是我国战略性新兴产业，近年来也成为产能过剩问题严重的行业。蒙丹（2010）认为应抑制这种低端重复建设，应改善新能源产业的组织结构，整合新能源产业链，培育具有自主创新能力的领军企业；完善行业准入制度，规范行业标准；科学引导企业投资决策；建立科学的地方政府绩效评估体系，减少政府行为的短期性。刘新宇（2010）则认为，应对新能源产业产能过剩，政府应出台足够多、足够有力的政策为新能源及其相关产业创造需求，不过创造需求并不等于不要调控供给，如果目前产能盲目扩张的趋势不能得到抑制，即便释放足够多的新能源需求，最终新增的需求也将无法消化同期新增的产能，导致产能过剩问题可能会更加恶化。

以上研究都为我们研究治理产能过剩的政策提供了有益的借鉴，但从整体来说，这些研究对于政策的讨论相对薄弱。我国长期以来以包括市场准入、项目审批、供地审批、贷款的行政核准、目录指导、强制性清理等管制手段来治理重复建设、产能过剩问题，目前这种管制政策依然是许多行业治理产能过剩的核心政策。以"市场失灵"解释"产能过剩"的形成机理，则是上述政策的理论依据。江飞涛、曹建海（2009）表明这些理论依据是令人质疑的。在产能过剩治理政策制定和实施过程中，政策部门以其自身对市场供需状况的判断以及对未来供需形势变化的预测来判断某个行业是否存在产能过剩，并以政策部门自身的判断和预测作为依据制定相应的行业产能投资控制措施、控制目标，这实际上是以政府的判断和控制来代替市场的协调机制，具有很强的计划经济色彩（江飞涛、李晓萍，2010）。这种政策需要相应部门能对未来市场供需状况做出准确的预测，而这一点恰恰是最让人质疑的。还需要指出的是，国内对于此政策引起的地方政府与企业策略性行为以及由此带来的不良政策效果的研究非常少，更缺乏建立在严谨理论分析和坚实实证基础上的研究，对于政策实际效果与政策合意性的全面、系统、科学的评价与研究也是极为缺乏的。

第三章
转轨体制下产能过剩的
形成机理研究

　　本书第二章的研究表明，以"市场失灵"解释产能过剩的形成机理在理论上存在根本缺陷。近年来，越来越多的研究指出，转轨经济中体制缺陷对经济主体行为的扭曲才是产能过剩形成的主要原因。不少研究都曾指出，地方政府在地区竞争时实施地方保护主义和分割市场的做法，导致重复建设、产能过剩问题，这实质上是认为产能过剩与重复建设是"体制扭曲"和"政府失灵"的结果。但是，这些研究从理论上阐述产能过剩形成机理时，却试图采用过度进入定理、保有过剩产能与价格合谋等，将产能过剩解释为"市场失灵"的结果，其理论解释和现实分析严重脱节，并进而导致在产能过剩治理政策取向判断和选择时的混乱。此外，这些理论本身也存在缺陷。1994 年分税制改革后，特别是加入 WTO 以来，中国市场一体化进程明显加速。地区竞争的方式也发生了转变，从对本地政府所有的国有和乡镇企业提供各种形式支持，乃至设置地区壁垒实行地方保护主义，转向吸引外来企业投资以及推动本地企业投资而进行的补贴竞争（陶然等，2009），地方保护主义和市场分割也不再是导致重复建设和产能过剩的主要原因。有研究进一步指出，地区之间愈演愈烈的对于投资的补贴性竞争成为导致产能过剩最为主要的原因（李军杰，2005；郭庆旺，贾俊雪，2006；陶然等，2007；等等）。然而，对于地区之间的补贴性竞争如何导致产能过剩的微观机制，这些研究并没有从理论上给予明确的阐述。

　　总体而言，学界既缺乏从体制扭曲与地区竞争角度详细探讨产能过剩形成机理的研究，更未建立相应的理论模型明确阐述其微观机理。从国外一些与之紧密联系的研究进展来看，对于 FDI 而进行的补贴性竞争以及为出口而进行的补贴性竞争，可以为我们研究中国地区间补贴性竞争提供一些分析思路和启示，但是并没有直接提供可资借鉴的模型。本章试图弥补以往研究中的不足，建立符合中国地区补贴性竞争特征的分析模型，系统阐述地区补贴性竞争背景下产能过剩形成的微观机理，以实现经济现实分析和理论解释上的一致性。

一　本轮产能过剩形成的主要原因

（一）增长阶段转换与世界经济深度调整是导致本轮产能过剩的直接原因

中国经济与世界经济进入深度调整期，是导致本轮产能过剩的直接原因，并使得本轮产能过剩呈现长期性的新特征。一是中国国民经济已进入增长阶段转换期，增长动力和经济结构都将面临比较大的调整，许多传统重工业产品需求峰值已经或即将到来，这些行业将在较长一段时间面临较为严峻的产能过剩态势。中国经济经历了 30 余年高速增长以后，随着要素成本的不断上升、环境与资源约束强化、投资效率的不断下降和全要素生产率的恶化，以往过度依赖投资拉动、粗放式规模扩张与要素驱动的增长方式将难以为继，经济增长的方式将不得不更为依赖消费拉动、创新与效率驱动。随着投资对于工业增长拉动的效力逐渐减弱，投资实际增速逐渐下降，钢铁、水泥、平板玻璃、有色金属、普通机床等传统重工业产品需求增速显著放缓，这些行业将会在较长一段时期面临较为严峻的产能过剩态势以及产能调整压力。二是世界经济格局正在发生深远变化，中国传统（低成本）竞争优势正在减弱，传统出口制造业将在很长一段时间面临产能过剩的压力。世界经济已由危机前的快速发展期进入深度转型调整期，低速增长态势仍将延续；全球需求结构正在发生深刻变化，国际市场需求将长期低迷；而在劳动密集型产品、"两高一资"产品市场，随着劳动力成本、土地成本、资源与环境成本的快速上升，欠发达国家和地区发展觉醒，中国低成本优势面临越来越严峻的挑战；第三次工业革命的发展与发达国家的再工业化，将进一步削弱中国制造业的国际竞争优势。因而，中国传统出口制造业将面临长期产能过剩的压力。

（二）体制扭曲背景下地方政府对于投资的补贴性竞争是导致产能过剩最为重要、最为核心、最为深层次的原因

在体制扭曲背景下，地区对于投资的补贴性竞争才是导致产能过剩最为重要的原因。财政分权和以考核 GDP 增长为核心的政府官员晋升体制，使得地方政府具有强烈的干预企业投资和利用各种优惠政策招商引资的动机，特别是对于具有高投入、高产出特征的行业，无论从政绩显示还是从财政、地方就业等方面考虑，各级地方政府都有非常强的动机推动这些行业的企业在本地投资；而土地所有权的地方垄断和金融体系的软预算约束，使得为企业提供低价土地、减免税收等补贴措施，甚至通过财政支出直接为企业提供投资补贴，帮助企业获取金融资源成为地方政府竞争资本流入的主要方式，并成为地区之间竞争的具体形式和核心内容。地区竞争中的投资补贴、帮助企业获取金融资源的广泛采用，使得企业的投资行为被扭曲，并进而导致产能过剩：广泛的投资补贴使得企业进行过度的产能投资，导致行业内过多的产能投入和均衡产出，以及社会总福利的损失；当投资补贴水平超过一定程度，并且国际市场需求到达极限时，必然带来严重的产能过剩，进一步加大社会总福利的损失；地方政府低价提供土地的抵押功能和杠杆作用，并帮助企业协调获取贷款，会使企业自有投资比例过低，投资风险显著外部化，企业期望收益最大化时的产能投资显著增加，进而导致萧条时期产能利用率进一步下降，其宏观表现就是每轮周期的波幅被人为扩大；地区之间竞争的加剧，会使得投资补贴一直处于较高水平，并进而使得投资补贴所导致的社会总福利损失处于较高水平以及产能过剩更为严重。

地方政府为吸引投资和固化本地资源，纵容企业污染环境，使本地高污染行业企业的生产成本严重外部化，从而导致这些企业过度的产能投资和产品生产；普遍的以牺牲环境竞争资本流入的做法使得高污染行业过多进行产能投入，进一步加重高能耗、高排放行业的产能过剩。资本密集型产业是地方政府招商引资竞争的重点行业，当这些行业技术壁垒较低或技术壁垒被突破时，就会导致比较严重的产能过剩。这在钢铁、电解铝、造船等传统资本密集型行业以及太阳能光伏产业、风电设备制造业等新兴产业中体现得尤为突出。此外，地方政府对于本地企业的保护和支持，以及国有企业的软预算约束问题，严重阻碍优胜劣汰的市场调节机制，加大过剩产能的退出障碍，进一步加剧了产能过剩的严重程度。

　　还需要指出的是，广泛的地区补贴性竞争还会为低效率的企业生存甚至发展提供空间，市场优胜劣汰的竞争机制难以充分发挥，导致产业（甚至整个经济）的配置效率低下；广泛的地区补贴性竞争还会诱发企业的寻租行为，诱使企业将更多的精力和投入放在寻求地方政府的补贴和优惠政策上，而不是把更多的投入放在研究开发、技术工艺的改造升级以及市场开拓上，会对产业的动态效率产生较为严重的不利影响，并进而导致中国企业在国际竞争中更依赖以政府补贴和低污染排放标准所带来的所谓低成本竞争力。

（三）产业政策上的缺陷是推动部分行业产能过剩的重要原因

　　产业政策的不当干预是部分新兴产业出现严重产能过剩的重要原因。培育新兴产业一直是产业政策的一个重要目标，发达国家比较普遍的做法是保护知识产权、支持基础研究、支持企业研发与补贴绿色产品（或绿色能源）的消费。中国的新兴产业培育政策，则不仅仅如此，政策重点在于对企业的产能投资和生产环节的支持。在中国，中央政府产业政策导向意味着是否发展政策支持的产业以及多大程度发展这些产业将是考核地方政府政绩时的重要指标，同时也意味着地方政府为这些产业发展提供各种优惠政策时面临更小的政治风险（与钢铁、电解铝等行业相比较）。这就使得地方政府在提供各种优惠政策推动新兴产业发展方面具有强烈的动机。因而，中央政府的政策支持不但意味着更容易获得来自中央财政的政策补贴，同时也意味着更容易获得地方政府廉价土地的支持、税收优惠、财政补贴以及更容易获得地方政府在融资上的帮助。一旦技术壁垒被打破，在地方政府投资优惠政策的作用下，大量新的进入者会涌入这个新兴行业，对这个行业的产能投资会随之激增。地方政府的大量优惠政策一方面给投资企业带来大量补贴性收益，另一方面使得企业能以较少的投资撬动大的投资项目，并将投资风险转嫁给银行和社会。在这种体制下，当某个新兴行业的市场出现需求的扩张时，整个行业和行业中的多数企业都会对需求的扩张做出过度反应，导致行业产能远远大于市场需求的扩张。当前，光伏产业出现的严重产能过剩现象以及全行业所面临的危机，正是体制扭曲下地方政府以超乎寻常的热情推动太阳能光伏产业产能投资的结果。从江西赛维、无锡尚德等许多光伏企业在建立和发展的过程中，都不难发现地方政府的深度参与。

中国产业政策中具有强烈"扶大限小"的政策倾向，这种政策倾向强化了企业的规模扩张冲动，并成为导致产能过剩的重要原因。中国产业政策的一个特征是保护和扶持在位的大型企业（尤其是中央企业），限制中小企业对在位大企业市场地位的挑战和竞争。实施这类政策往往以"充分利用规模经济，打造具有国际竞争力的大型企业集团；提高市场集中度，避免过度竞争"为理由。这类政策的做法有：制定有利于在位大型企业的行业发展规划；制定有利于大型企业发展和限制中小企业发展的项目审批或核准条件；制定有利于在位大型企业的准入条件或严格限制新企业进入；在项目审批和核准过程中照顾大企业的利益，优先核准大型企业集团的投资项目，对中小企业的项目进行限制；在制定生产经营规范（许可）条件时限制小企业的生存和发展；为大企业的发展提供各项优惠政策（廉价土地、财政补贴、能源价格优惠等），对于小企业的发展则出台不利于其发展的政策（惩罚性电价等）。产业政策中强烈的"扶大限小"倾向，会使得大中型企业为成为政策重点支持的对象、小企业为避免成为被政策限制甚至强行淘汰的对象并获得发展空间，而具有强烈的规模扩张动机，这在很大程度上扭曲了企业投资行为，使得企业有强烈过度投资的倾向，并进而会导致行业内产能过剩。政策部门习惯在产能利用率下降、竞争加剧的时候，便强化对中小企业的限制而保护在位大企业的做法，还会带来道德风险，进一步强化大企业过度投资行为。

投资项目审批中设定比较高的设备规模标准，淘汰落后产能时以设备规模作为落后产能标准的做法，在一定程度上推动了产能过剩的形成。淘汰落后产能以设备规模作为主要标准，导致小企业为避免被淘汰而投资相对大规模的设备，在投资审批过程中设定比较高的设备规模标准，使得企业在扩大规模时，不得不选择大规模设备和生产线；在准入标准中设定比较高的规模标准，则会使得小企业为避免被淘汰而进行新的产能投资。这些都会进一步加深产能过剩的严重程度。需要特别指出的是，国际金融危机以来，加大基础设施建设与刺激家电、汽车等产品消费需求等政策，为国民经济的企稳回升起到了极为关键的作用，同时也刺激了相关行业的产能投资。随着政策逐渐退出，基础设施建设投资增速明显放缓，家电、汽车等产品消费增长乏力，原材料工业需求增速也显著放缓。而近年来投资的新建项目不断形成新的产能，加深了相关行业的产能过剩问题。从某种意义上说，上一轮强劲的经济刺激政策加深了本轮产能过剩的严重程度。

（四）部分行业国有企业改革滞后加重了产能过剩的严重程度

在钢铁、基础金属、化工等竞争性行业，国有企业（资本、产能、产值）比重大，国有企业整体效率与盈利能力远低于非国有企业。而在这些行业中，国有企业（尤其是国有大企业）得到更多资源、资本和政策扶持，面临困境时能得到各级政府的扶持和救助，其中经营不善的企业由于体制机制原因难以退出。这既加重了国有企业过度产能投资的倾向，又严重阻碍了过剩产能的市场调整，进而加重了这些行业产能过剩的严重程度。

二　中国工业产能过剩的体制机制基础

（一）地区补贴性竞争的强烈动机及其体制原因

改革开放以来，中国地方政府在地区经济增长中，扮演了一个非常重要的角色。它们以超乎寻常的热情寻求一切可能的投资机会，以推动地方经济的发展（周黎安，2007）。地方政府之所以具有强烈的干预企业投资和利用各种优惠政策招商引资的动机，主要基于两方面的原因：一是财政分权使地方政府具有采用不当手段推动投资的强烈动机；二是官员政治晋升体制使地方政府具有采用不当手段推动投资的强烈动机。

1. 财政分权与地方政府进行补贴性竞争的强烈动机

在传统的计划经济体制下，地方政府只是行政体系中的一级组织，不具有"经济人"的特征。然而，随着放权让利改革的深化以及"分灶吃饭"财政体制的实施，地方政府被赋予了具有较强独立性的经济利益，在整个经济体系中具有了"准市场主体"的地位，具备了"经济人"的特征。经过20多年的改革，地方政府具有了自己的经济利益和经济地位，为地方追求经济利益的最大化提供了动力，为地方政府确立了追求经济发展的目标。财政分权使地方政府的各种利益和地区经济发展的相关性大大提高。经济增长、就业率的实现在很大程度上取决于当地的投资量和投资项目状况，由此地方政府具有很强的动机争取资本、资源，扩大投资规模。

财政分权后地方政府具有独立的经济利益，有比较强烈的动机推动投资发展经济，扩大税基增加财政收入。钱颖一（Qian and Roland，1998）和Jin 等（2005）就曾指出，中国地方政府具有推动投资和经济发展的强烈动机，主要有两个基本原因：第一个是行政分权，中央政府从 20 世纪 80 年代初开始就把很多经济管理的权力下放到地方，使地方政府拥有相对独立的经济决策权；第二个是以财政包干为内容的所谓财政分权改革，中央把很多财权下放到地方，而且是财政包干合同，使得地方和中央分享财政收入，后来的分税制改革延续了这一思路，使得地方政府具有相对独立的经济利益。

财政分权改革以后，我国地方政府具有显著的"法团化"（Lacal State Corporatism）趋势。所谓"法团化"，指的是地方政府直接介入经济，担任管理企业的角色的过程，各级政府、政党与所辖企业由此形成了一个类似大型企业的利益共同体。在经济转轨时期，先有党、政、地方企业，后来又有地方民营企业，它们相互结合，形成一定意义上的法团组织，构成了中国经济改革的微观层次上的制度基础。在一般的情况下，具有"法团化"趋向的地方辖区往往把宏观经济稳定、收入分配公平和环境外溢影响都视为"外部性"问题，并尽可能多地争取外来投资、金融资源、上级政府资助或特别优惠（Qian and Roland，1998）。

2. 官员政治晋升体制与地方政府补贴性竞争的强烈动机

地方政府干预企业投资的另一个重要的动机，在于现有以考核 GDP 增长为核心的政府官员政治晋升体制，使得政府官员有很强的动力推进本地投资和经济增长。虽然财税激励无疑构成地方政府行为的一个重要动力，但作为处于行政"金字塔"之中的政府官员，除了关心地方的财政收入之外，自然也关心其在官场升迁中的机遇。这种激励在现实中可能更为重要。周黎安（2004，2007）以晋升锦标赛模型，详细分析在我国官员政治晋升体制下，地方政府和地方官员的行为特征。周黎安（2007）认为中国地方官员的晋升体制非常类似于晋升锦标赛模型，其理由有以下四点。第一，中国是中央集权的国家，中央和上级部门具有集中的人事权。第二，无论省与省之间，还是在市、地区、县、乡之间都有非常相似的地方。中国从计划经济时代就已经显现端倪的 M 形经济结构，使得各个省区（包括省以下的区域经济）的经济绩效具有相当程度的可比性。第三，在中国目前的政治体制下，地方政府官员对当地经济发展具有巨大的影响力和控制力，一些重要的资源，如行政审批、土地征用、贷款担保、各项优惠政策等均掌握在地方政府手中。第四，跨地区的地方官员之间的合谋在中国目前的晋升体制下不是一个现实的威胁，地方官员之间的高度竞争才是常态。原因在于晋升与不晋升之间存在巨大的利益差异，这不仅表现为行政权力和地位之间的巨大差异，而且在政治前景上也不可同日而语。

中国政府体制的特征是权力的一体化和等级化，地方政府主要面临上级政府的垂直监督，所受的水平方向的监督和制约非常有限，尤其是政府公共服务的直接对象——民众与企业不能直接影响地方官员的任命，虽然他们是最有信息监督和评价政府服务质量权的主体。而中国长期以来的属地化分级行政管理体制又强化了地方政府的实际权力，尤其是自由处置权。给定政府目标的多维性和多任务特征，如果上级采取弱激励方式，让官员的晋升与当地经济增长或其他可测度的经济指标脱钩，采取一种模糊和主观的评价方式决定政府的政绩，那势必导致地方官员的自由处置权最终成为官员偷懒、受贿或不作为的特权。这里最大的困难在于，如果人事任免权和对官员的考核均在上级政府，上级政府获得关于下级地方官员能力和服务质量信息的成本将是高昂的，这种成本越高，地方官员手里的自由处置权（合法伤害权）的自由度就越高。因此，在这种背景下，采用以 GDP 增长为基础的强激励的晋升锦标赛，是对地方官员不受监督和制约的自由处置权的一种引导。周黎安等（2005）运用中国改革开放以来省级水平的数据系统地验证了地方官员晋升与地方经济绩效的显著关联，他们的研究发现，省级官员的升迁概率与省区 GDP 的增长率呈显著的正相关关系，而且，中央在考核地方政府官员的绩效时理性地运用相对绩效评估方法来减少绩效考核的误差，增加其可能的激励效果。

晋升锦标赛使得政府官员同时在经济上和政治上竞争，经济竞争由于受到以零和博弈为特征的行政竞争的支配而出现资源配置扭曲的现象。这是因为，晋升的职位总是有限的，晋升锦标赛具有一种"赢家通吃"和"零和博弈"的特征，一人提升势必降低别的竞争者的晋升机会，这种激烈的政治竞争就会转化为为了政治收益不计社会经济成本和效益一味推动经济规模增长的竞争（周黎安，2007）。我国经济的增长在很大程度上取决于投资的增长，这种经济和政治上的竞争不可避免地成为各级地方政府不计代价争夺资本流入和投资资源的竞争。因此，地方政府往往在招商竞争时，大大压低土地价格，甚至"零地价"供地，并在税收上提供各种优惠；地方政府甚至为了吸引投资者，在劳动保障和社会福利方面不作为，压低劳动力成本，人为提高投资者的利润空间。

（二）地方政府进行补贴性竞争的主要手段及其体制基础

财政分权与以考核 GDP 增长为核心的政府官员政治晋升体制，使地方政府具有不当干预企业投资的强烈动机。而土地和环境的"模糊产权"问题以及金融体系的"预算软约束"问题，为地方政府不当干预企业投资提供了最为重要的手段。在经济转型期，中央政府由于没有足够的制度创新"知识"以及无法全面掌握各个区域的具体情况，从而不得不借助代理人（地方政府）临近现场，通过其能够掌握较多信息的优势去推动制度创新。但是，中央政府在预留给地方政府制度创新空间的同时，客观上也留下了"模糊产权""预算软约束"等非规范的制度环境。通过攫取界定模糊的产权（例如辖区内的土地）和"预算软约束"（金融租金）领域的"公共"资源，地方政府获取了对投资进行巨额实质性补贴的能力（李军杰，2004）。此外，环境产权的模糊和环境保护体制中存在的根本性缺陷，也让许多地方政府（特别是经济相对落后的地区）将放宽环保标准、容忍企业在本地区的环境污染作为吸引企业投资的一个重要手段。对于许多高能耗、高污染物排放的行业来说，地方政府的这一措施能在很大程度上降低企业的生产成本，实质上是企业生产成本的外部化。

1. 土地"模糊产权"与地方政府对投资者的低价供地行为

所谓"模糊产权"（ambiguous property rights），是指由于市场环境的变化，新出现的营利性的资本产权束因为没有得到最终控制权的及时、明确的界定，从而处于"开放状态"，进而成为被竞相攫取的"公地"。随着中国城市化和城市面积的迅速扩展，大量农村土地转变为城市土地将不可避免。根据中国的现行法律，农村土地属于农民集体"集体所有"。但是，由于"集体"和"集体所有"从来就没有得到清晰的界定，这些土地的产权事实上是虚置的，或者说是"模糊"的。在市场经济条件下，由于靠近城市的特殊的区位优势，随着城市化的推进，这些耕地就产生了被用来进行商业性开发从而盈利的可能，即出现了营利性的资本产权束。而在这些新出现的产权束未能重新得到明确界定的情况下，它就处于"开放状态"，即可能被人们用低成本获得。

在土地征用阶段，地方政府能通过强制手段低成本获取土地，基本上剥夺了失地农民因转变用途而产生的土地增值收益。地方政府取得土地之后，出于本届班子的政绩和可支配资金的最大化考虑，倾向于对不同用途上的土地采取不同出让方式的差别定价战略。地方政府会在土地一级市场上垄断性地出让商业和住宅用地获取巨大收益，并获取了以低于征收开发成本价格出让工业用地所需要的财政支持；对于工业用地、仓储用地，地方政府更看重的是工厂建成之后给本地区带来的 GDP、税收、就业等政绩利益和长期利益，倾向于低地价甚至零地价方式招商引资或者提供给进行投资的本地企业（曹建海，2004）。这一做法实际上是为投资者提供投资补贴，投资者不但获取了土地转变用途的全部增值收益，而且以低于征地成本和开发成本获取土地，实际上还获取了地方政府代为征用开发土地过程中形成的实质财政补贴。我们之所以把低价供地看作投资补贴，主要是因为：土地并不是产能投资中的沉没成本，项目运营结束后，可以转让，因而土地购置成本并不是企业产品生产和销售成本的组成部分，政府对企业投资的低价供地甚至零地价供地行为，可以使企业在项目运营结束后以市场价格出售土地获取额外的投资收益。

李扬等（2005）进一步指出：问题的复杂性还在于，作为人类一切经济活动的承载物，土地从来就是最优良的信贷发放标的物。政府掌握了土地，也就掌握了对地区金融资源的配置权。由于企业拿到土地之后便可持之到银行要求相应的贷款，因而，土地批租权实质上就演变成地方政府取得信贷的权利。政府及相关官员可以根据自己"政治晋升"的各种政治和经济的目的，对不同企业给予不同的安排。结果，往往是资本密集型、高能耗、高产值的大型企业很容易用较低价格取得土地，而处于发展初期的中小企业却得不到政府应有的支持。

2. "软预算约束"与地方政府主导下的企业金融

在 1994 年国有银行开始商业化改革之前，我国的金融资源是被中央政府高度集中控制的。在一个相当长的时期中，国有银行实质上承担着政府分配金融资源的任务，其基层机构更只是完成计划的工具。地方政府频繁"跑部"去争取的就不只是无偿的财政资金，还包括事实上也不必偿还的金融资源。从 1994 年开始的国有银行体制改革，在相当程度上改变了上述状况。但是，由于银行并不真正为其吸收存款的安全负责，同时也并不真正为其贷款的风险负责，其预算约束依然硬不起来。而所谓银行的"预算软约束"，事实上正是政府干预金融活动的另一种表述。

与传统体制相比，正在改革过程之中的商业银行的经营行为已经有了较大的变化。但是，在现代公司治理结构尚不完善的前提下，由于国有商业银行的分支机构掌握着一定的配置金融资源的权利，由于大量的以地方资本为基础且主要服务于地方的金融机构纷纷建立，在中央政府逐步放弃一部分对金融资源的控制权的同时，地方政府在一定程度上承接了干预金融活动的权利。不过，由于地处一隅，地方政府干预金融资源配置的形式有了变化。一方面，它们可以用优厚的"配套"条件或其他因素来引诱银行在本地投入金融资源；另一方面，它们则更多地通过默许、容忍甚至鼓励本地企业用展期、拖欠甚至逃废债的方式来攫取全国性金融资源。由于国有银行的预算约束仍然是软的，由于中央有关当局用无穷尽的"救助"措施一次又一次地容忍甚至确认了这种软预算约束，地方政府的这种攫取全国性金融资源的手段总能够奏效。在这种格局下，地方国有企业（甚至非国有企业）的融资成本和金融风险仍然会由国有银行承担，而且最终还会转嫁给中央政府（李扬等，2005）。

3. 环境的"模糊产权"、环保制度缺陷及地方政府对本地企业环境污染的纵容

环境产权具有公共品的特征，外部性比较强，许多环境资源缺乏清晰的产权，政府可以通过制定或维护适当的制度安排以建立产权制度，提高环境效率；在已经存在产权但实施产权的成本非常高的情况下，政府则通过健全法律和司法结构以纠正外部性造成的损失来提高环境效率。近年来，虽然中央政府越来越关注环境保护问题，也加大了对环境保护的投入，在环境保护制度上做了一些调整，但是，在推进环境产权优化、完善和健全环境保护相关法律以及保证法律的有效执行上进展有限。我国在环境产权的分割和清晰化方面严重落后于发达国家，污染企业的责任和居民的公共权益很不明晰，对于环境违法行为所规定的法律责任要求不严，基本上没有刑事制裁条款，对环境违法者基本上不处罚，就是处罚大多也是行政制裁，很少由法院进行司法审判（高有福，2006）。由于司法的不独立，地方政府对司法有很大的影响力，地方政府维护本地企业干预司法时，被污染损害合法权益的居民很难通过法律途径维权。由于在中国的行政体制中，地方官员是对上级负责，并不对选民负责，被污染损害权益的居民也难以通过选票维护其合法权益。

我国的环境监督管理部门实行双重管理体制，即各地区的环境保护局既要接受地方政府、地方党委的领导，又要接受上级环境保护局（部）及党委的监督指导，其中以地方管理为主。在这种管理体制下，充分考虑本地的环保部门对于上级部门所具有的信息优势，地方政府在很大程度上主导了当地环保部门的工作。中国是垂直型的行政体制，中央政府与地方政府是一种委托代理关系，虽然中央政府将环境和经济的协调发展作为整体目标，由于环境观测的信息成本非常高，经济观测的信息成本相对很低，中央政府难以向地方政府提供环境与经济协调发展的激励合同，只能退而求其次，提供以经济增长为核心的激励合同，这种激励合同不可避免地使得地方政府为追求经济增长而忽略环境保护。杨海生、陈少凌和周永章（2008）的实证研究进一步表明，地方政府的环境保护政策是以吸引资本作为首要目标的，特别是在资本密度比较低的落后地区，往往以非常宽松的环保政策、以牺牲环境为代价来竞争资本流入和产业转移。宽松的环境政策、对企业环境污染的纵容，会使企业（特别是高能耗、高污染排放的产业）的生产成本严重外部化。

三 投资补贴与产能过剩的形成机理

（一）理论模型

为此我们构建一个两期博弈模型，博弈的主体为 n 个同质的企业，分别处于 n 个同质的地区，地方政府自身关于企业产能投资的收益函数和成本函数是外生给定的，第 i 个地方政府的收益函数为 $R(Q_i)$，由于地方政府的收益不仅仅是地方政府的财税收入，还包括地方政府官员对于本地区产出的效用，所以地方政府的收益函数就是地方政府的效用函数，那么我们就可以用相对风险厌恶系数来描绘地方政府的收益函数，我们首先对地方政府的收益函数进行一些合理的假设：

$$R'(Q_i) > 0, R''(Q_i) < 0, -Q_i \frac{R''(Q_i)}{R'(Q_i)} = r, 0 < r < 1$$

这里我们运用了相对风险厌恶系数的概念，它表明收益曲线相对比较平坦，并且随着产能的增大，收益曲线的形状变化较小，实质上这也隐含着地方政府为了较高的收益愿意提供补贴，并且随着企业产能的增加，这种提供补贴的意愿下降较小。显然这样的假设是符合实际情况的。政府提供投资补贴 1 单位所付出的成本为 $\beta(1 \geq \beta > 0)$，主要是因为企业得到的补贴可以是政府直接支付的财政补贴或税收减免，也可以是地方政府低价征地后低价甚至零价格提供给企业，给企业带来的巨额土地收益。采用低价供地的方式提供投资补贴具有杠杆效应，即政府可以以较低的成本提供很高的投资补贴。地方政府追求其自身收益的最大化。在第一阶段企业会根据地方政府的补贴函数、未来的市场收益函数以及自己的产能成本函数来确定自身的产能，并完成产能投资；在第二阶段企业根据市场情况确定实际产量。

假设：厂商边际可变成本＝平均可变成本＝c，市场上存在 n 个厂商，市场反需求函数是 $p = a - nq$，q 为企业的实际产量，企业的产能为 Q，企业得到的每单位产能投资的补贴为 $b(Q)$，企业投资产能 Q 的成本为 kQ，k 为常数。一旦企业产能建立，则其成本 kQ 被视为沉没成本。

（二）均衡分析

由于第 i 个地方政府追求利益的最大化，即最大化 $R(Q_i) - \beta b_i Q_i$，由一阶条件解得：

$$b_i = \frac{R'(Q_i)}{\beta}$$

这就是第 i 个企业所面临的补贴函数。

采用逆向归纳法：在第二阶段，第 i 个企业的市场收益为：

$$[a - (q_1 + \cdots + q_i + \cdots + q_n)] q_i - c q_i, \text{s. t.} \ Q_i \geqslant q_i$$

约束条件表示企业的产量不能大于产能。

在第一阶段，第 i 个企业的市场收益为：

$$\pi_i = [a - (q_1 + \cdots + q_i + \cdots + q_n)] q_i - c q_i + \frac{R'(Q_i)}{\beta} Q_i - k Q_i$$

由 K - T 条件知：当 $\lambda > 0$ 时，$Q_i = q_i$，则由对称可以解得 Q_i。

当 $\lambda = 0$ 时，$Q_i > q_i$，由对称可以解得 $q_i = \frac{a - c}{n + 1}$。此时 $\frac{R''(Q_i)}{\beta} Q_i + \frac{R'(Q_i)}{\beta} = k$。

因为 $- Q_i \frac{R''(Q_i)}{R'(Q_i)} = r$，所以此时 $(1 - r) R'(Q_i) = \beta k$。

因为 $Q_i > q_i = \frac{a - c}{n + 1}$，所以当 $R'\left(\frac{a - c}{n + 1}\right) > \frac{\beta k}{1 - r}$ 时就会出现产能过剩。

由以上分析可知，投资补贴并不必然导致产能过剩，而是存在两种均衡情况，一种不出现产能过剩，另一种则出现了产能过剩，只有当补贴水平超过一定数值时，即 $b\left(\frac{a - c}{n + 1}\right) = \frac{R'\left(\frac{a - c}{n + 1}\right)}{\beta} > \frac{k}{1 - r}$ 时才会出现产能过剩。显然在其他条件都不变的情况下, n 越大, $q_i = \dfrac{a-c}{n+1}$ 越小, 则 $R'\left(\dfrac{a-c}{n+1}\right) > \dfrac{\beta k}{1-r}$ 越容易出现, 也就越容易出现产能过剩; 同样, β 越小, 则 $\dfrac{\beta k}{1-r}$ 越小, 这样越容易出现 $R'\left(\dfrac{a-c}{n+1}\right) > \dfrac{\beta k}{1-r}$ 的情况。而这两者的结合使得产能过剩的情况更容易出现。这表明, 当地区投资补贴比较普遍, 政府对于产能投资的偏好比较强, 政府提供单位补贴所付出的成本比较小时 (例如目前地方政府普遍采用低价提供土地的方式), 会使得产能过剩的情况更容易出现。

(三) 主要推论

命题 1: 对于寡头市场, 当投资补贴高于某一定值时, 会造成社会总福利的损失。当产能投资补贴达到一定程度时, 会导致产能过剩, 造成更为严重的社会福利损失。并且投资补贴水平越高, 社会总福利损失越大。在竞争性市场中, 无论投资补贴会不会导致产能过剩, 都必然会带来社会总福利的损失。

证明: 当 $q_i = Q_i$ 时, 即 $b\left(\dfrac{a-c}{n+1}\right) = \dfrac{R'\left(\dfrac{a-c}{n+1}\right)}{\beta} \leqslant \dfrac{k}{1-r}$。

不存在投资补贴时, 可得: $q_i = \dfrac{a-c-k}{n+1}$。

消费者剩余: $\Pi = \dfrac{1}{2}\left(n\,\dfrac{a-c-k}{n+1}\right)^2$, 第 i 个厂商利润: $\pi_i = \left(\dfrac{a-c-k}{n+1}\right)^2$。

当存在投资补贴时, 为证明方便假设补贴为常数 $\bar{b}$, 可得: $q'_i = \dfrac{a-c+\bar{b}-k}{n+1}$。

消费者剩余: $\Pi' = \dfrac{1}{2}\left(n\,\dfrac{a-c+\bar{b}-k}{n+1}\right)^2$, 第 i 个厂商利润: $\pi'_i = \left(\dfrac{a-c+\bar{b}-k}{n+1}\right)^2$。

虽然地方政府的补贴成本为 $\beta\bar{b}nq'_i$, 但其他补贴来自于社会上的其他部门, 所以可以认为补贴社会总成本是 $\bar{b}nq'_i = \bar{b}n\,\dfrac{a-c+\bar{b}-k}{n+1}$。

则社会福利变化额为 $\Delta\amalg = \Pi' - \Pi + n(\pi'_i - \pi_i) - n\bar{b}q_i =$

$$\frac{n\bar{b}(a-c-k)-\dfrac{n^2\bar{b}^2}{2}}{(n+1)^2}\ .$$

所以当单位投资补贴 $\bar{b}$ 超过 $\dfrac{2(a-c-k)}{n}$ 时就会造成社会福利小于没有投资补贴时的情形。

因为 $\dfrac{\partial \text{Ц}}{\partial \bar{b}}=\dfrac{n(a-c-k)-n^2\bar{b}}{(n+1)^2}$ ，当 $\dfrac{\partial \text{Ц}}{\partial \bar{b}}<0$ 时，解得：$\bar{b}>\dfrac{a-c-k}{n}$ 。

即 $\bar{b}>\dfrac{a-c-k}{n}$ 时，随着补贴的增加社会总福利开始下降。而当 $\bar{b}>\dfrac{2(a-c-k)}{n}$ 时，社会福利小于没有投资补贴时的情形。并且，随着补贴的增加，社会福利的损失也会增加。

在竞争性市场中，$n\to\infty$，$\dfrac{a-c-k}{n}\to 0$，故当 $\bar{b}$ 为很小正值时，即会导致社会总福利损失。同样随着 $\bar{b}$ 的增加，社会总福利水平将进一步下降。[①]由于我们的模型假设市场是产能约束情况下的伯川德竞争，这才出现了当补贴是少量时社会福利增加的情况。如果我们采用更为竞争型的模型，例如产能约束以及随机配给规则下的 Bertrand 竞争模型，在企业数量较少情形下的均衡状态就能比较接近完全竞争市场时的均衡结果，当 $\bar{b}$ 为很小正值时，就会导致社会总福利损失。

当 $q_i<Q_i$ 时，即 $R'\left(\dfrac{a-c}{n+1}\right)>\dfrac{\beta k}{1-r}$ 时：因为 $q_i<Q_i$ ，所以补贴的增加不会影响 q_i 的变化。假设 $\dfrac{R'(Q_i)}{\beta}=b$ 。所以有：$\dfrac{\partial \pi_i}{\partial b}=Q_i+b\dfrac{\partial Q_i}{\partial b}-k\dfrac{\partial Q_i}{\partial b}=Q_i+r\dfrac{R'(Q_i)}{R''(Q_i)}=0$ 。

第 i 个地方政府的补贴增加额为 $Q_i db$ ，补贴的增加只增加了企业的产能，产量 q 不变。因为 q 不变，所以 p 不变，消费者剩余不变。厂商只增加了过剩的产能，造成了资源的浪费、社会福利的损失。

---

① 这一结论的成立并不需要借助完全竞争市场的原子企业假设，在企业数量较多的竞争性市场，围绕价格和市场份额而展开的激烈竞争会使总产量接近或等于完全竞争模型中的均衡产量，产能投资补贴只能使社会总产量超过无补贴时的均衡产量（也是社会福利最大化时的产量），进而导致社会福利损失，并且补贴越高，导致的社会福利损失越大。

命题 2：对于产能投资的补贴将加剧经济周期性波动中产能利用率的波动，使萧条时期的产能利用率进一步下降。

证明：我们假设企业设计产能时，市场出现繁荣的概率为 θ，出现萧条的概率为 $1 - \theta$，萧条时期的需求函数为 $p = a' - nq$（$a > a'$）。

当 $q = Q$ 时，厂商最大化利润：

$$\pi_i = \theta\{[a - (q_1 + \cdots + q_i + \cdots + q_n)]q_i - cq_i\} + (1 - \theta)\{[a' - (q'_1 + \cdots + q'_i + \cdots + q'_n)]q'_i - cq'_i\} + \frac{R'(q_i)}{\beta}q_i - kq_i$$

s. t. $q_i \geqslant q'_i$

约束条件意味着萧条时期的产量不能大于繁荣时期的产量即设计产能。

假设在 K - T 条件的解 q_i 处时，$\dfrac{R'(q_i)}{\beta} = b$，则有：

$$\frac{R''(q'_i)}{\beta}q'_i + \frac{R'(q'_i)}{\beta} = (1 - r)b$$

则可得：（1）$\lambda = 0 q_i > q'_i$，由对称解得：$q_i = \dfrac{a - c + \dfrac{(1 - r)b - k}{\theta}}{n + 1}$，

$q'_i = \dfrac{a' - c}{n + 1}$。

因为 $\dfrac{\partial (q_i - q'_i)}{\partial b} = \dfrac{1 - r}{\theta(n + 1)} > 0$，所以补贴增加会导致产能利用率的波动增大。

（2）$\lambda > 0 q_i = q'_i$，由对称解得 $q'_i = q_i = \dfrac{\theta a + (1 - \theta)a' - c + (1 - r)b - k}{n + 1}$。

因为 $\dfrac{\partial q_i}{\partial b} = \dfrac{1 - r}{n + 1} > 0$，所以补贴增加，繁荣和萧条时期的产量都增加。

但随着产量的增加，$\lambda = (1 - \theta)[a' - (q'_1 + \cdots + q'_i + \cdots + q'_n) - q'_i - c]$ 必然减小，当 $\lambda = 0$ 时，导致 $q_i > q'_i$，引起在萧条时期的产能过剩。

由之前的证明知道，当 $R'\left(\dfrac{a - c}{n + 1}\right) > \dfrac{\beta k}{1 - r}$ 时就会造成产能过剩，当存在产能过剩时，繁荣时期企业的实际产量为 $q_i = \dfrac{a - c}{n + 1}$，萧条时期的实际产量

为 $q'_i = \dfrac{a' - c}{n + 1}$，$q_i > q'_i$。也就是说当地方政府的边际收益 $R'\left(\dfrac{a - c}{n + 1}\right) >$ $\dfrac{\beta k}{1 - r}$ 时就会造成产能过剩。当产能增加到 Q_i，使得 $R'(Q_i) = \dfrac{\beta k}{1 - r}$ 时才达到均衡，此时 $Q_i > q_i = \dfrac{a - c}{n + 1}$。由之前的证明知道，政府增加投资补贴必然导致企业的设计产能增大，这必然会引起产能利用率波动的增大。

命题 3：在面对市场不确定性时，产能投资中自有资本过低导致的风险外部化使得产能过剩的概率增大。

在中国，由于地方政为吸引投资低价供地提供的巨额投资补贴，土地在获取贷款中的重要的抵押作用，以及地方政府帮助投资企业"协调贷款"的行为，往往使得企业可以以极低的自有投资完成需要大量资本投入的项目，并导致严重的风险外部化问题，并进而导致市场存在不确定性时产能过剩的概率大大增加。

证明：假设可变成本 $c = 0$，市场存在不确定性，即市场容量 a 在区间 $[a_L, a_H]$ 上的概率分布函数是 $F(a)$，$F(a)$ 可导，a 的概率密度函数是 $f(a)$。存在风险外部性表示厂商的自有投入为 $ekq_i(0 \leq e \leq 1)$，e 为产能投资中自有资本的投入。

考虑两种极端情况，即 $e = 1$ 和 $e = 0$ 的情况。

当 $e = 1$ 时，第 i 个厂商在第一阶段选择产能 q_i，则厂商在第二阶段的产量存在两种情况：q_i 和 $\dfrac{a}{n + 1}$。当 $a \geq (n + 1)q_i$ 时，产量为 q_i，否则选择产量为 $\dfrac{a}{n + 1}$。

则厂商的期望利润为：

$$E(\pi_i) = \int_{(n+1)q_i}^{a_H} [a - (q_1 + \cdots + q_n)] q_i f(a) da + \int_{a_L}^{(n+1)q_i} \left(\frac{A}{n + 1}\right)^2 f(a) da - kq_i$$

可得：

$$\int_{(n+1)q_i}^{a_H} a f(a) da - (n + 1)q_i \int_{(n+1)q_i}^{a_H} f(a) da - k = 0 \qquad (3 - 1)$$

当 $e = 0$ 时，产能、产量的选择与 $e = 1$ 时一样。

设当出现产能过剩，即产量为 $\dfrac{a}{n + 1}$ 时，厂商出现亏损。此时盈亏平衡

点为 $\left(\dfrac{a}{n+1}\right)^2 = kq'_i$，即 $a = (n+1)\sqrt{kq'_i}$。

则厂商的期望利润为：

$$E(\pi_i) = \int_{(n+1)q'_i}^{a_H} [a - (q'_1 + \cdots + q'_n)]q'_i f(a)da + \int_{(n+1)\sqrt{kq'_i}}^{(n+1)q'_i} \left(\frac{A}{n+1}\right)^2 f(a)da -$$

$$\int_{(n+1)\sqrt{kq'_i}}^{a_H} kq'_i f(a)da$$

可得：

$$\int_{(n+1)q'_i}^{a_H} af(a)da - (n+1)q'_i \int_{(n+1)q'_i}^{a_H} f(a)da - k\int_{(n+1)\sqrt{kq'_i}}^{a_H} f(a)da = 0 \quad (3-2)$$

因为 $k\int_{(n+1)\sqrt{kq'_i}}^{a_H} f(a)da < k$，设 $y(q_i) = \int_{(n+1)q_i}^{a_H} af(a)da - (n+1)q_i \int_{(n+1)q_i}^{a_H} f(a)da$，则 $\dfrac{\partial y(q_i)}{\partial q_i} = -(n+1)\int_{(n+1)q_i}^{a_H} f(a)da < 0$。

所以 $y(q_i)$ 随着 q_i 的增大而减少。由此可以知道式（3-1）的 q_i 必然小于式（3-2）的 q'_i。即当存在完全风险外部化时的产能大于不存在风险外部化时的产能。

由上面的分析可知，当产能为 q_i 时产能过剩的概率为 $F[(n+1)q_i]$，因为 $q'_i > q_i$，所以 $F[(n+1)q_i] < F[(n+1)q'_i]$，也就是说存在完全风险外部化时的产能过剩概率大于不存在风险外部化时的产能过剩的概率。

（四）对于理论模型的进一步阐述

中国的地方政府有强烈吸引投资推动经济增长的动机，土地的模糊产权使得地方政府能为企业投资提供大量实质性补贴以及重要的融资抵押品，金融体系的软预算约束使得地方政府能够帮助本地企业转嫁融资成本和风险成本，环境的模糊产权和环境保护体制上的缺陷，使得地方政府为吸引投资和固化本地资本牺牲环境，这些使得投资者的私人成本远远小于社会成本，并获取大量来自社会财富转移的外部收益，改变企业投资的激励结构，扭曲企业的投资行为。这种地区之间普遍存在的对于投资的补贴性竞争（subsidy competition），导致普遍的投资扭曲，并进而导致较为严重的产能过剩问题。

投资补贴将会严重地扭曲企业的产能投资行为和竞争行为（曼弗里德·诺依曼，2003），而成本外部化必然会导致厂商生产超过社会福利最大化的过剩产品。政府补贴可以包括以下形式：直接的转移支付、税收豁免、低于市场价格出让土地、为企业提供政府担保以及对公营企业注资等。如果在同等条件没有私人愿意进行股权投资的情况下，政府增加股权投入也属于补贴行为。历史上，欧共体各成员国纷纷以大量政府补贴的方式努力扩大本国钢铁企业的市场份额，导致20世纪70年代中期到90年代初期欧共体钢铁工业严重的产能过剩和社会福利的严重损失。在中国，地方政府主要通过土地政策、税收减免对本地企业以及来本地进行投资的企业进行投资补贴。税制改革前，税收减免是对企业投资进行补贴的主要手段；税制改革之后，地方政府通过税收减免对企业投资进行补贴的能力被削弱了，低价或免费提供土地成为地方政府新的最主要的投资补贴手段，一些地方政府甚至通过财政支出直接为企业提供投资补贴。很显然，大量的投资补贴，会使投资企业在产品市场之外获取额外的投资收益，这会显著扭曲投资企业的投资行为，大大增加企业利润最大化时的产能投资和产量。当投资补贴水平达到一定水平时，还会诱使企业为了获取巨额的投资补贴，投资原本亏损的项目或供过于求的行业，甚至进行过度的产能投资（并不用于实际生产，仅仅是为了获取补贴收益），巨额的投资补贴可以弥补企业在产品市场上的亏损，并提供可观的投资收益。普遍的地方政府补贴性竞争，会导致全社会过多的产能投入和均衡产出，甚至导致部分行业出现严重的产能过剩现象，并进而导致社会总福利的严重损失（曹建海、江飞涛，2010）。

相对于土地的市场价格，政府低价供地为投资方提供了额外的巨额收益，形成对企业投资的巨额实质性补贴，并大大降低了项目投资中的自有投资，进而导致严重的风险外部化。在现代公司制中，股东并不承担无限责任，而仅以自有出资承担有限经济责任。企业在新建项目投资中，大多新设子公司以隔离风险。当新建项目失败时，投资方在自有出资范围内承担亏损，如果亏损数额超过投资者的自有出资，企业的债权人将承受部分项目失败所带来的损失。当企业的自有投资过少或者投资者抽逃资本金时，债权人将会承受投资失败造成的大部分损失。在成熟市场环境下，银行一般会拒绝贷款给自有资金过少的新建项目或者拒绝贷款给资产负债率过高的企业，以避免承担与利息收入不对称的风险，因而在成熟市场经济环境下，企业通过少量自有资金来撬动大量资金投入的新建项目是很难实现的。

而在中国现阶段转轨体制下，土地扮演了一个极为重要的关键性角色，即企业将低价或免费获得的土地作为抵押物，从银行获取数量相当于土地市场价值的低息贷款作为投资资金，使企业就可以用很少的自有资金投入推动资本密集型项目，形成庞大的生产能力。需要说明的是，这种自有资金的极低投入还会被资产负债表上的会计处理（将低价获取的土地使用权以市值计入自有资本投入）所掩盖。地方政府帮助本地重点扶持企业和本地重点投资项目"协调"银行贷款，干预金融机构信贷投放，进一步减少了投资企业所需的自有投入，使企业投资风险的外部化进一步加剧。这种投资风险成本显著的外部化趋势，导致企业投资行为更具风险性，使得企业倾向于过度产能投资。普遍的投资风险外部化，进而导致全行业的过度产能投资，尤其会使得经济周期性波动过程中的萧条时期出现比较严重的产能过剩。

此外，地方政府为吸引投资和固化本地资源，纵容企业污染环境，使本地高污染行业企业的生产成本严重外部化，从而导致这些企业过度的产能投资和产品生产；普遍的牺牲环境竞争资本流入的做法使得高污染行业过多的产能投入，进一步加重高能耗、高排放行业的产能过剩。还需要指出的是，广泛的地区补贴性竞争还会为低效率的企业生存甚至发展提供空间，市场优胜劣汰的竞争机制难以充分发挥，导致产业（甚至整个经济）的配置效率低下；广泛的地区补贴性竞争还会诱发企业的寻租行为，诱使企业将更多的精力和投入放在寻求地方政府的补贴和优惠政策上，而不是把更多的投入放在研究开发、技术工艺的改造升级以及市场开拓上，会对产业的动态效率产生较为严重的不利影响，并进而导致中国企业在国际竞争中更依赖以政府补贴和低污染排放标准所带来的所谓低成本竞争力。

四 政策含义

在中国转轨过程中，在土地的模糊产权、银行预算软约束以及地方政府干预金融等体制缺陷背景下，地区之间对于投资的补贴性竞争会使得企业过度投资以及市场协调供需均衡的机制难以有效运转，进而导致系统性的产能过剩和经济波动加剧（耿强、江飞涛、傅坦，2011）。体制扭曲才是中国出现产能过剩顽疾的关键所在，也是政策部门更需要关注的问题。

既然需要政策治理的产能过剩并非缘于"市场失灵"而是"制度局限"，那么治理这类产能过剩的关键在于矫正现有制度基础，采取以增进与扩展市场为导向的治理政策。即通过推进经济体制改革，健全和完善市场制度，矫正现有不合理制度对市场主体行为的扭曲，并充分发挥市场在利用市场分散信息、协调供需均衡、淘汰落后企业和产能等方面的高效率性。具体而言，治理产能过剩应该从以下方面着手。第一，调整财税体制，特别是理顺中央与地方之间的利益分配机制，改革以考核 GDP 增长为重点的政府官员政治晋升体制，消除地方政府不当干预企业投资的强烈动机。此外，地方财政透明化与民主化，有利于避免地方政府为企业投资提供财政补贴。第二，改革现有土地管理制度，明晰土地产权，深化土地市场的改革，理顺土地市场的价格形成机制，从根本上杜绝地方政府通过低价甚至零价供地为企业提供补贴。第三，进一步推动金融体制改革，进一步硬化银行预算约束，理顺地方政府与银行的关系，通过市场手段提高企业投资中自有资金的比例，降低企业投资行为中的风险外部化影响。第四，改革现有的环境保护体制，保障环境保护相关法规的严格执行，防止地方政府以牺牲环境竞争资本流入。同时，制定实施长期稳定和严格的环境保护政策，与治理产能过剩等产业政策目标相对独立，不能因为产能不过剩就不实施严格的环境保护政策。

第四章
补贴对企业投资行为
影响的实证研究

第三章的理论研究表明，政府对于企业投资提供大量补贴的做法，会扭曲企业的投资行为，使得企业进行过度投资，进而导致行业产能过剩。本章将采用工业企业数据库数据，分析补贴对于企业投资行为产生的影响。

一 政府直接补贴的倾向决定及对企业效率的影响

(一) 数据来源

本章所使用的数据直接来源于国家统计局的工业企业统计数据库1999~2007年的数据或基于数据库资料计算所得，该数据库统计的全部国有企业和规模以上（主营业务超过500万元）非国有企业的反映财务状况、生产销售状况的一系列变量，是来自企业层面上报的原始数据。之所以选择1999~2007年的数据，是因为要保证这几年之间数据可获得性。在所有工业企业行业中，我们选取了全部的29个制造业行业，二分位行业代码为13~43（38除外）。对数据的调整方法具体如下。

1. 数据库整理

符合下面五个条件中任何一条的企业数据都被当作错误记录删除：第一，企业总产值为负；第二，企业的各项投入为负；第三，企业固定资产原值小于固定资产净值；第四，工业增加值或中间投入大于工业总产值；第五，法人代码相同。

2. 行业类别调整

根据 Brandt、Biesebroeck 和 Zhang（2009）的调整方法进行调整，并且去除了采掘业和公用事业等行业。

3. 变量调整

工业增加值调整：采用以 1999 年为 1 的各行业工业品出厂价格指数平减的工业增加值作为各个企业实际工业增加值，各行业工业品出厂价格指数采用 Brandt、Biesebroeck 和 Zhang（2009）的计算结果。数据库没有报告各个企业 2004 年的工业增加值，采用刘小玄和李双杰（2008）的方法推算各个企业的工业增加值。

中间投入调整：采用以 1999 年为 1 的各行业投入品价格指数平减的中间投入作为各企业实际中间投入，各行业投入品价格指数引用 Brandt、Biesebroeck 和 Zhang（2009）的计算结果。

企业固定资产净值：使用永续盘存法来核算企业的资本存量。用各个企业 1999 年的固定资产净值或者首次出现在数据库中的年份对应的固定资产净值，按照国家统计局固定资产投资价格指数折算成 1999 年的实际值后作为企业的初始资本存量；再根据相邻两年固定资产原值的差额计算出企业层面各个年份的名义投资额，然后按照固定资产投资价格指数把它折算成 1999 年的实际值；最后利用固定资产投资价格指数将各个企业的当年折旧额折算成 1999 年的实际值。

（二）变量规定

表 4 - 1 对本章中使用的变量进行了规定与描述。其中，企业生产率是对工业统计数据库中数据利用 LP 方法计算所得到的，Levinshon 和 Petrin（2003）使用企业的中间投入变量作为企业受到生产率冲击时的可调整要素投入变量对生产率进行了估计，能够有效克服由于 OLS 方法估计 TFP 时可能存在的相互决定的偏差所引起的内生性问题以及样本选择偏差所引起的偏差问题。另一种常用的估算生产率的方法是 OP 方法，其与 LP 方法的主要区别在于使用投资额变量而非中间投入变量。在本章的实证过程中，考虑到数据的可得性，我们选用 LP 方法。

另一个值得关注的问题是关于补贴变量。考虑到政府对企业支持与扶助的多样性，企业获得的补贴应该不仅包括直接的货币收入的"显性补贴"，还应包括政府对企业低价供地、提供信贷支持等一系列优惠的"隐性补贴"，而且，在中国的实际经济中，"隐性补贴"可能比"显性补贴"占据更大的份额。但是，由于这些优惠政策的补贴效应在会计核算方法上基本难以得到，而且一般而言一个企业获得的货币补贴的可能性往往与企业获得各种优惠政策的可能性是高度相关的，因此本章直接利用工业企业数据库中提供的补贴收入项来表示企业获得的补贴。

表4-1　变量及变量描述

变量符号	变量名称	变量描述
pro	企业生产率	通过 LP 方法计算的企业生产率，方法如前述
pro_ -1	企业生产率滞后项	pro 变量的一阶滞后项
scale_ -1	企业规模	企业规模滞后项的对数值，在书中由当年主营业务收入的对数值的滞后项表示
age	企业开工年数	企业开工年数的对数值
ex	企业出口状况	表示企业的出口状况，先计算企业出口交货值占企业当年主营业务收入比重，再计算 $\ln(1+\text{比重})$ 表示企业出口水平
dem	市场需求	企业所处行业的市场需求状况，使用企业所处四分行业的平均销售额的增长率表示
subsidy	企业补贴收入	表示企业获得补贴程度的状况，先计算企业当年所获补贴收入占企业当年主营业务收入比重，再计算 $\ln(1+\text{比重})$ 表示获得补贴的数量水平
sub	企业补贴状况	表示企业是否得到补贴收入的虚拟变量，有和没有分别用 1 和 0 表示
cap	资本密集度	表示企业资本密集度的指标，通过企业固定资产净值与企业当年平均工人数相除计算得到
lev	资产负债率	表示企业的负债程度，计算公式为（负债合计/资产总计）
inv	存货	表示企业存货规模大小，计算公式为（存货/主营业务收入）
cash	现金流	表示企业现金流大小，计算公式为[（累计折旧＋利润总额）/主营业务收入]
state	国有企业	表示企业是否为国有及国有控股企业的虚拟变量，是和不是分别用 1 和 0 表示

除了企业获得的政府补贴收入之外，企业规模可能是影响企业生产率的重要解释变量，企业规模可能从两个方面影响企业生产率。一方面，以 Lucas 等（1978）为代表的研究者认为规模经济的存在使得企业生产率与企业规模正向相关；另一方面，大型企业往往同时伴有较大的投资调整成本和

企业组织管理问题，因而企业规模的扩大又阻碍了企业生产率的提升。Griliches 等（1983）实证验证了这种负向关系的存在。年龄与企业生产率之间同样存在复杂的相关关系，开工年数长的企业可能在形成稳定的政府关系、供应链关系、品牌商誉等方面存在显著优势，而新企业则更容易引进先进的管理经验，采用更先进的生产设备。随着中国国际贸易地位的提升，企业的出口行为对于企业生产率的影响开始成为研究的热点。一般认为，出口企业可以通过"出口中学习"的方式，接触国际市场的生产技术与管理方式，从而提升企业生产率，Castellini 等（2001）和 De Locker 等（2007）就用实证验证了这一点。因为经济主体受激励的不同，企业的所有制可能影响企业生产率，一般认为，国有企业因为产权不明晰（张维迎，1995），预算软约束和政策性负担下"再生能力"不足（林毅夫等，2004），呈现出较低的企业生产率。但近些年随着国有企业的改革，同时国有企业一般享有企业内独特的垄断势力和政府关系，反而具有较高生产率。但是，企业所有权属性是一个虚拟变量，在本书中主要使用的动态面板数据方法并不适用。为了解决这一问题，我们在主要模型之后划分子样本对国有性质进行划分。考虑市场因素，我们还借鉴张杰等（2010）的方法，用企业所处四分位代码行业的销售额的增长率作为企业所处行业的市场需求的代理变量，以反映企业面临市场需求对于企业生产率的影响。此外，我们还加入了一些反映企业特征的变量，如存货、资产负债率以及现金流等。

（三）变量描述

根据上一节的定义，我们对书中使用到的变量的观察值、平均值、标准差、最大值、最小值等描述统计量进行汇总（见表 4 - 2）。

表 4 - 2　变量的统计描述

变量	观察值	平均值	标准差	最小值	最大值
pro	1562236	1897.414	9483.372	0.0231	3002079
pro_ - 1	1014101	1888.744	9422.126	0.0231	1977957
scale_ - 1	1016446	10.130	1.183	8.517	18.872
age	1510667	1.823	0.949	0	7.604
ex	1562236	0.136	0.255	0	39106

续表

变量	观察值	平均值	标准差	最小值	最大值
dem	1463817	12.926	16.026	−91.266	433.176
subsidy	1562236	0.00277	0.0172	0	3.506
sub	1562236	0.132	0.381	0	1
cap	1562236	78.534	291.614	0.00094	209520.5
lev	1562236	0.583	0.322	0	95.831
inv	1562236	0.193	0.345	0	52.397
cash	1562236	0.198	0.429	−0.990	0.757
state	1562236	0.0480	0.214	0	1

(四) 补贴倾向的决定

我们认为，企业获得补贴的能力应当至少包括两个方面，首先是企业是否能获得补贴，也就是企业获得补贴的可能性；其次是企业能获得多少补贴，也就是企业获得补贴的规模。图4-1和图4-2就是基于工业企业数据库1999~2007年的数据，在企业所有权性质和企业规模两种标准划分下对企业寻求补贴能力的两个主要方面的统计性描述。图4-1描述的是按企业类型划分企业获得补贴可能性的情况，采用获得补贴企业占该类型全部企业数量比重作为反映指标；而图4-2则描述的是按企业类型划分的企业获得补贴的平均规模水平，其中，企业获得补贴规模依据的是企业当年获得的政府补贴收入占当年企业主营业务收入的比重。

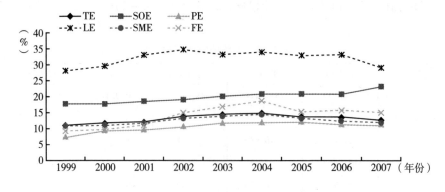

图4-1 获得补贴企业占比 (按企业类型划分)

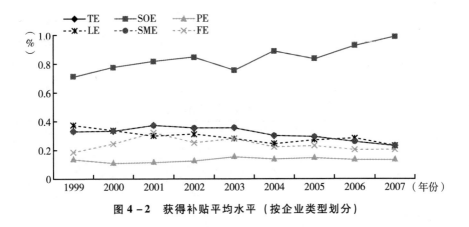

图 4 - 2　获得补贴平均水平（按企业类型划分）

综合图 4 - 1 和图 4 - 2 可以很明显地看出：①企业性质影响了企业获得补贴的能力，国有企业寻求补贴的能力显著强于外资企业和私有企业。国有企业不仅在企业补贴寻求的成功率上，而且在企业获得补贴的程度上，都远高于平均水平，私人所有企业和外资企业都低于平均水平，而且这种差距有随时间进一步扩大的趋势。②从获得补贴的平均规模来看，大型企业和中小型企业并没有表现出明显的区别，部分年份大型企业平均获得更多补贴，而部分年份中小企业平均获得更多补贴。但是，从获得补贴企业的数量比重来看，大型企业远高于中小企业。虽然图表能形象反映按企业类型对于企业获得补贴能力的影响，但是因为相关性问题，这种直观性的描述统计并不能准确反映各单独变量对企业获得补贴能力的影响，因此，我们继续做了关于补贴决定的 Probit 和 Tobit 模型，结果如下。

我们选择企业的规模、企业的所有权性质和企业的出口行为作为影响企业获得补贴的可能性与规模水平的主要变量，企业开工年数、企业资本密集度、企业所属行业的市场需求作为控制变量，并使用面板固定效应的概率模型，控制其他随个体变化的变量。根据回归的结果，我们认为当前我国企业获得补贴的决定机制有以下几个主要特征：

（1）面板 Probit 与面板 Logit 模型结果系数比较接近，符号完全相同，证明了我们关于企业获得补贴可能性的回归结果的稳健性。我们发现，规模、企业所有制和出口情况的解释变量系数都显著为正，这说明政府更倾向于向大规模企业、国有企业和出口企业给予补贴。

（2）利用面板 Tobit 模型可以反映企业获得补贴水平的影响因素。通过计量我们发现，除了市场需求变量之外，补贴的两方面影响因素的系数方向完全相同。大规模企业、国有企业和出口企业在更有可能获得补贴的同时，获得了更多的平均补贴，这更加说明当前政府补贴政策具有显著的规模偏好、国有偏好和出口偏好（见表4-3）。

表4-3 补贴倾向分析的结果与检验

解释变量	补贴的获得		补贴的水平
	Probit 模型	Logit 模型	Tobit 模型
scale_ - 1	0.32 ***	0.57 ***	0.0068 ***
	(0.0032)	(0.0056)	(0.000073)
ex	0.48 ***	0.84 ***	0.0025 ***
	(0.14)	(0.025)	(0.00034)
age	0.095 ***	0.17 ***	0.0052 ***
	(0.0048)	(0.0085)	(0.00012)
dem	-0.0069 ***	-0.0039 ***	0.000051 ***
	(0.00017)	(0.00031)	(0.0000080)
cap	0.000028 ***	0.000051 ***	0.0000012 ***
	(0.0000076)	(0.000016)	(0.00000023)
state	0.13 ***	0.22 ***	0.012 ***
	(0.016)	(0.0273)	(0.00040)
常数项	-5.76 ***	-10.21 ***	-0.16 ***
	(0.034)	(0.061)	(0.00088)
年数	9	9	9
观测值	1014101	1014101	1014101

注：＊、＊＊、＊＊＊分别表示在10%、5%和1%显著水平下显著。

因此，我国的政府补贴是带有强烈政策偏好的，这种资源配置的方式将直接影响企业的投资与生产行为。在此基础上，我们将重点研究补贴政策，特别是有政策偏好的补贴政策对我国经济运行的影响。

（五）直接补贴对于企业效率的影响

1. 计量模型的设定与说明

为了分析补贴对于企业生产率的影响，本章主要使用的是动态面板数据模型（Dynamic Panel Data Model）。具体而言，也就是在回归模型的控制变量中加入因变量的滞后项，即企业生产率的滞后项，以控制企业生产率随时间变化的趋势。我们建立如下的动态面板模型：

$$pro_{it} = \alpha_1 pro_{it-1} + X_{it}\alpha_2 + \delta_{it} + \varepsilon_{it}$$

其中，pro_{it} 表示第 i 个企业第 t 年的企业生产率，而 pro_{it-1} 则为其一期滞后项，在模型中可以表示上一期企业的生产效率的综合表现对下一期生产状况的影响。X_{it} 是一组控制变量，用以反映各变量对于企业生产率的综合影响。其中包括企业规模、企业生产经营年份、企业所有权性质、企业所受补贴以及与企业出口、资本密集度、融资情况等相关的一系列变量。δ_{it} 表示企业的固定效应，用以控制企业之间无法观察且不随时间变化的差异。ε_{it} 是随机误差项，满足期望值为 0 且没有序列相关性的假设。该模型的一个基本假定是 pro_{it} 和 X_{it} 必须与 ε_{it} 严格不相关，也就是这些控制变量严格外生。

动态面板数据模型可以通过控制个体的固定效应较好地克服变量遗漏问题，还能很好地控制反向因果性问题。而我们选用动态面板数据模型，也是因为考虑到上期的企业生产效率对于当期生产水平的影响这一因素，这种影响可能来自企业生产实践中的总结、组织管理效率的优化以及供应链优化等因素的累积效应，而这种累积效应不是使用静态固定效应可以刻画的。更重要的一点是因为上期企业的生产效率可能对当期的控制变量 X_{it} 带来一定的隐含影响，直接估计这种影响会十分困难。引入滞后项可以消除未引入滞后项时 X_{it} 与 ε_{it} 之间可能存在的相关性。

另一个需要指出的考虑是企业固定效应 δ_{it} 与控制变量之间的相关性。为了消除这种相关性。我们采用一种常用的方法：对于每一个企业 i，我们使用 t 期的方程减去 $t-1$ 期的方程，得到：

$$\Delta pro_{it} = \alpha_1 \Delta pro_{it-1} + \Delta X_{it}\alpha_2 + \Delta \varepsilon_{it}$$

通过两期方程相减，在得到的这个方程中，企业固定效应被消除了，但是仍然存在滞后项 Δpro_{it-1} 与误差项之间的相关性导致的内生性问题。为了解决这一问题，我们可以采用 Arellano 和 Bond（1991）提出的 DIF-GMM（difference-generalized method of moments）方法，引入包括两期及两期以上因变量滞后项和严格外生的自变量的差分项在内的工具变量。应用这个模型，我们同时需要使用 Sargan 检验来检验约束条件是否存在工具变量的合法性问题。但是，使用 DIF-GMM 模型估计量很多时候并非有效估计量，也就是方差最小。而且，差分时不仅消除了非观测截面个体效应，也同时包括不随时间变化的其他变量。在 DIF-GMM 基础上，Arellano 和 Bond（1995）与 Blundell 和 Bond（1998）引入被解释变量差分的滞后项与随机误差项正交这个矩条件，得到 SYS-GMM 方法。这也是我们在书中主要使用的方法。

2. 基本的回归结果

表 4－4 汇总了运用动态面板数据模型回归的结果，其中（1）列表示的是基准模型，而（2）列和（3）列的模型中分别加入了规模与补贴、出口状况与补贴的交互项。模型中企业上一期生产效率值与当期的生产效率值呈现显著相关性，说明在此处运用 DPD 方法是合理的。此外，DPD 方法加入的企业固定效应项还有效地克服了变量遗漏等问题。根据表 4－4 中的结果，我们可以得出以下明显结论。

第一，对于我们最关心的补贴变量，模型回归结果显示，企业获得补贴阻碍企业的生产率提升。这一回归结果说明：政府在 GDP 竞争的推动下对企业进行补贴反而对企业生产率有显著的负向影响，这也验证了我们提出的关于补贴导致企业盲目投资，从而扭曲企业生产率这一传导机理的合理性。而根据（2）列、（3）列设定模型的回归结果，我们可以看出，总体而言，不管是对大型企业、出口企业进行补贴都没有对企业生产率产生显著影响。但是，对细分子样本进行回归，我们会得到更多更有意思的结论，在下一部分我们将会详细说明。

第二，企业的规模与企业生产率负向相关。这种现象可能来自以下几个因素的影响：首先，在对外开放的整体经济环境下，新成立的小企业更倾向于接受先进的管理经验，使用先进的机器设备，从而具有较高的生产率；其次，越大的企业越可能具有较高的内部成本，而且越容易出现组织管理的无效率。

第三，企业的出口行为显著提升了企业的生产率。这是因为出口企业接触国际市场，一方面企业可以接触先进的生产工艺、管理经验，从而更高效地生产；另一方面，企业接触行业最新科学技术和生产趋势，在与内销企业的竞争中容易获取市场势力，从而形成自己的利润来源。

第四，企业的国有属性显著提升了企业的生产效率。这种正向关系最主要的来源应当是来自国有及国有控股企业在行业内的垄断势力，国有企业也更有可能和政府之间存在良好关系，从而在市场竞争中获取利润。另一个不可忽视的事实是，随着国有企业退出一般性竞争行业和国有企业的改革重组，现存的国有企业占所有企业的数量比重已经从 1999 年的 13.32% 下降到 2007 年的 1.57%[①]，而这些剩余的企业往往都具有一定的垄断势力，并且往往具有更好的生产绩效。

---

① 笔者通过中国工业企业数据库计算得到。

表 4 - 4　回归结果与检验值

解释变量	SYS-GMM		
	（1）	（2）	（3）
pro_ - 1	1.09 ***	1.09 ***	1.09 ***
	(0.011)	(0.011)	(0.011)
scale_ - 1	- 958.68 ***	- 959.63 ***	- 958.63 ***
	(27.05)	(27.08)	(27.05)
ex	384.96 ***	384.20 ***	386.70 ***
	(48.07)	(48.10)	(49.20)
age	180.03 ***	179.93 ***	180.03 ***
	(16.90)	(16.89)	(16.90)
dem	3.73 ***	3.74 ***	3.73 ***
	(0.37)	(0.37)	(0.37)
cap	0.19	0.19	0.19
	(0.25)	(0.25)	(0.25)
lev	- 67.83	- 68.05	- 67.80
	(45.13)	(45.15)	(45.14)
inv	- 395.56 ***	- 395.33 ***	- 395.57 ***
	(45.68)	(45.73)	(45.65)
cash	- 32.12 ***	- 32.08 ***	- 32.13 ***
	(6.38)	(6.40)	(6.39)
subsidy	- 842.72 ***	- 985.90 ***	- 837.16 ***
	(288.48)	(305.77)	(287.63)
scale * sub		3.27	
		(3.37)	
ex * sub			- 12.24
			(48.41)
Sargan 检验值	48.621	48.649	48.619
观察值	1014101	1014101	1014101

注：* 、** 、*** 分别表示在 10% 、5% 和 1% 显著水平下显著。

第五，除此之外的其他变量中企业的开工年份与企业生产率正向相关。这可能是因为随着企业的生产积累，企业能够形成自己的完备的政府关系、供应链关系和良好的商誉，从而比新成立的企业更具有优势。如果企业所处行业的市场需求越旺盛，企业越容易获得较大规模的订单，从而形成更大的销售额和营业利润。关于企业特征变量的几个指标中，企业的资本密集度、资产负债率与企业生产率不相关，而企业的存货、现金流则与企业生产率显著负向相关。

3. 补贴政策的进一步分析

在上一部分，我们可以得出补贴对于企业生产率有负向效应，但与企业规模、企业出口行为和企业的所有权性质的组合政策并没有显著结果。为了进一步探究补贴政策的效应，接下来，我们根据这种政策划分再对企业的子样本进行探究。

补贴的规模扭曲。我们首先将企业按照规模大小划分为大型企业和中小型企业两个子样本集合，在表 4 - 5 中分别应用模型（1）、（2）进行回归。从回归结果来看，根据企业性质划分子样本使得解释变量的系数和显著性呈现很大不同。

表 4 - 5　补贴、规模与企业生产率

解释变量	（1）		（2）	
	大型企业	中小型企业	大型企业	中小型企业
$pro\_ - 1$	1.01 ***	- 0.75 ***	1.01 ***	- 0.75 ***
	(0.025)	(0.034)	(0.025)	(0.034)
$scale\_ - 1$	- 2396.65 ***	1010.17 ***	- 2381.35 ***	1010.16 ***
	(591.73)	(32.69)	(591.14)	(32.68)
ex	2344.07 *	49.90 **	2331.53 *	48.90 **
	(1315.91)	(21.97)	(1314.77)	(21.98)
age	366.60	177.36 ***	364.10	177.29 ***
	(351.85)	(6.95)	(351.97)	(6.94)
dem	30.12 ***	1.23 ***	30.06 ***	1.24 ***
	(6.82)	(0.098)	(6.82)	(0.098)
cap	2.48 *	- 0.13 ***	2.49 *	- 0.13 ***
	(1.39)	(0.034)	(1.39)	(0.034)
lev	424.71	- 71.64 ***	435.66	- 71.94 ***
	(1059.23)	(14.48)	(1058.71)	(14.484)
inv	510.64	- 467.57 ***	481.67	- 467.44 ***
	(2581.98)	(48.17)	(2580.75)	(48.16)
$cash$	3818.18	- 38.05 ***	3841.53 **	- 38.02 *
	(1610.02)	(22.61)	(1609.87)	(22.60)
$subsidy$	- 33965.62 **	- 458.38 ***	- 32801.69 **	- 613.57 ***
	(11983.51)	(110.22)	(12786.43)	(125.22)
$scale\_ - 1 * sub$			- 13.65	3.62 ***
			(31.8563)	(0.63)
Sargan 检验值	82.24432	269.2928	82.152	269.779
观察值	36632	962881	36632	962881

注：* 、 ** 、 *** 分别表示在 10%、5% 和 1% 显著水平下显著。

对于大型企业而言，企业规模越大，生产率越低；而对于中小企业而言，规模越大，则企业生产率越高。这暗示了当前我国企业规模与企业生产率之间可能的"倒 U 形"关系，也就是企业在新成立的时候生产率较低，而随着"干中学"等途径，企业生产率随着企业规模的增大而提升；而企业存在一定的规模经济或范围经济，因而规模变得更大时，企业生产率反而降低。

对于补贴变量，在大型企业和中小型企业两个样本集合中均显著支持补贴收入对生产率的阻碍作用。考虑到政府补贴对于大规模企业偏向的事实，我们加入了企业规模与补贴的交互项。结果显示，交互项的系数在中小型企业样本中显著为正，在大型企业样本中则不明显。对于中小型企业而言，对更大企业补贴有利于企业生产率提升，因而对于中小企业倾斜可能使补贴政策更有效。在现实生活中，补贴往往更倾向于大型企业样本集合，我们因此认为，补贴行为不仅直接影响了我国企业生产率的提升，而且补贴行为的规模扭曲使得大型企业得到更多补贴"资源"，从而鼓励了大型企业投资、生产行为，加剧了企业生产率扭曲。

补贴的所有制偏好和出口偏好。在表 4-6 中，我们汇总了按企业所有制和企业是否出口进行划分的子样本的回归结果。我们最关心的是企业的补贴与企业生产率的关系问题，从表 4-6 中我们可以看出，虽然国有及国有控股企业和非国有企业全样本的生产率政府补贴行为显著负相关，但是再细分非国有企业的样本，我们发现，私人企业和外资企业的生产率和企业获得

表 4-6　所有制、出口、补贴与企业生产率

解释变量	按企业所有制划分				按是否出口企业划分	
	国有及国有控股企业	非国有企业			出口企业	非出口企业
		全部非国有企业	私人企业	外资企业		
pro_ -1	1.415 ***	1.09 ***	0.24 ***	1.06 ***	1.14 ***	1.70 ***
	(0.0546)	(0.0086)	(0.052)	(0.0063)	(0.017)	(0.022)
scale_ -1	-1347.20 ***	-921.20 ***	339.78 ***	-1051.54 ***	-1130.72 ***	-1524.59 ***
	(189.22)	(24.73)	(45.24)	(75.26)	(48.76)	(44.80)
ex	2063.69 ***	365.58 ***	-2.91	524.35 ***		
	(602.94)	(47.25)	(44.96)	(92.42)		
age	0.22	187.45 ***	208.64 ***	394.85 ***	268.05 ***	117.79 ***
	(132.67)	(14.16)	(16.87)	(64.05)	(56.67)	(17.80)

续表

解释变量	按企业所有制划分				按是否出口企业划分	
	国有及国有控股企业	非国有企业			出口企业	非出口企业
		全部非国有企业	私人企业	外资企业		
dem	7.32 ***	3.80 ***	2.22 ***	4.86 ***	4.77 ***	3.683 ***
	(1.80)	(0.35)	(0.30)	(0.90)	(0.87)	(0.383)
cap	−0.32	0.27	−0.075	0.64	0.48	0.10
	(0.32)	(0.31)	(0.14)	(0.70)	(0.67)	(0.13)
lev	1.14	−12.22	−33.26	−42.72	−6.19	10.97
	(93.71)	(56.10)	(36.63)	(84.28)	(63.69)	(58.25)
inv	−218.31 ***	−399.84 ***	−637.77 ***	−410.19 ***	−330.43 ***	−382.80
	(70.67)	(40.85)	(55.35)	(94.97)	(118.84)	(54.70)
cash	4.09	−147.26 ***	−340.82 ***	−59.32	−77.59	−60.92 ***
	(61.71)	(18.84)	(69.70)	(74.47)	(74.19)	(18.53)
subsidy	−2979.43 *	−598.70 **	−91.95	−180.77	−1851.82 **	−419.81
	(1695.27)	(257.79)	(281.85)	(574.09)	(984.52)	(337.13)
Sargan 检验值	51.177	94.493	339.002	46.906	24.595	104.951
观察值	37944	956025	357367	232066	287526	645194

注：*、**、*** 分别表示在 10%、5% 和 1% 显著水平下显著。

补贴不相关。这也说明，补贴的体制扭曲往往促使国有企业获得更多补贴，而且国有企业生产率受补贴的负向影响更严重。根据对企业的考察，我们发现，出口企业生产率与补贴显著负相关，而非出口企业则不受补贴行为影响。这个结果同样支持当前的补贴政策加剧了资源误配的程度，从而形成总体的产能过剩的结论。

二　政府直接补贴对投资行为的影响

（一）方法与变量选取

由前文分析可知，政府补贴对企业生产的影响效果可能会与企业获补贴收入多寡密切相关，因此本节采用广义倾向评分匹配法进行实证分析。倾向评分匹配法中的处理变量为二元虚拟变量，而广义倾向评分匹配法中的处理变量为连续型变量[1]。假设连续型处理变量 D 在区间 $[d_0, d_1]$ 中取值，结果变量为 Y。本章中连续型处理变量 D 即为政府补贴力度变量，即补贴收入与产品销售收入的比重，结果变量 Y 即为企业生产率或资本积累、产值等变量。Hirano 和 Imbens（2004）将 Rosenbaum 和 Rubin（1983）中二元处理变量情况下的独立性条件扩展为连续型处理变量情况：

$$Y(d) \perp D \mid X(对于所有的\ d \in D) \tag{4-1}$$

其中 $Y(d)$ 为当处理变量 D 取值 d 时的结果值，本章即为当企业获补贴力度为 d 时所对应的企业生产率水平。这一条件意味着当控制了向量 X 中所包含的因素之后，企业获补贴力度与企业生产率水平是相互独立的，将向量 X 中所包含的变量称作"匹配变量"，其一般为共同影响企业获补贴力度和企业生产率水平的变量（Abadie，2005）。

令 $r(d, x)$ 为处理变量的条件概率密度函数：

$$r(d,x) = f_{D|X}(d \mid x) \tag{4-2}$$

则广义倾向评分 GPS 即为 $S = r(D, X)$（Hirano and Imbens，2004），它表示当处理变量 D 取值 $d \in D$ 时的概率（控制了匹配变量 X 后）。结合（4-1）式所示的独立性条件：

$$f_D(d \mid r(d,X), Y(d)) = f_D(d \mid r(d,X)) \tag{4-3}$$

该式意味着当控制了 GPS 之后，处理变量取值 d 与其对应的结果变量 $Y(d)$ 相互独立。

在前述基础上，Hirano 和 Imbens（2004）提出实现广义倾向评分估计的三个步骤：

第一步，控制了向量 X 中所包含的因素之后，估计出连续型处理变量 D 的条件分布：

$$E(D_i \mid X_i) = \beta_0 + \beta'_1 X_i \tag{4-4}$$

运用极大似然法进行估计，利用其估计结果可以计算出样本企业的广义倾向评分值 $\hat{S}_i$。

---

[1] 广义倾向评分匹配法是倾向评分匹配法的扩展，所以本书在阐述广义倾向评分匹配法的估计思路时，将简述或者忽略一些与倾向评分匹配法相关的说明。关于倾向评分匹配法的应用，可参见邵敏和包群（2011）。

第二步，将结果变量 Y_i 表示为连续型处理变量 D_i 和广义倾向评分变量 $\hat{S}_i$ 的函数，并运用 OLS 法对其进行估计：

$$E(Y_i \mid D_i, \hat{S}_i) = \alpha_0 + \alpha_1 D_i + \alpha_2 D_i^2 + \alpha_3 \hat{S}_i + \alpha_4 \hat{S}_i^2 + \alpha_5 D_i \hat{S}_i \qquad (4-5)$$

在实际估计中，是否加入平方项与交互项，可以视具体估计结果选择，具体见后文分析。该式的估计只是为了得到估计系数 α_0、α_1、α_2、α_3、α_4、α_5，用以进行下一步估计。

第三步，利用上一步的估计结果，估计出下式：

$$\hat{E}[Y(d)] = \frac{1}{N} \sum_{i=1}^{N} \left[\hat{\alpha}_0 + \hat{\alpha}_1 d + \hat{\alpha}_2 d^2 + \hat{\alpha}_3 \hat{r}(d, X_i) + \hat{\alpha}_4 \hat{r}(d, X_i)^2 + \hat{\alpha}_5 d\hat{r}(d, X_i) \right]$$

$$(4-6)$$

式中，N 为当处理变量 D 取值 $d \in \mathcal{D}_s = [d_{0s}, d_{1s}] \subset [d_0, d_1]$ 时的样本企业数。此即将处理变量的取值范围 $\mathcal{D} = [d_0, d_1]$ 划分为 s 个子区间 $\mathcal{D}_s$（$s=1$，2，$\cdots$，s），然后在每个子区间里都估计出政府补贴力度对企业生产率、资本积累或产值等变化的因果效应。将不同取值范围下的因果效应用线连起来，即可得到在整个 $\mathcal{D} = [d_0, d_1]$ 区间内政府补贴力度对上述变量的因果效应大小与政府补贴力度之间的函数关系图，这也是本书实证分析的重点①。

由上述估计过程可知，运用广义倾向评分匹配法获得补贴力度对企业生产率的因果效应估计时，必须首先满足条件独立性假设，而这一假设成立与否又取决于匹配变量 X 的选取。根据 Abadie（2005），向量 X 中所包含的变量应为同时影响企业获补贴力度和企业行为的变量，因此在已有理论与经验文献的基础上，本章将向量 X 中所包含的变量设置如下：①初始时期的生产率、资本积累或产值水平变量 Y_{t-1}，其中，企业生产率水平的计算方法具体见后文。②企业规模变量 x_1，度量指标为企业就业人员数的对数值。③企业资本密集度变量 x_2，度量指标为企业人均资本存量（固定资产净值年平均余额）的对数值。④企业亏损虚拟变量 $x_3 = \{0, 1\}$，当企业销售利润小于零时取值1。⑤企业存活时间变量 x_4，度量指标为企业成立年份的对数值。⑥是否国有企业虚拟变量 $x_5 = \{0, 1\}$，其中取值1表示国有企业。⑦是否位于东部地区虚拟变量 $x_6 = \{0, 1\}$，其中取值1表示企业位于东部12省份。⑧企业行业属性虚拟变量 $x_7 = \{0, 1\}$ 和 $x_8 = \{0, 1\}$，二者取

---

① Stata 中的相关命令能够同时给出这三步的估计结果，并产生该函数关系图。

值 1 分别表示企业属于劳动密集型行业和高技术密集型行业。此即将企业所属行业划分为劳动密集型行业、高技术密集型行业和其他行业三种类型，其中以其他行业作为参照基准。匹配变量的时间维度均为初始时期（$t-1$）。

此外，企业生产率的动态变化还可能受到一些不可观测的外部冲击的影响，所以本书选择采用基于倍差法的配对估计，因为通过差分可以消除这些不可观测的外部冲击的影响，同时还可以消除不随时间变动的企业个体效应对配对估计的影响。因此，本书最后确定结果变量为（$Y_t = Y_t - Y_{t-1}$）。本书实证分析的处理变量 D 为企业获补贴力度，度量指标为企业补贴收入与销售收入的比重，该处理变量为连续型变量。

（二）数据说明与统计描述

本章以 2000～2006 年间持续经营的 58941 家企业作为分析样本，数据来源于国家统计局的《工业企业统计年报》。[①] 本章将首先对 2001 年的政府补贴行为进行分析，同时将 2000 年作为匹配的初始时期（$t-1$），然后再对其他年份进行稳健性分析。2001 年，一些企业的补贴收入为缺失值，本章在实际估计的时候将这些企业从样本中剔除，最后得到该年份中获得补贴的企业数为 8108 家，所占比重约为 14.55%。借鉴 Kluve 等（2012）人的研究，本章只将分析样本限于这些获得补贴的企业。虽然这会产生样本选择性偏误（selection bias），但由于广义倾向评分匹配法会基于匹配变量 X 进行匹配，从而也就消除了这种样本选择性偏误。计算这些获补贴企业的获补贴力度后发现，少数企业的获补贴力度存在异常值，因此借鉴大多数经验文献的做法，将获补贴力度小于 8108 家企业获补贴力度 1% 分位数或大于其 99% 分位数的企业都从分析样本中剔除，最后得到 7548 家于 2001 年补贴收入大于零的样本企业，平均获补贴力度为 2.92%，最小值为 0.000256%，最大值为 44.21%。

图 4-3 列出了这 7548 家企业获补贴力度的分布图。样本企业获补贴力度分布的偏度为 3.508，峰度为 20.432，属于极右偏态和过度峰度。由图 4-3 中所示的分布可知，2001 年约 93.74% 的企业的获补贴力度值小于 0.1。为了减少处理变量分布的偏度，本章采用大多数经验文献的做法，对该处理变量进行对数化处理，取对数后的"企业获补贴力度"变量 ln（D）的分布见图 4-4。ln（D）的分布图呈现一定的对称性，其偏度为

---

① 2003 年、2007 年等年份，该套数据未统计企业的"补贴收入"。

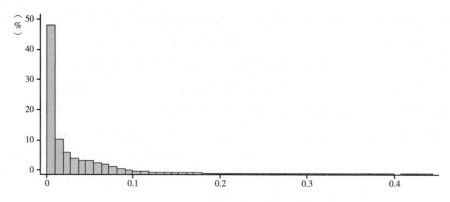

图 4 - 3　2001 年企业获补贴力度的分布

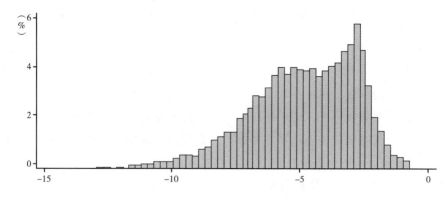

图 4 - 4　取对数后的处理变量分布

- 0.577，峰度为 2.932，均值为 - 4.881。

模型中匹配变量的主要统计信息见表 4 - 7。为了了解政府补贴力度的"样本选择性"，我们根据企业获补贴力度的 25%、50% 和 75% 分位数，将企业获补贴力度划分为（0，0.002）、（0.002，0.009）、（0.009，0.039）和（0.039，0.442）四个区间，并在每个区间内均对匹配变量进行均值统计。

表 4 - 7　匹配变量的主要统计信息

区间	Y_{t-1}	x_1	x_2	x_3	x_4	x_5	x_6	x_7	x_8
1	1.2725	5.8764	3.8716	0.0413	1985	0.1733	0.8463	0.3630	0.3243
2	1.2712	5.5920	3.7038	0.0333	1986	0.1797	0.8256	0.3312	0.3254
3	1.2698	5.4705	3.7737	0.0556	1984	0.2501	0.7382	0.2517	0.2989
4	1.2949	5.3109	3.7543	0.1208	1982	0.3604	0.6550	0.2215	0.2549

总体来看，规模较小企业、资本密集度较低企业、亏损企业、国有企业、中西部地区的企业，其获补贴的力度较高。此外，企业获补贴力度越大，其属于高技术密集型行业的概率就越低，意味着高技术密集型行业中企业获得高补贴力度的概率低于其他行业。归纳而言，地方政府补贴力度行为具有明显的"样本选择性"，并主要呈现一定的"保护弱者"的特征，这与邵敏、包群（2011）的发现较为一致。由此也验证了匹配的重要性。

（三）政府补贴对工业企业投资行为影响的实证分析

采用相同的样本，我们运用广义倾向评分匹配法实证分析政府补贴对工业资本积累的作用，其中工业资本积累的度量为 $\Delta K_t = \ln (K)_t - \ln (K)_{t-1}$，$K$ 为工业企业的固定资产投资净额，衡量企业的资本存量。我们在计算过程中仍然采用工业品出厂价格指数（2000 年 =1）对企业资本存量 K 进行了平减。由于此时被解释变量变为 ΔK_t，因而为使广义倾向评分匹配估计满足条件独立性假设，我们在前文所述匹配变量的基础上，再加入企业初始时期的资本存量变量 $\ln (K)_{t-1}$ 作为匹配变量。估计过程与前文一致，这里就不再赘述。图 4－5 描述了 2001 年、2002 年、2005 年和 2006 年政府补贴力度对

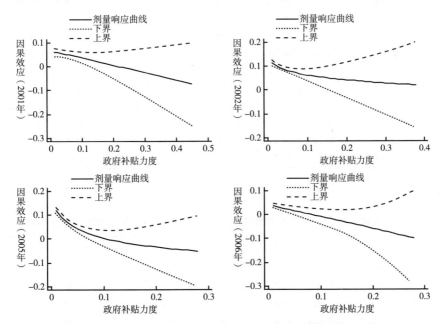

图 4－5　政府补贴力度对工业企业资本积累的因果效应估计

注：95% 置信区间；剂量响应函数 =线性预测。

工业资本积累的因果效应大小与政府补贴力度之间的函数关系。总体而言，政府补贴力度对工业资本积累的因果影响方向为正，但随着补贴力度的进一步提高，政府补贴对工业资本积累的正向影响越来越小。

正如前文指出的，图 4 - 5 中中间这条曲线只是将不同取值范围下的因果效应用线连起来所形成的曲线，曲线上的各点只是反映不同补贴力度水平所对应的因果效应大小，但这些因果效应的显著性却无从判断。因此，我们继续通过自举（bootstrap）获得这些因果效应的标准差，并选取不同的企业获补贴力度取值 d，将这些取值下的因果效应大小及其估计标准差按年份依次列于表 4 - 8 和表 4 - 9。

表 4 - 8　政府补贴对工业资本积累的作用（2001 年估计结果）

d	系数	s.d	d	系数	s.d	d	系数	s.d
0.01	0.099 ***	0.010	0.16	0.052 **	0.023	0.31	- 0.001	0.060
0.02	0.097 ***	0.008	0.17	0.049 *	0.025	0.32	- 0.005	0.062
0.03	0.094 ***	0.008	0.18	0.045	0.028	0.33	- 0.008	0.065
0.04	0.091 ***	0.009	0.19	0.042	0.030	0.34	- 0.012	0.068
0.05	0.088 ***	0.009	0.20	0.038	0.032	0.35	- 0.015	0.071
0.06	0.085 ***	0.010	0.21	0.035	0.034	0.36	- 0.019	0.073
0.07	0.082 ***	0.011	0.22	0.031	0.037	0.37	- 0.023	0.076
0.08	0.079 ***	0.011	0.23	0.027	0.039	0.38	- 0.026	0.079
0.09	0.076 ***	0.012	0.24	0.024	0.042	0.39	- 0.030	0.082
0.10	0.072 ***	0.013	0.25	0.020	0.044	0.40	- 0.033	0.084
0.11	0.069 ***	0.015	0.26	0.017	0.047	0.41	- 0.037	0.087
0.12	0.066 ***	0.016	0.27	0.013	0.049	0.42	- 0.041	0.090
0.13	0.062 ***	0.018	0.28	0.010	0.052	0.43	- 0.044	0.093
0.14	0.059 ***	0.019	0.29	0.006	0.055	0.44	- 0.048	0.096
0.15	0.055 ***	0.021	0.30	0.003	0.057	0.45	- 0.051	0.098

注：同表 4 - 6。

表 4 - 9　政府补贴对工业资本积累的作用（2002 年、2005 年、2006 年估计结果）

2002 年			2005 年			2006 年		
d	系数	s.d	d	系数	s.d	d	系数	s.d
0.01	0.118 ***	0.007	0.01	0.120 ***	0.008	0.01	0.045 ***	0.005
0.02	0.107 ***	0.006	0.02	0.090 ***	0.007	0.02	0.038 ***	0.005
0.03	0.098 ***	0.006	0.03	0.069 ***	0.007	0.03	0.032 ***	0.007
0.04	0.090 ***	0.006	0.04	0.053 ***	0.008	0.04	0.026 ***	0.009

续表

2002 年			2005 年			2006 年		
d	系数	$s.d$	d	系数	$s.d$	d	系数	$s.d$
0.05	0.084***	0.007	0.05	0.039***	0.009	0.05	0.021**	0.010
0.06	0.079***	0.007	0.06	0.029***	0.010	0.06	0.016	0.012
0.07	0.074***	0.009	0.07	0.020	0.012	0.07	0.011	0.013
0.08	0.071***	0.010	0.08	0.012	0.014	0.08	0.006	0.014
0.09	0.067***	0.012	0.09	0.005	0.016	0.09	0.001	0.016
0.10	0.064***	0.013	0.10	−0.001	0.018	0.10	−0.004	0.017
0.11	0.061***	0.015	0.11	−0.007	0.021	0.11	−0.009	0.019
0.12	0.059***	0.018	0.12	−0.012	0.023	0.12	−0.014	0.020
0.13	0.056***	0.020	0.13	−0.016	0.026	0.13	−0.019	0.023
0.14	0.054**	0.022	0.14	−0.020	0.029	0.14	−0.025	0.025
0.15	0.052**	0.025	0.15	−0.024	0.032	0.15	−0.030	0.028
0.16	0.050*	0.027	0.16	−0.027	0.035	0.16	−0.035	0.031
0.17	0.048	0.030	0.17	−0.031	0.039	0.17	−0.040	0.035
0.18	0.047	0.033	0.18	−0.034	0.042	0.18	−0.046	0.039
0.19	0.045	0.036	0.19	−0.036	0.045	0.19	−0.051	0.044
0.20	0.043	0.038	0.20	−0.039	0.049	0.20	−0.056	0.049
0.21	0.042	0.041	0.21	−0.042	0.052	0.21	−0.062	0.054
0.22	0.040	0.044	0.22	−0.044	0.056	0.22	−0.067	0.060
0.23	0.039	0.047	0.23	−0.046	0.060	0.23	−0.072	0.067
0.24	0.037	0.050	0.24	−0.049	0.063	0.24	−0.078	0.074
0.25	0.036	0.053	0.25	−0.051	0.067	0.25	−0.083	0.081
0.26	0.035	0.056	0.26	−0.053	0.070	0.26	−0.089	0.089
0.27	0.034	0.059	0.27	−0.055	0.074	0.27	−0.094	0.097
0.28	0.032	0.062	0.28	−0.057	0.078	0.28	−0.099	0.106
0.29	0.031	0.065						
0.30	0.030	0.068						
0.31	0.029	0.071						
0.32	0.028	0.074						
0.33	0.026	0.077						
0.34	0.025	0.080						
0.35	0.024	0.083						
0.36	0.023	0.086						
0.37	0.022	0.089						
0.38	0.021	0.092						

注：同表 4 - 6。

首先看 2001 年的估计结果。当政府补贴力度小于或等于 17% 时,政府补贴对工业企业资本积累的影响方向为正,且在统计意义上显著;当政府补贴力度在此区间内逐步提高时,该正向影响呈逐渐减弱的趋势;当政府补贴力度在 17% 的基础上进一步提高时,这种正向影响变为不显著。2002 年、2005 年和 2006 年三年的估计结果与此类似,区别仅在于政府补贴对工业企业资本积累的正向作用变为不显著的临界值依次为 16%、6% 和 5%。可知,随着时间的推移,政府补贴对工业企业资本积累的正向作用变为不显著的临界值也呈现下降的趋势。结合前文结论,这说明高补贴力度对工业企业资本积累的显著促进作用会因我国地方政府补贴力度决定行为的"保护弱者"特点而弱化,当补贴力度超过一定水平时,这种促进作用将消失。

2001 年获补贴力度大于 17% 的企业所占比重约为 7.85%,2005 年获补贴力度大于 6% 的企业所占比重约为 16.76%,2006 年获补贴力度大于 5% 的企业所占比重约为 22.27%。由此可知,我国地方政府对工业企业的补贴从总体上是提高了我国工业企业的资本积累水平,但地方政府补贴行为的"保护弱者"特点会弱化这种促进作用,使得受益于政府补贴的企业份额减少,尤其是在"保护弱者"特点较强的 2006 年,资本积累未能受益于政府补贴的企业数目所占比重达 22.27%,尽管这些企业都享受了相对较高程度的补贴。

与全要素生产率和下文工业增加值的分析结论所不同的是,我们这里并未发现高度补贴会显著抑制工业企业的资本积累,说明高度补贴对我国工业发展的负面作用主体体现于对工业企业全要素生产率和增加值的显著抑制作用方面。若把补贴力度控制在一定范围内,例如按 2005 年和 2006 年的估计结果来看,将补贴力度控制在 6% 以下,则这种力度的补贴将同时有利于促进我国工业企业全要素生产率的增长、工业增加值的提高和资本积累的增加。

(四) 政府补贴对工业企业产值影响的实证分析

采用相同的样本,我们接着运用广义倾向评分匹配法实证分析政府补贴对工业 GDP 增长的作用,其中工业 GDP 增长的度量为 $\Delta GDP_t = \ln (GDP)_t - \ln (GDP)_{t-1}$,计算过程中仍然采用工业品出厂价格指数(2000 年 = 1)对企业工业增加值进行了平减。由于此时被解释变量变为 ΔGDP_t,因而为使广义倾向评分匹配估计满足条件独立性假设，我们在前文所述匹配变量的基础上，再加入企业初始时期的工业增加值变量 ln（GDP）$_{t-1}$作为匹配变量。估计过程与前文一致，这里就不再赘述。图 4 - 6 描述了 2001 年、2002 年、2005 年和 2006 年政府补贴力度对工业 GDP 增长的因果效应大小与政府补贴力度之间的函数关系。总体而言，政府补贴力度对工业 GDP 增长的因果效应呈现先正后负的趋势，并且随着补贴力度的进一步提高，政府补贴对工业 GDP 增长的负向效应也越来越大。

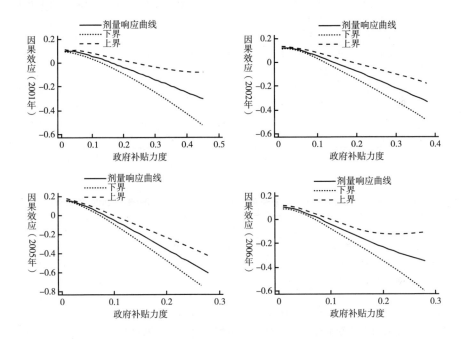

图 4 - 6　政府补贴力度对工业企业增加值变化的因果效应估计

注：95% 置信区间；剂量响应函数 = 线性预测。

正如前文指出的，图 4 - 6 中中间这条曲线只是将不同取值范围下的因果效应用线连起来所形成的曲线，曲线上的各点只是反映不同补贴力度水平所对应的因果效应大小，但这些因果效应的显著性却无从判断。因此，我们继续通过自举（bootstrap）获得这些因果效应的标准差，并选取不同的企业获补贴力度取值 d，将这些取值下的因果效应大小及其估计标准差按年份依次列于表 4 - 10 和表 4 - 11。

表 4 – 10 政府补贴对工业 GDP 增长的作用（2001 年估计结果）

d	系数	s. d	d	系数	s. d	d	系数	s. d
0.01	0.099 ***	0.006	0.16	0.002	0.023	0.31	− 0.152 ***	0.057
0.02	0.100 ***	0.004	0.17	− 0.008	0.025	0.32	− 0.162 ***	0.060
0.03	0.099 ***	0.004	0.18	− 0.017	0.027	0.33	− 0.173 ***	0.063
0.04	0.096 ***	0.005	0.19	− 0.027	0.029	0.34	− 0.184 ***	0.066
0.05	0.092 ***	0.006	0.20	− 0.037	0.030	0.35	− 0.195 ***	0.070
0.06	0.086 ***	0.008	0.21	− 0.047	0.032	0.36	− 0.206 ***	0.074
0.07	0.079 ***	0.009	0.22	− 0.058	0.034	0.37	− 0.216 ***	0.077
0.08	0.072 ***	0.011	0.23	− 0.068 **	0.036	0.38	− 0.227 ***	0.081
0.09	0.065 ***	0.012	0.24	− 0.078 **	0.039	0.39	− 0.238 ***	0.086
0.10	0.056 ***	0.014	0.25	− 0.088 **	0.041	0.40	− 0.249 ***	0.090
0.11	0.048 ***	0.015	0.26	− 0.099 **	0.043	0.41	− 0.260 ***	0.094
0.12	0.039 **	0.017	0.27	− 0.109 **	0.046	0.42	− 0.271 ***	0.099
0.13	0.030	0.018	0.28	− 0.120 **	0.048	0.43	− 0.282 ***	0.104
0.14	0.021	0.020	0.29	− 0.130 **	0.051	0.44	− 0.293 ***	0.109
0.15	0.012	0.022	0.30	− 0.141 ***	0.054	0.45	− 0.304 ***	0.114

注：同表 4 – 6。

表 4 – 11 政府补贴对工业 GDP 增长的作用（2002 年、2005 年、2006 年估计结果）

2002 年			2005 年			2006 年		
d	系数	s. d	d	系数	s. d	d	系数	s. d
0.01	0.124 ***	0.005	0.01	0.167 ***	0.007	0.01	0.104 ***	0.008
0.02	0.124 ***	0.004	0.02	0.157 ***	0.005	0.02	0.100 ***	0.007
0.03	0.121 ***	0.004	0.03	0.140 ***	0.006	0.03	0.090 ***	0.007
0.04	0.115 ***	0.005	0.04	0.120 ***	0.008	0.04	0.076 ***	0.009
0.05	0.108 ***	0.005	0.05	0.097 ***	0.010	0.05	0.059 ***	0.011
0.06	0.099 ***	0.006	0.06	0.071 ***	0.012	0.06	0.041 ***	0.012
0.07	0.089 ***	0.008	0.07	0.045 ***	0.015	0.07	0.021	0.014
0.08	0.078 ***	0.009	0.08	0.017	0.018	0.08	0.001	0.016
0.09	0.067 ***	0.011	0.09	− 0.011	0.021	0.09	− 0.020	0.018
0.10	0.056 ***	0.012	0.10	− 0.040	0.024	0.10	− 0.041 **	0.020
0.11	0.043 ***	0.014	0.11	− 0.070 **	0.027	0.11	− 0.062 ***	0.022
0.12	0.031 *	0.016	0.12	− 0.100 ***	0.031	0.12	− 0.083 ***	0.024
0.13	0.018	0.018	0.13	− 0.130 ***	0.035	0.13	− 0.104 ***	0.026
0.14	0.005	0.020	0.14	− 0.161 ***	0.038	0.14	− 0.124 ***	0.029
0.15	− 0.008	0.023	0.15	− 0.192 ***	0.042	0.15	− 0.145 ***	0.033
0.16	− 0.021	0.025	0.16	− 0.223 ***	0.046	0.16	− 0.164 ***	0.037
0.17	− 0.034	0.027	0.17	− 0.254 ***	0.050	0.17	− 0.184 ***	0.041
0.18	− 0.048	0.029	0.18	− 0.286 ***	0.054	0.18	− 0.203 ***	0.046

2002 年			2005 年			2006 年		
d	系数	$s.d$	d	系数	$s.d$	d	系数	$s.d$
0.19	−0.062[*]	0.032	0.19	−0.318[***]	0.058	0.19	−0.221[***]	0.052
0.20	−0.076[**]	0.034	0.20	−0.350[***]	0.063	0.20	−0.239[***]	0.058
0.21	−0.089[**]	0.037	0.21	−0.382[***]	0.067	0.21	−0.256[***]	0.065
0.22	−0.103[***]	0.039	0.22	−0.414[***]	0.071	0.22	−0.273[***]	0.072
0.23	−0.117[***]	0.041	0.23	−0.446[***]	0.075	0.23	−0.289[***]	0.080
0.24	−0.131[***]	0.044	0.24	−0.478[***]	0.079	0.24	−0.305[***]	0.089
0.25	−0.146[***]	0.046	0.25	−0.511[***]	0.084	0.25	−0.319[***]	0.098
0.26	−0.160[***]	0.049	0.26	−0.543[***]	0.088	0.26	−0.333[***]	0.108
0.27	−0.174[***]	0.051	0.27	−0.575[***]	0.092	0.27	−0.347[***]	0.118
0.28	−0.188[***]	0.054	0.28	−0.608[***]	0.097	0.28	−0.360[***]	0.129
0.29	−0.203[***]	0.056						
0.30	−0.217[***]	0.059						
0.31	−0.231[***]	0.062						
0.32	−0.246[***]	0.064						
0.33	−0.260[***]	0.067						
0.34	−0.275[***]	0.069						
0.35	−0.289[***]	0.072						
0.36	−0.304[***]	0.074						
0.37	−0.318[***]	0.077						
0.38	−0.333[***]	0.080						

注：同表 4-6。

首先看 2001 年的估计结果。当政府补贴力度小于或等于 12% 时，政府补贴对工业企业增加值变化的影响方向为正，且在统计意义上显著；当政府补贴力度在此基础上进一步提高时，这种正向影响变为不显著，且政府补贴对企业增加值变化的抑制作用也逐渐显现；当政府补贴力度提高至大于或等于 23% 的水平时，政府补贴对企业增加值变化的影响方向为负，且在统计意义上显著，并且随着补贴力度的进一步提高，这种抑制作用的大小及显著性不断增大。与前文类似，我们认为高补贴力度对工业增加值的显著负向作用会因我国地方政府补贴力度决定行为的"保护弱者"特点而强化。而由前文可知，随着时间的推移，政府补贴力度决定行为体现为愈来愈明显的"保护弱者"趋势。因而若 2001 年估计所得出的结论是稳健的，则可预期 2002 年、2005 年、2006 年的政府补贴企业行为会对工业企业增加值变化产生更为显著的负向作用。

随着地方政府的补贴力度决定行为"保护弱者"特点的强化，政府补贴对企业生产率的负向作用也愈来愈显著。表现为，2005 年当政府补贴企业力度小于或等于 7% 时（小于 2001 年的临界值 12%），政府对企业的这种补贴能够显著地促进工业企业增加值的提高；当政府补贴力提高至 11% 及以上的水平时（显著小于 2001 年的临界值 23%），政府对企业的这种高度补贴显著地抑制了工业企业增加值的提高，并且随着补贴力度的进一步提高，这种抑制作用的大小及显著性都不断增大。而至 2006 年，则政府补贴对工业企业增加值变化的显著正向作用所对应的补贴力度临界值进一步减少为 6%，而其负向作用所对应的补贴力度临界值则进一步减少为 10%。

2001 年获补贴力度大于或等于 23% 的企业所占比重约为 6.84%，2005 年获补贴力度大于或等于 11% 的企业所占比重约为 7.89%，2006 年获补贴力度大于或等于 10% 的企业所占比重约为 12.11%。由此可知，我国地方政府对工业企业的补贴从总体上提高了我国工业企业的增加值水平。尽管如此，我们仍须看到，虽然地方政府对企业进行补贴，有其合理性和必要性，但须注意补贴的力度，若对企业的补贴力度过大，则可能会抑制工业增加值的提高。并且，地方政府补贴的"保护弱者"特点会加剧这种抑制作用。上述结论与前文对全要素生产率的分析结果类似。

三　重要结论

第一，本章的实证研究表明，无论从获得补贴的概率以及获得补贴的水平，政府直接补贴政策具有显著的规模偏好、国有（所有制）偏好和出口偏好。

第二，本章的实证研究表明，政府直接补贴对于企业固定资产投资有显著的推动作用。

第三，本章的实证研究表明，政府直接补贴对于企业的生产效率有显著的负面影响。

第四，从结论二和结论三，我们不难得出，政府的直接补贴推动了企业的过度投资，并给企业生产率带来了不利的影响，这在很大程度上验证了本书第三章理论研究的结论。

第五章
政策性补贴、产能过剩与
中国的经济波动

——引入产能利用率 RBC 模型的实证检验

本书在第四章中，通过微观计量的实证方法，详细解析了政府补贴对企业投资等行为的影响，研究表明，政府补贴显著推动了企业的过度投资。本章将从宏观数据着手，验证政策性补贴给产能利用率所带来的重要影响。地方政府的政策性补贴扭曲了要素市场价格，压低投资成本，形成产能过剩，并成为中国经济波动的主要影响因素。为了更好刻画这一现象，本章将产能利用率作为厂商最优选择的内生变量加入实际商业周期（RBC）模型，在动态随机一般均衡框架下讨论外生的随机冲击、政策性补贴冲击对经济主要变量的影响。

一 问题的提出

（一）研究背景

经济的波动与产能过剩之间具有非常密切的关系，景气繁荣时期企业往往过度乐观，此阶段盈利能力的普遍提高也强化其对未来的预期，企业纷纷扩张产能、加大投资；一旦经济景气发生逆转、需求下降时，企业往往措手不及，产能过剩即无法避免；反过来，产能过剩导致的资源分配扭曲，也要求各经济主体重新调整自己的经济行为，这在一定程度上导致经济的波动。而产能过剩问题也一直是中国经济发展中的"顽疾"，"过度投资"和"产能过剩"等问题一直困扰着经济政策部门，产能过剩不但会导致产业组织恶化、企业亏损增加、资源环境浪费，还会带来更大的经济波动。投资的波动是我国经济波动的主要原因，而投资波动很大程度上是产能利用率波动的结果。所以，论证和剖析产能过剩的原因，成为解释中国经济波动的关键环节。

在产能过剩原因的相关研究中，林毅夫（2007，2010）强调发展中国家普遍存在的投资"潮涌"现象导致产能过剩，而这种潮涌的形成主要来自对未来产业发展信息的共识。江飞涛（2008，2009）则认为，巨额的政策性补贴会使企业在产品市场之外获取额外的投资收益，这会显著扭曲企业的投资行为，大大增加企业利润最大化时的产能投资和产量，当补贴水平足够高时，还会诱使企业为了获取巨额的投资补贴，投资原本亏损的项目或供过于求的行业，各级政府普遍的投资补贴导致全社会过多的产能投入（即产能过剩），并引起产品市场上行业整体亏损及社会福利的巨大损失。在江飞涛看来，投资的"潮涌"现象实际上是地区竞争中地方政府对投资进行各种补贴，进而扭曲企业投资行为的结果，而不应该成为产能过剩尤其是中国转型背景下众多产业过度投资的原因。Greenwood（1988）首次在标准的实际商业周期（RBC）模型中加入了产能利用率（capacity utilization），对实际商业周期理论进行了初步的扩展，Martin Boileau 和 Michel Normandin（2003）则在 Greenwood 的模型基础上加入了优势信息并更好地解释了经济的波动，Simon Gilchrist 和 John C. Willliams（2004）进一步拓展了加入产能利用率的 RBC 模型，在弹性 - 刚性技术下引进微观决策的影响。国内方面，陈昆亭、龚六堂（2004）将产能利用率引入标准 RBC 模型，分析中国经济波动是来自需求冲击还是供给冲击。

在目前的研究中，对于经济波动和产能过剩的研究大多相互独立，或仅将产能过剩归结为经济波动的一个结果，这一现实关联在理论层面并无深入系统的探讨；对于政策性补贴影响产能过剩以及宏观经济波动的方式和程度，也缺乏相应的经验探讨。本章首先将产能利用率引入 RBC 模型，将这一模型的数值结果和中国的实际运行数据进行对比，检验该模型分析中国实际的准确性；其次，通过脉冲响应函数，观察政策性补贴作为政策冲击变量，其变化对产能利用率和宏观经济的影响趋势如何；最后，使用方差分解实证检验政策性补贴在中国宏观经济波动中的贡献率。

（二）基本思路

1. 中国经济周期性波动的特征

图 5 - 1 描述了 1978 ~ 2010 年中国 GDP 增长率和固定资产投资总额增

速波动的基本轨迹，其中 GDP 增速已经利用居民消费价格指数进行平减（以 1978 年为基期），由于只有 1990 年之后的固定资产投资价格指数数据，所以我们同样采用居民消费价格指数进行平减。从图 5 - 1 中可以看出，中国的经济波动特征非常明显，并且具有很强的周期性，中国宏观经济波动与固定资产投资波动的周期较为一致，经济波动与投资波动高度相关，但是投资波动的剧烈程度要高于经济波动。

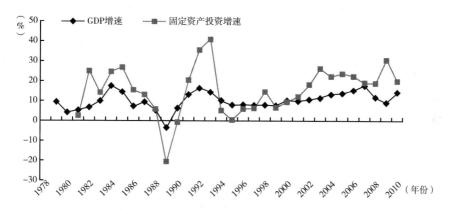

图 5 - 1　中国 GDP 与固定资产投资波动

资料来源：中经网。

我们利用《中国统计年鉴》的数据，以 1981 年为起始期，2010 年为终止期，样本数为 30，选取国内生产总值 GDP 和固定资产投资总额两个指标（经过居民消费价格指数平减，为实际经济数据），进行相关性分析，可以得到两者的相关系数高达 0.9793。一般来说，固定资产投资与国内生产总值都是时间序列变量，两者之间如此之高的相关性可能是时间序列的不稳定性或者高度相似的时间趋势造成的，于是我们先对国内生产总值和固定资产投资总额的数据进行一阶差分，随后再计算两者的相关系数。为了防止单次结果的偶然性，我们仍然以 2010 年为终止期，但是不断地变化起始期，从1981 年一直变至 2000 年，计算结果如表 5 - 1 所示。从结果可以看出，国内生产总值和固定资产投资总额的相关系数一直较高，这也验证了我国经济波动与固定资产投资波动存在高度的相关性。

一般来说，对于经济周期的时间划分，目前普遍采用的是将经济运行中GDP 实际增长率表现出的两个相对波谷间的时间序列划分成为一个完整的经济周期，由此可见，中国的经济周期表现出明显的朱格拉周期特征。中国

表 5 -1   国内生产总值与固定资产投资一阶差分数据的相关系数

起始年份	1981	1982	1983	1984	1985	1986	1987	1988	1989	1990
相关系数	0.889	0.887	0.887	0.885	0.883	0.882	0.880	0.878	0.875	0.869
起始年份	1991	1992	1993	1994	1995	1996	1997	1998	1999	2000
相关系数	0.864	0.860	0.857	0.856	0.849	0.838	0.825	0.808	0.792	0.760

资料来源：中经网。

从 1981 年开始分别经历了三轮朱格拉经济周期：第一轮周期是 1981～1990 年，1990～1999 年为第二轮周期，1999～2009 年为第三轮周期。目前经济正运行在第四个经济周期之中，前三个周期的时间长度分别为 9 年、9 年和 10 年，与朱格拉周期定义的 9～10 年完成一次周期性波动相符。由于朱格拉周期以企业固定设备更新投资和投资收益率波动为主要机理，因此，固定资产投资的波动是造成我国经济波动的主要因素，而企业的固定资产投资也就是其产能的投资。由此，我们产生了进一步的猜测：正是企业投资过度造成产能过剩，并进而引发了我国宏观经济的周期性波动。我国所特有的产能过剩主要是由于扩大产能的大规模投资产生的，大规模的产能投资势必会引起整体 GDP 的增加，使得经济产生上行的趋势。因此，在经济周期处于萧条时，大规模的产能投资将会使得经济向更好的方向运行，但如果经济本身就处于扩张期，大规模的产能投资却会造成经济过热、通胀压力增大等经济问题。此外，当经济处于萧条时所进行的产能扩大投资，其已形成的产能在社会续期需求已经饱和的情况下只能表现为产能过剩，因而产能扩大投资所引起产能过剩与经济周期之间是存在关系的（耿强、江飞涛、傅坦，2011）。

2. 中国经济的周期性波动与产能过剩的关系

如果从字面意义上来理解产能过剩，就是生产能力超过社会需求的状态，但是在成熟的市场经济中，适度的供过于求和经济波动中生产能力相对需求过剩实际上是市场经济的常态。对于中国而言，产能过剩现象绝不仅仅是适度的供过于求，改革开放 30 多年来，产能过剩已经逐步成为中国经济的一个"顽疾"，伴随着经济的高速发展，这一问题非但没有削弱，反而愈加严重。改革开放初期，我国产能过剩主要集中在钢铁、煤炭、水泥和玻璃等与基础设施建设密切相关的行业，但是在近期，不仅过去存在严重产能过剩的行业没有得到改善，甚至连风能发电、太阳能光伏、多晶硅制造、汽车制造、船舶制造等新兴产业也频频出现新的产能过剩现象。产能过剩现象与中国经济的波动如影随形，产能利用率的波动对整个宏观经济的波动有着较强的影响力。

目前，一般将"生产能力超过需求"和"供过于求"当作判断产能过剩的标准，但是在正常的市场经济条件下，生产能力大于需求是一种常态，存在硬预算约束的市场主体和比较完善的市场体系会使市场竞争加剧，产业内企业间竞争优胜劣汰的机制也使得企业更加具有动力提高效率和调整产品结构。在成熟的市场经济条件中，一般企业都会保有一定的富余产能以应对需求的突然增长，产能过剩并不需要宏观经济政策之外的其他政策措施应对，市场的自发调整机制会淘汰那些经营不善的企业，多余的产能也将逐步从市场中消除。所有的市场经济国家都必然经历由经济的周期性波动所造成的产能过剩，事实上，适度的产能过剩并不会对经济产生较大的负面影响，反而会为推动结构调整提供机遇。但是在目前的转型背景下，我国的产能过剩显然已经超出了适度的范围，供过于求的产能数量明显超出了维持市场良性竞争所必需的限度，与此同时，企业竞争往往通过低于成本的价格战进行，带来的负面影响已经超过了正面的影响。

中国学者对于国内市场经济中存在的产能过剩研究，主要包括两种不同的研究主线：一是以"市场失灵"来解释产能过剩，主要包括过度进入定理，低集中度的市场结构，进入壁垒低、退出壁垒高的结构性特征，保有市场过剩生产能力等理论，但是这些理论并不能合理解释目前我国产能过剩的形成机理；二是以转轨经济体制缺陷解释重复建设和产能过剩的理论，主要包括国内体制缺陷、地方政府竞争和体制缺陷、不当产业政策等形成产能过剩的理论。其中，科尔奈最先指出，中国在处于社会主义经典体制向市场经济体制的转轨过程之中，预算软约束等体制性缺陷加重了经典社会主义体制固有的投资领域过热倾向，而并非使之降低。以科尔奈的研究为基础，越来越多的研究将产能过剩、重复建设的重点放在转轨体制缺陷下企业投资行为扭曲方向的研究。这些理论都为我们研究产能过剩与经济周期提供了有益的参考和思考的视角。

3. 地方政府行为对中国经济波动的冲击

前文曾讨论过地方政府出于经济利益和官员政治晋升利益的动机，经常热衷于通过税收减免、土地政策的"模糊产权"和金融机构的"预算软约束"等一系列的优惠手段来吸引资本及招商引资。郭庆旺和贾俊雪（2006）

认为财政政策竞争加剧和中央政府调控的不足助长了地方政府的违规行为，继而引发企业的投资冲动，导致投资过热进而对宏观经济稳定产生巨大冲击，并将地方政府行为对宏观经济稳定产生冲击的基本机制描述为图 5 – 2。

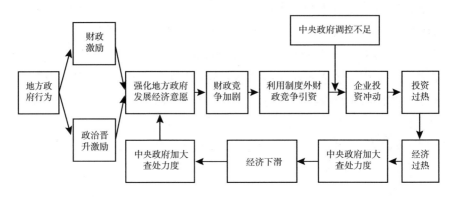

图 5 – 2　地方政府行为对宏观经济产生冲击的基本机制

中央政府和地方政府实际是一种委托代理的关系，李军杰（2005）认为在中国渐进式改革的过程中，由于缺乏足够的创新知识，中央政府需要借助地方政府来进行制度创新"试验"，之后再对其进行事后的追认或制止，但是为此需要也给地方政府留下了土地的"模糊产权"和"预算软约束"等制度缺陷和"创新空间"。由于财政激励和政治晋升激励等原因，地方政府往往滥用这些制度缺陷进行招商引资，违背了中央政府的初衷，并造成宏观经济的波动和失序。

在简单的委托 – 代理模型中，由于代理人只从事一项工作，因此委托人对其监督比较容易。但是在中国目前中央政府与地方政府的委托 – 代理关系中，地方政府面临的实际上是一种多任务委托合同，保证经济增长、保护环境、保证就业和增加税收等都是地方政府所需要考虑和完成的任务，这使得中央政府对于地方政府的监督成本较高。另外，在中国现行的政绩考核的压力下，地方政府往往具有较强的动机利用信息传递链条过长的优势对中央政府隐蔽信息，而且地方政府的违规行为大多数都隐蔽多样，中央政府处于相对信息的弱势。这些都使得中央政府对地方政府的违规行为监管不力，也在一定程度上助长了地方政府通过制度缺陷招商引资的行为，并导致企业在投资优惠政策的吸引下过度投资，形成产能过剩并造成宏观经济波动。在经济出现过热的迹象时，中央政府往往也会采取相应的措施，释放出经济紧缩的信号，地方政府经常会逆向反应，为了能在中国特有的经济周期波动中获取最佳的发展空间，往往会在经济上进行最后的冲刺（沈坤荣、孙文杰，2004）。

如果将地方政府利用土地政策的"模糊产权"和金融机构的"预算软约束"等制度缺陷进行超过中央政府意愿的招商引资和鼓励投资的行为归结为对企业的超额"政策性补贴"，我们可以提出以下的一种假设，并期望通过模型来证明如图5-3所示的产能过剩现象与中国经济波动的关系，并讨论分析中央政府和地方政府在其中所扮演的角色。

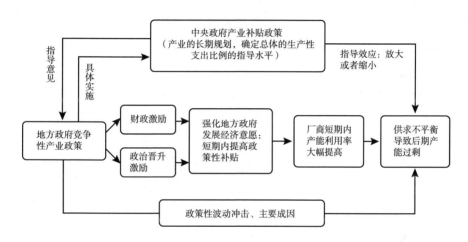

图5-3　从宏观上看产能过剩的形成

二　引入产能利用率的 RBC 模型

（一）基本模型框架

为了方便建模，我们将整个社会经济活动的主体划分为厂商、家庭和政府三个部门，其中厂商是社会产品的生产者，利用劳动和资本来生产最终产品；家庭是最终产品的消费者，并通过向厂商提供资本以及劳动获得利息收入和工资收入；政府通过其支出结构的调整来影响各个经济体的行为选择。

为了引入产能利用率和政府支出结构，我们对基本的实际商业经济周期模型进行一定的改进，通过如下的生产函数来描述总产出：

$$Y_t = z_t (u_t K_t)^a (x_t G_t)^b (A_t n_t L_t)^{1-a-b} \qquad (5-1)$$

式中的 Y 表示总产出；z 表示生产技术冲击的随机扰动；u 代表资本利用率（作为产能利用率的代理指标），且有 $0 \leq u \leq 1$；K 表示资本存量，结合资本利用率，uK 表示用于生产的资本；x 表示政府支出中用于生产性支出的比例，$0 \leq x \leq 1$；G 为政府支出，故 xG 表示政府支出中用于生产的部分；A 表示制度等提高生产效率的确定性因素；L 和 n 分代表劳动力数量和单位劳动力提供的劳动时间，则 nL 为投入生产过程中的实际劳动；t 表示时间。我们假定生产率 A 和劳动力数量 L 分别以不变的外生增长率 ρ_A 和 ρ_L 增长，即 $A_t = \rho_A A_{t-1}$，$L_t = \rho_L L_{t-1}$。a 为资本产出弹性，b 为政府生产性支出产出弹性，$1-a-b$ 为劳动产出弹性[①]，$0 < a, b, 1-a-b < 1$。

与新古典理论模型中资本总是被充分利用的假定不同，我们引入产能利用率作为切入点来研究是否存在产能过剩。一般而言，国内外大部分关于产能利用率的研究文献都将资本利用率作为产能利用率的代理变量，如 Greenwood（1988）、Martin Boileau 和 Michel Normandin（2003）、吴利学（2009）等，本书也用资本利用率来代表产能利用率（后文皆写为产能利用率），对于产能利用率的处理，我们参照 Greenwood（1988）的方式：假设资本的积累方程为：

$$K_{t+1} = I_t + (1 - \delta_t) K_t \qquad (5-2)$$

式中的 I 为投资，新古典模型中一般假设折旧率 δ 是固定的，由于我们引入了产能利用率，假设折旧率随着产能利用率的提高也会相应提高，即：

$$\delta_t = \delta(u_t) = \frac{1}{\omega} u_t^{\omega}, \omega > 1 \qquad (5-3)$$

经济总量的等式可以写为：

$$Y_t = I_t + C_t + G_t \qquad (5-4)$$

式中，I、C、G 分别代表投资、家庭消费和政府支出。

由于我们之前将生产率水平 A 和劳动力数量 L 都假定为外生的，为了方便进一步分析，我们将模型设定为集约形式，令 $y_t = \dfrac{Y_t}{A_t L_t}$、$k_t = \dfrac{K_t}{A_t L_t}$、$g_t =$

---

① 本书假定规模报酬不变。

$\dfrac{G_t}{A_t L_t}$、$i_t = \dfrac{I_t}{A_t L_t}$、$c_t = \dfrac{C_t}{A_t L_t}$，可以把生产函数方程、资本积累方程与经济总量等式改写成如下形式：

$$y_t = z_t (u_t k_t)^a (x_t g_t)^b (n_t)^{1-a-b} \qquad (5-5)$$

$$\rho_A \rho_L k_{t+1} = (1-\delta_t) k_t + i_t \qquad (5-6)$$

$$y_t = i_t + c_t + g_t \qquad (5-7)$$

（二）各经济体最优化选择

1. 厂商

假设只有一种产品，并且将其价格标准化为 1，厂商通过卖出产品获得收益，但是需要为雇用的劳动支付工资和为租赁的资本付出利息和折旧费用，于是得到厂商的利润函数为：

$$\pi(n_t, k_t, u_t) = y_t - w_t n_t - (r_t + \sigma_t) k_t \qquad (5-8)$$

厂商通过选择雇用劳动 n_t、资本投入 k_t 和产能利用率 u_t 以期获得最大的利润 π，式中的 w 为单位有效劳动的工资率，r 表示出租资本所要求的回报率。

通过一阶条件来求解厂商的利润最大化选择：

$$\frac{\partial \pi}{\partial n_t} = 0 \rightarrow w_t = (1-a-b) z_t (u_t k_t)^a (x_t g_t)^b (n_t)^{-a-b} \qquad (5-9)$$

$$\frac{\partial \pi}{\partial k_t} = 0 \rightarrow r_t + \frac{1}{\omega} u_t^\omega = a z_t u_t (u_t k_t)^{a-1} (x_t g_t)^b (n_t)^{1-a-b} \qquad (5-10)$$

$$\frac{\partial \pi}{\partial u_t} = 0 \rightarrow u_t^\omega = a z_t u_t (u_t k_t)^{a-1} (x_t g_t)^b (n_t)^{1-a-b} \qquad (5-11)$$

2. 家庭

假设单个家庭将会提供 1 个标准单位的劳动，目的是使得自己终身的总效用最大化，其效用函数为：

$$U = \sum_{t=0}^{\infty} \beta^t \ln[c_t + \varphi \ln(1-n_t)] \qquad (5-12)$$

式中，$0 < \beta < 1$，表示时间的贴现率，c 为家庭的有效消费，$1-n$ 表示家庭的休闲，φ 则表示家庭对于消费和休闲偏好的相对程度。

代表性家庭效用最大化的问题为：

$$V(k_0, z_0) = \text{Max}\,(c_t, n_t)\,E_0\{\beta^t \ln[c_t + \varphi \ln(1 - n_t)]\} \tag{5-13}$$

政府部门的支出分为生产性支出与消费性支出两个部分，假定消费性支出是对家庭的补贴，同时，政府也会对家庭获得的资本租赁利息收入征税，则家庭的资本积累与消费的约束可以写为：

$$\rho_A \rho_L k_{t+1} = (1 - \delta_t)k_t + i_t = k_t + s_t \tag{5-14}$$

$$w_t n_t + (1 - \tau)r_t k_t + (1 - x_t)g_t = c_t + s_t \tag{5-15}$$

式中，τ 为政府对于家庭出租资本所得收益征收的税率，即 $\tau r_t k_t$ 表示 t 期政府对家庭的征税，$(1 - x_t)g_t$ 则表示政府支出中的消费性支出，$s_t = i_t - \delta_t k_t$ 为家庭的储蓄。

代表家庭的最优化问题为动态规划问题，由 Bellman 原理，加入限制条件，原最优化问题转化为如下的函数方程：

$$V(k_t, z_t) = \text{Max}\,(c_t, n_t)\{\beta^t \ln[(c_t + \varphi \ln(1 - n_t)] + \beta E_t V(k_{t+1}, z_{t+1}) +$$
$$\lambda_t [w_t n_t + (1 - \tau)r_t k_t + (1 - x_t)g_t - c_t - \rho_A \rho_L k_{t+1} + k_t]\} \tag{5-16}$$

利用动态规划原理以及包络引理，求得以下的一阶条件和横截面条件：

$$\lambda_t w_t = \frac{\varphi}{1 - n_t} \tag{5-17}$$

$$\lambda_t = \frac{1}{c_t} \tag{5-18}$$

$$\rho_A \rho_L \lambda_t = \beta E_t\{\lambda_{t+1}[1 + (1 - \tau)r_{t+1}]\} \tag{5-19}$$

$$TVC: \lim_{t \to \infty} \beta^t \lambda_t k_t = 0 \tag{5-20}$$

3. 政府

假设政府的支出 g_t 为一个外生冲击变量，并且将政府的支出分解为生产性支出 g_{it} 与消费性支出 g_{ct} 两个部分，将生产性支出占政府支出的比重定义为变量 x_t，则可以得到如下的关系：$g_{it} = x_t g_t$，$g_{ct} = (1 - x_t)g_t$。生产性支出作为政府政策性补贴的方式流入厂商的生产函数并影响其生产决策，消费性支出则作为政府对于家庭的补贴影响家庭的消费约束。

政府的政策性补贴对产能过剩的影响一直是学界研究的热点，特别是地方政府的过度补贴，大量的学者都将其作为产能过剩的一个主要成因，如江飞涛（2008）认为地方政府投资补贴扭曲企业投资行为，从而引起产能过剩。本书认为政策性补贴涉及中央政府和地方政府两个重要的角色，中央政府是产业补贴政策的制定者，其依据对产业的长期规划，确定总体的政策性补贴指导原则，将其指导意见下达给各地方政府；地方政府是产业政策的执行者，以中央政府产业补贴政策为标准，从自身利益角度出发，调整相应的政策性补贴比例并具体实施到实体经济之中。中央政府的政策性补贴更多地考虑产业长期发展，是对一段较长时期内产业补贴政策的规划，相对而言比较稳定；地方政府则在现有体制背景下，受到财政激励和政治晋升激励，往往在接到中央政府的产业政策性补贴指导原则后具有强烈动机追求短期的经济增长，并不完全按照中央政府的产业补贴政策指导去实施，形成了政策性补贴执行过程中的波动，进而影响相应厂商的生产行为从而导致产能过剩。

中央政府的产业补贴政策是一种长期的产业规划，如每个"五年计划"中确定相应的重点发展产业，更多的是作为一种政策指导，在相应时期内都以指标性质存在，相对而言是一种长期的稳态值。在模型中我们通过对生产性支出比例 x_t 的稳态值 x 的设定来体现，主要理由在于中央政府在制定政策性补贴比例时，考虑的是长期内的整体稳定水平，并不参与每一期补贴的具体实施，因此并不关注每一期 x_t 的具体数值，只制定其稳态值 x，当中央政府提高某一产业的政策性补贴时，生产性支出比例的稳态值也将相应上升；反之则稳态值降低。地方政府是产业政策性补贴的执行者，以中央制定的 x 为指导，出于自身利益的考虑，确定每一期 x_t 的具体数值。相对而言，地方政府在执行过程中有一定的自由裁量权，可以在中央政府的指导标准值一定区域内上下浮动，因此构成了政策性补贴实施过程中的波动，故本书将地方政府决定的生产性支出的比重 x_t 作为一个外生的冲击变量即政策性补贴冲击加入模型，具体的冲击形式与参数在模型的外生冲击部分设定。

（三）均衡状态

经济的均衡状态表现为劳动力市场与资本市场出清，我们将厂商、家庭和政府的最优选择综合在一起，为了方便讨论，将一部分方程进行简化，得到如下的均衡条件：

$$w_t = (1 - a - b) z_t (u_t k_t)^a (x_t g_t)^b (n_t)^{-a-b} = (1 - a - b) \frac{y_t}{n_t} \qquad (5-21)$$

$$r_t + \frac{1}{\omega} u_t^\omega = a z_t u_t (u_t k_t)^{a-1} (x_t g_t)^b (n_t)^{1-a-b} = a \frac{y_t}{k_t} \qquad (5-22)$$

$$u_t^\omega = a z_t u_t (u_t k_t)^{a-1} (x_t g_t)^b (n_t)^{1-a-b} = a \frac{y_t}{k_t} \qquad (5-23)$$

$$\frac{w_t}{c_t} = \frac{\varphi}{1 - n_t} \qquad (5-24)$$

$$\rho_A \rho_L \frac{1}{c_t} = \beta E_t \left\{ \frac{1}{c_{t+1}} \left[1 + (1 - \tau) r_{t+1} \right] \right\} \qquad (5-25)$$

$$\rho_A \rho_L k_{t+1} = (1 - \delta_t) k_t + i_t \qquad (5-26)$$

$$y_t = i_t + c_t + g_t \qquad (5-27)$$

$$y_t = z_t (u_t k_t)^a (x_t g_t)^b (n_t)^{1-a-b} \qquad (5-28)$$

其中，式（5-21）和式（5-24）表示劳动力市场的供需平衡决定均衡时的工资率与劳动投入；式（5-22）表示资本市场的均衡状态决定相应的资本收益率；式（5-23）则反映了均衡状态下厂商对于产能利用率的最优选择；式（5-25）为家庭跨期消费选择的欧拉方程；式（5-26）描述了资本积累的动态过程；式（5-27）和式（5-28）分别为社会产出的结构方程与厂商的生产函数。

三　模型参数的设置与校准

（一）数据来源及统计性描述

为了对模型的设定进行定性和定量的分析，需要对模型涉及的各项参数进行设置，继而通过数值模拟的方法研究经济的波动情况。参数的设置方法主要包括直接引用国外的研究成果和利用国内主要经济变量的历史数据进行校准两种方式。为了更好地拟合中国经济波动的特征，并考虑到中国经济特征的差异性，本书主要利用中国宏观经济主要经济变量数据序列，对模型涉及的参数进行校准识别，为之后的相关研究提供一个参考。

用于参数校准的数据主要来源于历年的《中国统计年鉴》，时间跨度为1978~2010年，主要包括年度支出法的国内生产总值、居民消费、资本形成总额、政府支出、年末从业人员等数据。考虑到价格因素的影响，国内许多研究都利用居民价格指数对名义数据进行平减，但是由于居民价格指数主要是根据与居民生活有关的产品及劳务价格统计出来的物价变动指标，并不完全适用 GDP 等数据，本书采取国内生产总值指数（1978 年=100）对支出法的国内生产总值进行平减处理得到实际值，为了保持数据处理的统一性，本书利用历年各变量的现价值计算其占名义 GDP 的比值，再利用平减后的 GDP 实际值，计算其他各变量的实际值。为了对模型中政府生产性支出比例的参数进行校准，我们参考了贾俊雪、郭庆旺（2010）的处理，利用 1978～2006 年国家财政支出结构的数据（2006 年之后财政支出结构口径发生了变动，为了获取更大样本的数据，故采用 1978～2006 年的数据），以扣除文教、科学、卫生事业费和国内外债务付息支出后的政府支出作为生产性支出的代理变量。数据的具体处理方法将在下文相应的环节具体表述。

评价模型模拟中国经济波动的好坏程度主要是通过模拟数据与真实数据的比较来判定，在实际计算中，需要先对各个宏观变量进行 HP 滤波处理，即先对各个宏观经济变量取对数，随后进行 HP 滤波处理（数据为年度数据，故平滑参数选取为 6.25），得到的波动成分即可以理解为各变量相对其自身长期趋势的百分比偏差，随后可以计算各个变量周期性成分的波动标准差以及与实际产出的相关系数。表 5－2 中，第二列为各主要变量波动成分的标准差，第三列为各变量的波动幅度相对总产出波动幅度的比例，大于 1 表示其波动幅度大于总产出的波动幅度，小于 1 则反之。通过分析产出与各变量不同滞后期的相关系数，可以判断宏观经济波动中各主要经济变量的周期性和其相对于产出的滞后或者先行关系，在 X（0）列的数值如果为正数，则表明此变量为顺周期变量，反之则为逆周期变量，绝对值越大，表明周期性越明显。在不同的滞后期之间比较，绝对值最大的数值所处列可以表示该变量对于产出的滞后或先行关系，比如在 X（-1）列绝对值最大，则表示此变量的波动先于产出的变动，即为产出的"先行变量"。反之，如果在 X（1）列绝对值最大，则为产出的"滞后变量"。从表 5－2 中可以看出，本书考虑的主要经济变量，资本存量、消费与投资都是顺周期变量，并且投资是产出的"先行变量"，这与前述我国经济波动的朱格拉周期波动特征相符。

表 5－2　实际数据的统计性描述

变量	标准差	相对标准差	产出与各变量不同滞后期的相关系数				
			X(-2)	X(-1)	X(0)	X(1)	X(2)
产出	0.0266	1.0000	-0.0657	0.5579	1.0000	0.5579	-0.0657
资本存量	0.0095	0.3571	-0.2737	0.2703	0.7396	0.7045	0.2953
消费	0.0293	1.1015	-0.311	0.3281	0.8867	0.6273	0.0480
投资	0.0470	1.7669	0.3637	0.7102	0.6969	0.0534	-0.3966

（二）基本参数

由于技术冲击并不是我们需要考虑的重点，我们将其确定性的稳态水平标准化为 1（即 $z = 1$），为了确定资本产出比，由于中国并没有资本存量的相关统计，我们借用 Goldsmith 于 1951 年开创的永续盘存法来计算历年的资本存量①，这就需要先确定折旧率。国际上一般认为大部分国家的资本折旧率在 4% ~5%（Hall and Jones，1999），国内对于资本折旧率的选取一般都参照这一经验数值，Young（2000）采用 6%，王小鲁、樊纲（2000）以及 Wang 和 Yao（2003）都采用了 5%，因此我们将稳态资本折旧率设定为 5%（即 0.05），继而通过永续盘存法计算历年的资本存量，并相应得到历年的资本产出比率，将 1978 ~2010 年所得数据的平均值作为资本产出比的稳态值。同理，对于政府支出产出比，用 1978 ~2010 年政府支出占国民生产总值比重的平均值作为政府支出产出比的稳态，对于政府支出中生产性支出的结构占比，本书将其作为产业政策补贴的一个代理变量，但是由于相关研究的文献较少，郭庆旺、贾俊雪（2010）选取的是基本建设支出占政府总支出比重的均值。通过查阅历年国家财政支出结构分类的历史数据，在 2006 年之前，国家财政支出主要分为基本建设支出、挖潜改造和科技三项费用、文教科学卫生事业费和国内外债务付息支出；2006 年之后，国家财政支出则主要分为一般公共服务、国防、教育、社会保障和就业、交通运输等。由于本书将政府支出分为生产性支出和消费性支出两方面，并且考虑到 2006 年后只有 5 年的数据，时间序列的跨度太短，于是我们采用 1978 ~2006 年国家财政总支出扣除文教科学卫生事业费和国内外债务付息支出后占国家财政支出的比例数据序列作为生产性支出占比的代理指标，计算其 1978 ~2006 年的平均值作为相应的生产性支出占政府支出比例的稳态值。

对于要素产出弹性的数值设定，一般都将中国的资本产出弹性设定为 0.5 左右，如陈昆亭、龚六堂（2004）将其设定为 0.5，黄赜琳（2005）等设定为 0.503 等，但是他们都没有考虑产能利用率对于资本产出弹性的影响，我们参考吴利学（2009）的相关研究，将其设定为 0.7；国内关于政府生产性支出的产出弹性的研究相对较少，我们依据郭庆旺、贾俊雪（2006）的研究将其设定为 0.15；由于假设生产函数是规模报酬不变的，因此可以得到劳动产出弹性为 0.15。

政府对于资本租赁的收益收税，对于税率的选择，我们参照实际企业所

---

① 用物质资本存量指标代表资本投入，假设 1978 年资本产出比率为 2，由 1978 年的产出得到资本存量，此后历年的资本存量计算公式为：$K_{t+1} = (1 - \delta)K_t + I_t$。

得税，将稳态税率水平设定为33%[①]；劳动时间则采用劳动者每一周平均劳动时间占非睡眠时间的比重来衡量，假设每天睡眠时间为 8 小时，考虑到一般工作者的工作时间都要高于 8 个小时的普遍值，我们将其设定为 8.5 个小时，每周工作 5 天，于是得到稳态时间为 0.3386。就业人数的增长率 ρ_L 由历年的就业人数数据可以算出，我们采用 1978~2006 年《中国统计年鉴》中历年的从业人员数据，计算出 ρ_L 的值为 1.0206；生产率增长率 ρ_A 则可由索洛余值方法（Solow，1957）来确定，相应的参数值我们参照吴利学（2009）的研究将其设定为 1.0555。

（三）稳态均衡解的确定

我们在基本参数设定中已经得到了稳态的资本产出比和资本折旧率，由方程（5-23）可以得到 $\omega = a\frac{y}{\delta k}$，继而得到稳态时的产能利用率 $u = (\omega\delta)^{\frac{1}{\omega}}$；利用已经得到的资本产出比、政府支出产出比、政府生产性支出结构比例、劳动投入和产能利用率，利用生产函数即可以得到稳态的产出为 $y = (\frac{uk}{y})^{\frac{a}{1-a-b}}(\frac{xg}{y})^{\frac{b}{1-a-b}}n$，继而可以得到稳态的资本投入 k 与政府支出 g。由方程（5-26）得出稳态投资为 $i = (\rho_A\rho_L + \delta - 1)k$，再利用方程（5-27）就可以得出稳态的消费为 $c = y - i - g$。为了确定稳态的工资率和资本租赁要求的收益率，利用方程（5-21）和（5-22）得出 $w = (1-a-b)\frac{y}{n}$ 和 $r = a\frac{y}{k} - \delta$。接着利用方程（5-24）和（5-25）得到时间贴现率和家庭对于消费和休闲偏好的相对程度为 $\beta = \frac{\rho_A\rho_L}{[1+(1-\tau)r]}$，$\varphi = \frac{w(1-n)}{c}$。

（四）外生冲击

除了技术冲击之外，我们主要考虑两种外生的冲击：政府支出冲击和政策性补贴冲击，将其冲击结构都设定为一阶自回归过程。对于技术冲击

[①] 中国税收体制和税率变化较大，1994 年税制改革前税利混征，并经历过两步利改税，改革后确定企业所得税的税率为 33%，2008 年后将税率调整为 25%。依据所选的时间段，我们认为稳态水平设为 33% 较为适合。

的研究，国内外已经有大量的文献做了相应的校准，我们参照主流的观点设定相应的参数，这里设定自相关系数和标准差分别为 0.8737 和 0.0202。对于政府支出冲击，为了确定相关系数和标准差，利用 1978 ~ 2010 年政府支出的数据①，先取对数，再利用 HP 滤波方法（平滑参数为 6.25）消除其时间趋势的影响，之后计算相应的自相关系数和标准差，将其作为冲击结构的系数和标准差。对于政策性补贴冲击，我们也采取类似的过程，但是由于并没有生产性政府支出占政府支出比重的数据，我们用 1978 ~ 2006 年国家财政总支出扣除文教科学卫生事业费和国内外债务付息支出后占国家财政支出的比例数据序列作为代理指标来计算。具体的冲击结构如下列方程所示：

$$\ln(z_{t+1}) = \rho_z \ln(z_t) + (1 - \rho_z)\ln(z) + \varepsilon_{t+1}^z \qquad (5-29)$$

$$\ln(g_{t+1}) = \rho_g \ln(g_t) + (1 - \rho_g)\ln(g) + \varepsilon_{t+1}^g \qquad (5-30)$$

$$\ln(x_{t+1}) = \rho_x \ln(x_t) + (1 - \rho_x)\ln(x) + \varepsilon_{t+1}^x \qquad (5-31)$$

式中的 z、g、x 分别代表生产技术（我们将其稳态值标准化为1）、政府支出和政策性补贴比例的稳态值，ρ_z、ρ_g、ρ_x 为相应的自相关系数，生产技术衡量较为复杂，需要利用生产函数方程回归后的残差计算，本书参考吴利学（2009）的研究，设置 $\rho_z = 0.8737$；通过方程（5-30）和（5-31），我们利用已有的数据进行回归分析，可以得到 $\rho_g = 0.9247$，$\rho_x = 0.9823$，ε^z、ε^g、ε^x 表示随机冲击，通过参考吴利学（2009）的数据以及方程（5-30）和（5-31）的回归结果，分别设置为 0.0202、0.0327 和 0.0857。将基本参数、稳态求解和外生冲击总结为表 5-3。

表 5-3　模型的参数设置及均衡稳态

偏好参数	β	φ						
	0.9685	0.6540						
产出弹性、折旧与税率参数	a	b	ω	δ	τ			
	0.7	0.15	4.3510	0.05	0.33			
稳态均衡值	y	k	n	c	i	u	w	r
	1.4690	4.7268	0.3386	0.6580	0.6013	0.7043	0.6507	0.1676

---

① 通过国内生产总值指数（1978 = 100）平减为实际值。

续表

增长率	ρ_A	ρ_L				
	1.0555	1.0206				
随机冲击结构						
稳态值	g	x	z			
	0.2098	0.6677	1			
自相关系数	ρ_g	ρ_x	ρ_z			
	0.9823	0.9247	0.8737			
标准差	σ_g	σ_x	σ_Z			
	0.0327	0.0857	0.0202			

四 模型的对数线性化与数值计算

（一）对数线性化简介

分析求解非线性动态随机模型的主要方法是利用对数线性化的方法将非线性化的等式近似地表征为对数线性化等式。主要原理是在稳态附近对方程进行一阶的泰勒展开，变量的对数偏差是线性的。

假设 X_t 为一严格的正值变量，t 表示时期，X 为其稳态值，则变量的对数偏差为 $x_t \equiv \ln X_t - \ln X$。注意到当 x 足够小时，$\ln(1+x) \approx x$，因此可以得出下式所列的关系，% change 表示变量相对稳态值的偏差，即可以利用变量的对数偏差近似地表示变量相对稳态偏差的百分比。

$$x_t \equiv \ln(X_t) - \ln(X) = \ln(\frac{X_t}{X}) = \ln(1 + \% \, change) \approx \% \, change$$

对于一般的等式，也可以利用对数线性化进行近似求解，假设有等式 $f(X_t, Y_t) = g(Z_t)$，X_t, Y_t, Z_t 都是为严格的正值变量，对于稳态值，显然也有等式 $f(X, Y) = g(Z)$ 成立。为了方便进行对数线性化，可以利用等式 $X_t = e^{\ln(X_t)}$ 对方程进行变形，随后对方程两边取对数即可以得到 $\ln[f(e^{\ln(X_t)}, e^{\ln(Y_t)})] = \ln[g(e^{\ln(Z_t)})]$，在稳态值 $[\ln(X), \ln(Y), \ln(Z)]$ 附近对该等式进行一阶泰勒展开，可以得到下式：

$$\ln[f(X,Y)] + \frac{1}{f(X,Y)}\left\{ f_1(X,Y)X[\ln(X_t) - \ln(X)] + f_2(X,Y)Y[\ln(Y_t) - \ln(Y)] \right\}$$

$$= \ln[g(Z)] + \frac{1}{g(Z)}[g'(Z)Z(\ln(Z_t) - \ln(Z))]$$

再利用前述对于变量相对稳态值偏差的表示方程，可以将上式进行简化，得到方程 $f_1(X,Y)Xx_t + f_2(X,Y)Yy_t = g'(Z)Zz_t$，由此即完成了对非线性方程的线性对数化。

（二）模型的对数线性化与计算结果

根据第三部分获得的参数校准，结合第二部分的均衡条件，我们即可以将模型在各变量的稳态值附近进行对数线性化以求解此非线性系统的动态过程。利用 King 等（1998）的方法，定义各变量在 t 时期偏离稳态的程度为 $\hat{V}_t = \ln(\frac{V_t}{V})$，$V$ 表示变量的稳态值，将均衡条件和冲击结构对数线性化，可以将方程（5-21）～（5-31）变为：

$$\hat{w}_t = \hat{y}_t - \hat{n}_t \qquad (5-32)$$

$$\hat{rr}_t = \omega(\omega-1)\delta\hat{u}_t \qquad (5-33)$$

$$\omega^2\delta\hat{u}_t = a\frac{y}{k}(\hat{y}_t - \hat{k}_t) \qquad (5-34)$$

$$\hat{c}_t = \hat{y}_t - \frac{1}{1-n}\hat{n}_t \qquad (5-35)$$

$$E_t(\hat{c}_{t+1}) - \hat{c}_t = \frac{\beta(1-\tau)r}{1+(1-\tau)r}E_t(\hat{r}_{t+1}) \qquad (5-36)$$

$$k\hat{k}_{t+1} = i\hat{u}_t + (1-\delta)k\hat{k}_t + \omega\delta k\hat{u}_t \qquad (5-37)$$

$$y\hat{y}_t = i\hat{u}_t + c\hat{c}_t + g\hat{g}_t \qquad (5-38)$$

$$\hat{y}_t = \hat{z}_t + a(\hat{u}_t + \hat{k}_t) + b(\hat{x}_t + \hat{g}_t) + (1-a-b)\hat{n}_t \qquad (5-39)$$

$$\hat{z}_{t+1} = \rho_z\hat{z}_t + \varepsilon_{t+1}^z \qquad (5-40)$$

$$\hat{g}_{t+1} = \rho_g\hat{g}_t + \varepsilon_{t+1}^g \qquad (5-41)$$

$$\hat{x}_{t+1} = \rho_x\hat{x}_t + \varepsilon_{t+1}^x \qquad (5-42)$$

通过对模型均衡条件的对数线性化，我们将模型简化为线性方程组，利用前述的参数设置以及校准结果可以将上述的线性方程组简化成如下的矩阵形式（由 $\hat{z}_{t+1} = \rho_z\hat{z}_t + \varepsilon_{t+1}^z$ 可以得到 $E_t\hat{z}_{t+1} = \rho_z\hat{z}_t$，后续两个等式同理）：

$$
\begin{bmatrix}
1 & 0 & 0 & 0 & 0 & 0 & 0 & 0 & 0 & 0 & 0 \\
-1 & 0 & -0.2175 & -1 & 0 & 0 & 1.4690 & 1 & 0 & 0 & 0 \\
1 & 0 & 0 & 1.5119 & 0 & 0 & 0 & 0.15 & 0 & 0 & 0 \\
0 & 0.1676 & 0.9466 & 0 & 0 & -0.0978 & 0 & 0 & 0 & 0 & 0 \\
0 & 0.7290 & 0.2175 & 0 & 1.0283 & 0 & 0 & -0.7 & 0 & 0 & 0 \\
0 & 0 & 0 & 0 & 4.4905 & 0 & 0 & -0.7 & 0 & 0 & 0 \\
0 & 0 & 0 & 0 & 0 & 0 & 0 & 0 & -0.6580 & 0 & 0 \\
0 & 0 & 0 & 0 & 0 & 0 & 0 & 0 & 0.6013 & -0.6013 & 0 \\
0 & 0 & 0 & 0 & 0 & 0 & 0 & 0 & -1 & 0.8737 & 0 \\
0 & 0 & 0 & 0 & 0 & 0 & 0 & 0 & -0.2098 & 0 & 0.9823 \\
0 & 0 & 0 & 0 & 0 & 0 & 0 & 0 & -0.15 & 0 & 0.9247
\end{bmatrix}
\begin{bmatrix}
\hat{w}_t \\ \hat{y}_t \\ \hat{n}_t \\ \hat{r}_t \\ \hat{u}_t \\ \hat{k}_t \\ \hat{c}_t \\ \hat{i}_t \\ \hat{z}_t \\ \hat{g}_t \\ \hat{x}_t
\end{bmatrix}
=
$$

$$
\begin{bmatrix}
0 & 0 & 0 & 0 & 0 & 0 & 0 & 0 & 0 & 0 & 0 \\
0 & 0 & 0 & 0 & 0 & 0 & 0 & 0 & 0 & 0 & 0 \\
0 & 0 & 0 & 0 & 0 & 0 & 0 & 0 & 0 & 0 & 0 \\
0 & 0 & 0 & 0 & 0 & 0 & 0 & 0 & 0 & 0 & 0 \\
0 & 0 & 0 & 0 & 4.7268 & 0 & 0 & 0 & 0 & 0 & 0 \\
0 & 0 & 0 & 0 & 0 & PE_t & 0 & 0 & 0 & 0 & 0 \\
0 & 0 & 0 & 0 & 0 & 0 & 0 & 0 & 0 & 0 & 0 \\
0 & 0 & 0 & 0 & 0 & 0 & 0 & 0 & 0 & 0 & 0 \\
0 & 0 & 0 & 0 & 0 & 0 & 0 & 0 & 1 & 0 & 0 \\
0 & 0 & 0 & 0 & 0 & 0 & 0 & 0 & 0 & 1 & 0 \\
0 & 0 & 0 & 0 & 0 & 0 & 0 & 0 & 0 & 0 & 1
\end{bmatrix}
\begin{bmatrix}
\hat{w}_{t+1} \\ \hat{y}_{t+1} \\ \hat{n}_{t+1} \\ \hat{r}_{t+1} \\ \hat{u}_{t+1} \\ \hat{k}_{t+1} \\ \hat{c}_{t+1} \\ \hat{i}_{t+1} \\ \hat{z}_{t+1} \\ \hat{g}_{t+1} \\ \hat{x}_{t+1}
\end{bmatrix}
$$

我们将其简单写为 $AX_t = BE_tX_{t+1}$，其中 $X_t = (\hat{w}_t\ \hat{y}_t\ \hat{n}_t\ \hat{r}_t\ \hat{u}_t\ \hat{k}_t\ \hat{c}_t\ \hat{i}_t\ \hat{z}_t\ \hat{g}_t\ \hat{x}_t)^T$，如果系数矩阵 B 可逆，即可以将 $AX_t = BE_tX_{t+1}$ 变化为 $E_tX_{t+1} = B^{-1}AX_t$，随后即可以通过 Blanchard 和 Kahn 方法来完成求解。但是在实际情况中，系数矩阵 B 并不一定可逆，为了得到满足 Blanchard 和 Kahn 形式的差分系统，就需要通过矩阵的 QZ 分解进行转换，具体的过程涉及繁杂的数学推导，不在此赘述。本书主要利用 Stéphane Adjemian 和 Sébastien Villemot 编写的 Matlab 插件 Dynare 程序，将本书建立的模型和参数设定编译为相应的 Dynare 程序，利用 Matlab 软件计算模拟经济波动的动态过程并对模型对于经济波动的解释力进行检验。我们需要先来评价所建立的 RBC 模型的优劣程度，评估 RBC 模型好坏的一种办法是比较模型经济波形与实际波形是否有一致的波动特征，如 Stock 和 Watson（1999）所做的 70 余幅波形比较图，讨论美国经济中各种经济总量之间的关系。另一种办法是比较模型经济与实际经济各变量之间矩的一致性，这种判别标准是常用的和被广泛接受的（陈昆亭、龚六堂，2004）。我们利用第二种方法来对所建立的 RBC 模型进行评价。为了考察模型对于经济波动的解释程度，我们先将产出、资本存量、投资和消费的实际数据对数化，利用 HP 滤波消除时间趋势，之后计算相应的标准差并与模拟数据的标准差相比较，以确定模型的解释力，随机冲击模拟结果的主要统计特征如表 5 - 4 所示，其中解释程度由模拟值的标准差与实际值的标准差的比值来衡量，相对标准差是指变量的标准差相对于产出标准差的比值。

表 5 - 4　数值模拟结果统计性描述

变量	解释程度（%）	实际值		模拟值		与产出的相关系数	
		标准差	相对标准差	标准差	相对标准差	实际值	模拟结果
产出	89.10	0.0266	1.0000	0.0237	1.0000	1.0000	1.0000
资本存量	93.68	0.0095	0.3771	0.0089	0.3755	0.7396	0.5320
消费	95.22	0.0293	1.1015	0.0279	1.1772	0.8867	0.9543
投资	60.21	0.0470	1.7669	0.0283	1.1941	0.6969	0.9845

数值模拟的结果显示，模型较好地解释了实际经济的波动情况，从解释程度上来看，模型可以解释 89.10% 的产出波动、93.68% 的资本存量波动、95.22% 的消费波动和 60.21% 的投资波动。从交叉相关系数来看，模型对于各变量与产出波动协同效应的捕捉也较为正确，资本存量、消费与投资都

是高度顺周期的。从相对标准差的结果可以看出，1978～2010 年相对于产出波动，波动程度最大的是投资，消费次之，资本存量的波动程度最小，也就意味着相对而言，中国各主要经济变量中，投资的波动是整个宏观经济波动的主要体现，居民消费则一直保持在相对稳定的状态，资本存量主要是由新增投资与折旧后的资本共同构成的，与投资波动相比，存在一定的惯性，故波动程度要低于投资和居民消费。由于我们把政府支出作为一个外生的冲击，所以无法评价模型对于政府支出的解释程度，并且由于对于产能利用率的设定相对简单，并不能完全符合现实的实际情况，对于实际经济的解释，还有许多可以改进的空间。

五　政策冲击分析

造成中国经济波动的原因多种多样，我们以实际商业周期的动态随机一般均衡方法为框架，主要考虑技术、政府支出和政策性补贴三个外生冲击对于经济活动中主要变量的影响，特别是对产能利用率的影响。利用已经得到的结构模型，我们利用方差分解技术和脉冲响应函数分析各种冲击的波动效应。

（一）方差分解

通过方差分解，我们可以得到三种外生冲击对经济活动中主要经济变量波动的贡献结构，如表 5－5 所示，技术冲击对各主要经济变量的波动起着最为重要的作用；但是政策性补贴的冲击影响也是相当明显的，对于宏观经济中各主要经济变量都有一定程度的作用，特别是对居民消费和生产企业的产能利用率的影响较大，由于政策性补贴将会同时影响居民的约束条件和企业的生产经营决策，对这两个变量的波动贡献较大，分别贡献了 18.70% 和 14.11%，对于产能利用率的贡献度较为明显，也与政府各项产业政策所导致的投资潮涌现象相符；相对而言，政府支出的冲击影响较小，特别是对于产出和产能利用率的影响，相较于其他两种冲击几乎可以忽略不计。主要是由于一方面政府支出较为稳定，各个经济主体对于其一般都有着较为准确的预期；另一方面，政府支出并不直接作用于各个经济主体的决策，需要通过其结构比例进行间接的影响，所以其对于宏观经济波动中各经济变量波动的贡献程度要远远低于技术冲击以及政策性补贴的冲击。

表 5 – 5　方差分解结果

单位：%

主要经济变量		y	c	k	i	u
方差分解	技术冲击	84.99	77.92	88.73	90.37	85.29
	政府支出冲击	0.67	3.38	0.04	0.00	0.61
	政策性补贴冲击	14.35	18.70	11.24	9.63	14.11

（二）脉冲响应函数

脉冲响应函数主要用来考虑当稳态经济受到某种外生冲击时，通过模型来模拟各经济变量相对于稳态的持续变化过程，从而反映各项冲击作用的方向、大小及持续时间，我们下面通过三种冲击的脉冲响应函数来分析各冲击对经济活动中主要变量的影响，特别是分析对产能利用率的影响效果。

1. 技术冲击

如果技术水平在初期受到外生冲击突然提高 1%，则如图 5 – 4 所示，宏观经济的主要变量总产出、资本存量、居民消费和投资等经济变量都在当期有所提高。其中投资的反应最为迅速和强烈，当期会提高 0.03% 左右，之后迅速回落，经过大约 100 期逐步回归到长期稳态水平；居民消费会在受到冲击后逐步提高，从初期提高 0.024% 左右经过 10 期达到峰值 0.325% 左右，随后逐步下落，在 120 期左右回归到长期稳态水平；总产出水平对于冲击的反应相对缓慢，由于其主要组成为居民消费和投资，受到冲击的影响程度介于两者之间，呈现初期提高后逐步下降的态势，在 110 期左右回归到长期稳态水平；资本存量是一个累加的变量，虽然投资水平逐年下降，但是在前 15 期依旧处于高位，所以资本存量在前 15 期仍然呈现一个上升的趋势，随后开始逐年下降，大约经过 120 期可以回归到长期稳态水平。观察技术冲击对于产能利用率的影响，在技术水平初期提高 1% 后，产能利用率会有一个短期的迅速提高，即在短期内并不会造成产能过剩的现象，但是产能利用率提高的态势并不持久，从第 8 期左右即恢复到原先水平，并在之后低于最优的产能利用率，逐步开始出现产能过剩的情况，技术冲击对于产能利用率的影响持续时间较长，大约需要 110 期才会回归到长期最优水平，产能过剩的现象将会持续一个较长的时期。这意味着技术冲击虽然会造成产能过剩的现象，但是往往存在一定的时滞，我们认为这可以理解为当某项新技术出现时，会有大量的厂商和资本涌入此行业，初期会有生产能力的大幅提升，但是投资热潮之后，大量同质产品在市场上涌现，供给超过需求，厂商又将纷纷降低其生产率，从而形成长期的产能过剩现象。由于技术的创新一般而言不作为政府控制的变量，面对由技术冲击导致的产能过剩，政府可以提高相应产业的进入壁垒，避免大量的企业进入导致的过度竞争与重复建设，对投资的潮涌进行一定的引导。

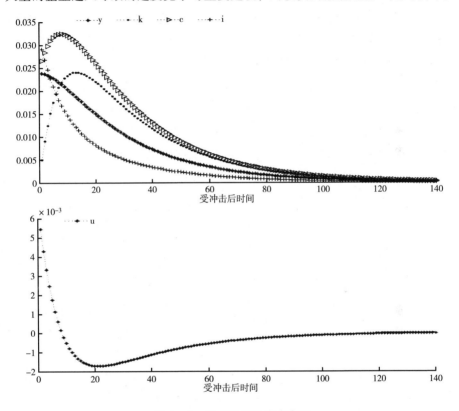

图 5 - 4　技术冲击脉冲响应图

2. 政府支出冲击

接着我们通过脉冲响应图观察政府支出冲击对宏观经济各变量的影响，总体而言呈现影响力度较小但是持续时间较长的特点。当初期政府支出突然提高 1% 时，与技术冲击类似，投资的反应力度最为强烈和迅速，在初期有所提高后就逐步回落，大约需要经过 120 期的时间回落到长期稳态水平（见图 5 - 5）。居民消费则在受到政府支出冲击后迅速减少，低于长期稳态水平，这可以理解为在社会总体消费水平一定的情形下，政府支出和居民消费共同构成了最终消费，二者之间是此消彼长的关系，政府支出的提高对于居民的消费存在一定的挤出效应，故其突然的提高会导致居民消费的减少，是"国进民退"的典型体现。从图5-5中可以看出，即使经过了140期，居民消费依然没有恢复到长期稳态水平，我们通过延长脉冲响应的时限发现，其恢复到长期稳态水平大约需要250期，但是受限于本书篇幅，不再列示相应的图表。政府支出冲击对于总产出水平的影响同样介于投资和居民消费之间，影响的持续时间与居民消费相似，大约也需要250期。与技术冲击不同的是，政府支出的冲击一直对产能利用率具有正向的作用，政府支出的偶然增加并不会导致产能过剩现象，虽然会在短期内提升产能利用率，但是由于其幅度较小，并不会引致大量的投资行为，大约持续120期即回归稳态。我们认为由于不存在政府支出结构的变动，支出的增加一方面用于生产性支出，从而增加了产能，即提升了供给水平；但是另一方面也增加了消费性支出，同样提升了需求水平，并没有造成剧烈的供给水平和需求水平的不平衡增长，因此并不是产能过剩的主要冲击原因。

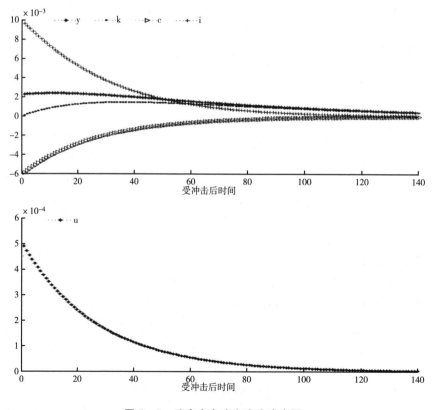

图5-5　政府支出冲击脉冲响应图

3. 政策性补贴冲击

观察政策性补贴的冲击可以看出，如果地方政府政策性补贴在期初有 1% 的提升，宏观经济的各个主要变量都会有不同程度的提高，投资水平会在期初大幅提升后逐年减少，大约在 110 期恢复到长期稳态水平，特别是在前 20 期的时间里，投资都保持在较高的水平，这意味着地方政府政策性补贴的突然提高会拉动大量的投资，这与我们先前对地方政府有较强动机推动投资发展经济的判断相符（见图 5-6）；资本存量是一个累加概念，虽然投资是下降的，但由于前 20 期投资水平较高，资本存量仍然呈现上升的趋势，20 期之后才会随着投资的下降而逐步下降，具有一定的滞后性，大约需要经过 120 期才会恢复到长期稳态水平；居民消费受到的影响与资本存量较为相似，大约经过 10 期时间的增长达到顶峰，随后开始逐步滑落，大约经过 120 期恢复到长期稳态水平；总产出水平的变动同样介于消费与投资之间，期初有一定的上升，之后就开始逐步回落，也大约在 120 期后回归稳态。

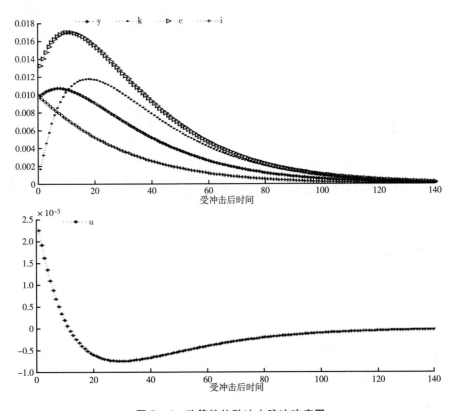

图 5-6　政策性补贴冲击脉冲响应图

综上所述，地方政府政策性补贴的正向冲击短期内主要通过对投资和消费的带动提升产出，中长期产出的变动则取决于消费和资本存量的变动。考虑到前文中地方政府短期内追求经济效益的财政激励和政治晋升激励，模型显示短期的政策性补贴提高可以达到地方政府的目的，下面需要通过分析模型中政策性补贴冲击对产能利用率的影响来检验地方政府行为是否会导致产能过剩的加剧。从产能利用率对地方政府政策性补贴冲击的脉冲响应图可以看出，期初 1% 水平地方政府产业政策性补贴的增加使得厂商的产能利用率短期内大幅提高（在前 10 期都超过稳态水平），市场供给短期内大幅提升，后期则由于供给失衡迅速回落，并在长期处于稳态值以下，形成产能过剩，即地方政府短期的政策性补贴波动是造成产能过剩的一个重要原因。

4. 不同产能利用率稳态值下的政策性补贴冲击比较

前文我们提到中央政府作为政府产业补贴政策的制定者，主要是负责制定生产性支出比例 x_t 的稳态值 x，地方政府则作为产业补贴政策的实施者，具体确定每期的生产性支出比例 x_t。为了分析中央政府在产能过剩现象和经济波动中扮演的角色，我们分别将模型中生产性支出比例 x_t 的稳态值 x 更改为 0.5 和 0.9（原模型的参数值为 0.6677），并相应重新设置其他参数，分别代表中央政府降低产业补贴（图 5 - 7 中的 recession，参数为 0.5）、保持产业补贴（图 5 - 7 中的 normal，参数为 0.6677）、提高产业补贴（图 5 - 7 中的 boom，参数为 0.9），利用新的模型得到相应情况下地方政府政策性补贴冲击的脉冲响应函数图。可以明显看出，如果中央政府制定的产业补贴比例提高，地方政府的操作空间更大，短期内厂商的产能利用率提升的幅度更大，同时长期的产能过剩现象也更为严重；如果中央政府制定的产业补

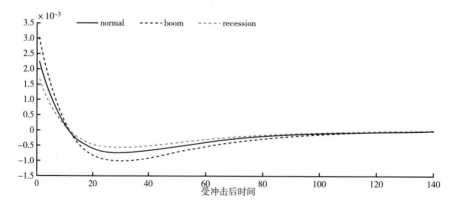

图 5 - 7　不同产能利用率稳态值下的政策性补贴冲击脉冲响应图比较

比例降低，则出现相反的结果。中央政府的决策在产能过剩和经济波动中更多是扮演一种信号指导的角色，因此中央政府不仅需要在制定产业补贴政策时更加审慎，还需要逐步地消除地方政府依据产业补贴政策具体实施时的偏离冲动。

六　主要结论

近年来中国实际商业周期波动问题和产能过剩问题一直是经济研究的热点领域，但是现有成果对于二者的研究大多是相互独立的，为此，本书在深入研究产能过剩的判断概念和成因的基础上，提取资本利用率（产能利用率）的概念并将其引进真实商业周期模型，以填补将两个问题综合研究的空白。

通过引入产能利用率 RBC 模型对中国经济波动的数值模拟，本书构建的模型可以解释 1978～2009 年中国总产出波动的 62.75%、资本存量波动的 74.04%、消费波动的 69.08%、投资波动的 61.9%，总体解释力是比较好的。利用这一模型的脉冲响应函数发现，政策性补贴加大会更快形成产能过剩，从而对主要宏观经济变量产生影响；方差分解分析进一步验证了这一结论：政策性补贴的变化和外生的随机冲击对产能过剩和宏观波动影响不相上下，都构成产能利用率和中国经济波动的主要原因，其中在投资增量的波动中，政策性补贴的影响更是成为最主要因素。缓解中国经济波动中产能过剩顽疾的根本途径，还是应该着力改善地方政府的激励机制，减少其进行政策性补贴的冲动。

第六章
投资补贴、产能过剩与工业经济效率的恶化

一　问题的提出

改革开放以来的 30 余年里，中国工业经济持续、快速增长。2011 年，中国的工业产值已跃居世界第一位，被称作"世界工厂"。[①] 在中国工业经济持续快速增长的过程中，政府扮演着极为重要的角色。虽然改革开放以来市场的作用显著增强，但政府仍是主导中国工业经济发展的重要力量。2003 年以来，政府的这种主导作用进一步加强，主要反映在以下两个方面：一方面，政策部门强化了干预型产业政策运用，对微观经济的干预更为广泛、细致与直接，试图进一步主导工业经济发展的总体方向（江飞涛、李晓萍，2010）；另一方面，地区对于工业投资的招商引资竞争加剧，各级地方政府纷纷利用低价供地、压低资源价格、财政补贴等手段，推动本地工业资本的积累和工业经济增长（陶然等，2009）。在这种工业经济增长方式下，政府推动了工业投资规模的高速增长，并成为驱动工业经济增长的主要力量。然而，这种工业增长方式的可持续性引起了社会各界的高度关注与广泛担忧。质疑者认为，这种发展方式一方面会导致制造业过度投资与产能过剩、生态环境的恶化、土地和资源使用的低效率（陶然等，2009；周黎安，2007），另一方面它还会在宏观经济层面导致消费与投资日趋严重的结构性失衡，国内市场消费需求相对不足，对外部市场的依赖程度不断提高（柳庆刚、姚

---

① 通过国内生产总值指数（1978 = 100）平减为实际值。

洋，2012）。

亦有研究认为，这种增长方式具有合理性且可能在比较长的一段时间内具有可持续性。世界银行（2006）指出，中国工业企业平均资产回报率在1998～2005年期间快速增长，2005年中国工业企业平均净资产回报率（税前）超过15%。宋国青等（2007）从微观角度估算了1978～2006年期间中国工业企业资本回报率，其计算结果表明，1998年之后资本总回报率强劲上升，到2006年已上升至20.3%。卢峰（2007），单豪杰、师博（2008），黄先海、杨君（2012）的测算结果基本支持宋国青等（2007）的结论。白重恩等（2007）、黄先海等（2011）研究得出的中国全社会资本回报率的变动趋势亦与以上研究的结论一致。这些研究表明1998年以后，中国工业资本回报率快速上升，到2006年前后，中国工业资本回报率已升至比较高的水平，这隐含着一个重要结论，即中国工业投资的高速增长以及在其驱动下的工业经济快速增长是具有可持续性的。

本书将对中国工业经济发展中存在的上述问题和争论，从动力机制的角度着手展开具体的理论和实证分析，并就资本产出效率问题展开进一步讨论。进而从中国工业发展的体制和模式这一深层次问题出发，详细解析增长动力减弱和效率恶化问题形成的根本原因。

二　方法与数据

（一）增长来源的核算方法

增长核算的方法总体上可以分为两种：一是基于统计资料直接给定生产函数中要素产出弹性的参数值，进而利用生产函数求出作为产出与投入之间余值的全要素生产率（Total Factor Productivity，以下简称 TFP）；二是基于样本数据，通过计量方法来估算生产函数中的参数和 TFP，在获得了要素弹性和 TFP 的基础上，可进而估计各种投入和 TFP 对增长的贡献。由于缺乏包含足够样本数量的历史数据，本书在分析 1978 年以来的时间序列数据时将采用第一种方法。为了克服其参数设置可靠性的问题，本书将对生产函数的设置进行探索性分析，在柯布－道格拉斯生产函数的基础上就不同的弹性设置进行模拟。而对于 21 世纪以来，即 2001 年之后的情况，本书将基于分省面板数据对参数进行估计，并将其结果与前者相对照。具体而言，经

Hausman 检验，本书将生产函数计量模型设定为超越对数形式的面板固定效应模型，这种相对更为灵活的生产函数形式有助于本书捕捉要素弹性的跨期变化。其具体的函数形式为：

$$\ln Y_{it} = \beta_0 + \beta_i id + \beta_K \ln K_{it} + \beta_L \ln L_{it} + \beta_{KK}(\ln K_{it})^2$$
$$+ \beta_{LL}(\ln L_{it})^2 + \beta_{KL} \ln K_{it} \cdot \ln L_{it} + \beta_t year + u_{it} \qquad (6-1)$$

式中，K、L 分别表示固定资产和人力资本存量；$year$ 为各个年份的虚拟变量集合，表示不同年份相对于 2001 年的技术水平；id 为各个省份的虚拟变量集合，用于衡量不同省份的技术水平差异；各个系数 β 为待估参数；脚标 i 为省份标示，t 为年份；u_i 为误差项。为了克服模型的序列相关、截面相关和异方差问题，本书将采用 DKSE（Driscoll-Kraay Standard Errors）估计。在上述估计结果的基础上，本书将利用武鹏（2013）提供的方法对工业增加值增长的因素展开量化分解。

（二）指标选择与数据来源

1. 时间序列数据

本书基于时间序列数据的考察时段为 1979 ~ 2012 年。本书以国内生产总值（GDP）核算中的工业增加值来度量工业部门的产出，并使用工业品出厂价格指数对该指标进行了以 2000 年价格为基准的平减，相关数据主要来源于《中国统计年鉴 2013》和《新中国六十年统计资料汇编》。工业生产的要素投入包括资本和劳动两项。其中，劳动投入选用就业人员指标来度量，该组数据的得到经过以下过程的加工：《中国统计年鉴》提供了历年第二产业的就业人员数据，其为工业与建筑业从业人员数量的加总，为此，本书需要从中剔除建筑业就业人员部分——建筑业就业人员数据可由历年《中国统计年鉴》中相关"建筑业"部分查询得到。当然本书也注意到，劳动要素的合意度量应兼顾数量与质量，即应以人力资本存量来代表劳动力数量指标。但基于时间序列的数据难以满足这一要求，对此，本书将在面板数据的分析中利用 2001 年后新发布的统计指标予以完善。

由于没有逐年的覆盖全国范围的资产清查，本书将通过永续盘存法来估算工业部门的资本存量。鉴于对该方法的介绍在既有文献中已较为常见，本书此处不再赘述，下面将主要就指标来源予以说明。其中，1979 年的基年资本存量可由《中国工业经济统计资料：1949 ~ 1984》中国有和集体所有制的工业企业固定资本净值加总后直接得到，以当年价格计为2629.7亿元，经基于2000年价格的平减后为9089.1亿元；在投资流量方面，本书将利用《中国统计年鉴》和《中国固定资产投资统计资料（1950～1985）》中分地区的新增固定资产来度量；在折旧率方面，本书根据单豪杰（2008）的研究，将建筑的折旧率设置为8.12%，设备的折旧率设置为17.08%；投资价格指数本书采用《中国国内生产总值核算历史资料（1952～2004）》提供的固定资本形成价格指数，对于缺省的2005年以后部分，本书采用固定资产投资价格指数进行替代。最后，经过价格平减处理，本书计算得出了基于2000年不变价格的工业部门资本存量。

2. 面板数据

本书的面板数据样本为中国2001～2011年30个省份的规模以上工业数据，西藏自治区由于相关统计资料缺失较多而未纳入本书的考察样本。2012年的分省数据统计未公布产出和劳动指标值，下文计算过程中本书将基于2001～2011年数据通过双指数平滑方法递推要素弹性。本书选取工业增加值作为产出项，资本和劳动作为投入项。其中，分省的工业增加值在2008年以后未作统计，对此本书用邻近的2007年的工业增加值率乘以数值缺失年份的工业总产值来获得工业增加值数据。资本以工业企业的固定资产总额表示。固定资产总额在公开的统计资料中亦没有给出，本书根据下式加以计算：

$$K_T = K_0 + \sum_{t=1}^{T} \frac{K_t}{P_t} \qquad\qquad (6-2)$$

其中，K_T为第T年的固定资产总额；K_0为2000年的固定资产净值年平均余额，ΔK_t为第t年固定资产净值增加量，P_t为以2000年为基期换算的第t年的固定资产投资价格指数。

在劳动投入方面，受资料可得性的限制，现有利用公开统计资料的相关研究文献大多采用"全部从业人员年平均人数"这一指标，这使得在计算过程中劳动者人力资本的积累被划入TFP之中，以致在一定程度上高估了TFP的增长率。而含有较丰富人力资本相关度量指标的调查数据，往往受调查成本限制，缺乏广泛的地域覆盖性和跨越较长时期的连续性。对此，本书将利用各地区从业人员平均受教育年限来近似代表各地区工业企业从业人员的人力资本水平，并将其乘以从业人员年平均人数来衡量总的劳动投入。

　　与固定资产净值年平均余额一样，工业增加值按各地区工业品出厂价格指数以 2000 年为基期换算成了不变价格。上述所用到的数据均来源于历年《中国工业经济统计年鉴》《中国统计年鉴》《中国劳动统计年鉴》和《中国经济普查年鉴 2004》。

（三）数据初步展示

　　本书根据上述处理得到的中国工业部门投入产出数据，以及由此加工得到的人均产出和人均资本数据。为了形象展示逐年演进的情况，本书将三项产出投入指标的增速和人均产出、人均资本指标汇总制成了图 6 - 1。

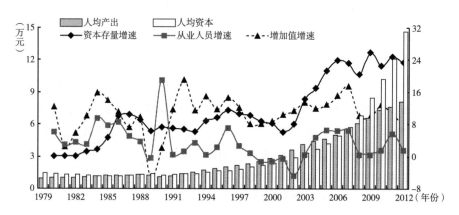

图 6 - 1　1979～2012 年中国工业部门历年产出和要素投入的演进情况

　　根据图 6 - 1 的内容，本书可以直观地得出以下几点认识：①改革开放以来，中国工业部门的规模成长非常迅速。工业增加值和资本存量的年均增速分别达到 10.71% 和 11.28%，从业人员数量虽然在 1989 年和亚洲金融危机后的通缩期间有所下降，但总体上依然维持了 3.48% 的年均增长率。1979～2012 年间，中国工业部门的增加值、资本存量和从业人员数量分别扩大了 24.92 倍、29.61 倍和 1.99 倍。②改革开放以来，中国工业部门在成长过程中表现出了显著的资本深化特征。从业人员数增速较之工业增加值增速、资本存量增速的过于缓慢，使得人均产出和人均资本均呈现较快的增长速度。1979～2012 年，两者分别扩大了 7.67 倍和 9.24 倍。这实际上意味着，中国工业部门曾经经历了一段长期的动态转移过程，要素边际产出递减的力量尚未在现实中得到充分显示。理论上，造成这一现象的原因在于：中国工业部门在改革开放之初处于一个非常落后的起点——资本严重稀缺、技术水平普遍落后；体制改革所释放的生产积极性和技术引进、模仿所带来的全要素生产率的不断进步。③2003 年之后，中国工业部门资本存量和人均资本的增速越来越快于工业增加值和人均产出的增速，要素产出边际递减的约束日益显现。理论上，上述现象出现的原因如下：一是随着逐渐靠近世界技术前沿，既往依靠技术引进和模仿途径改进 TFP 的空间日趋狭小；二是体制改革速度的放慢也限制了制度激励作用的持续发挥；三是体制扭曲背景下地方政府以各种优惠政策为手段的招商引资竞争加剧，扭曲了企业的投资行为，不利于效率的改进。进而，工业经济的 TFP 增速放缓，要素边际递减的力量随之显现。这从客观上也意味着，中国工业部门的快速发展已无法继续依赖横向规模扩张的传统路径，而必须通过创新驱动产业转型升级与效率提升，为未来长期的持续较快发展提供支撑。

三　实证结果与分析

（一）改革开放以来工业部门 TFP 的变动趋势

本书首先利用 C – D 生产函数对中国工业部门的 TFP 进行探索性的核算。具体地，本书将资本弹性 α 分别设置为 0.25、0.3、0.4、0.5、0.6、0.75、0.9 七组固定参数值进行了模拟。这样做的理由在于：在发达工业化国家，劳动相对于资本是稀缺的，或者说资本是丰裕的，因此，资本价格下降极快，如孙文凯等（2010）比较了中国与美国、日本的资本回报率，发现中国的资本产出比要低于上述两国，而资本回报率高于上述两国，因此本书取资本丰裕的美国的资本产出弹性 0.25 作为参数下限；综合郑京海等（2008）、Romer（1987）等研究，资本产出弹性在实证计量估计中有可能表现得很高，根据他们的实证结果本书将资本产出弹性的参数上限设置为 0.9。为给上述参数值以比较的基准，本书依据要素等边际产出的原则将资本产出弹性设置为 $\alpha^* = k/（1+k）$ 并进行了模拟。下面，本书将加权计算得出的中国工业部门 1979~2012 年的 TFP 增速的模拟结果制作成图 6-2。其结果表明，弹性取值对于 20 世纪 90 年代中期以前的工业增长核算影响较小，但其后，核算结果对弹性取值的敏感度不断增强。这说明，对于早期的数据可直接采用给定要素弹性的方式进行核算，但对于近期的数据则必须转而探求其他更为稳健的方法进行核算。

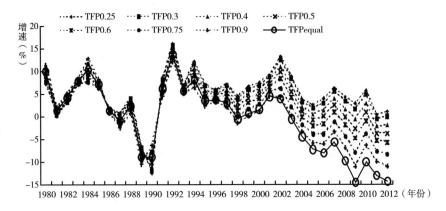

图 6 - 2　1979 ~ 2011 年中国工业部门历年 TFP 增速的模拟

下面本书将继续展示 2002 ~ 2011 年基于分省面板数据的核算结果。在式（6 - 1）基础上本书估计得到了表 6 - 1。其中，所有参数的估计结果均在 1% 的显著性水平下高度显著，R^2 和 F 检验表明模型的整体拟和效果较好。整体来看，年份虚拟变量的系数在 2002 ~ 2009 年逐年递增，此后开始转为下降。这表明此时期内中国工业的技术进步趋势已开始逆转。进一步，如果将分省的权重考虑进来，技术进步的下降拐点还将出现得更早，这具体可参见表 6 - 2。另外，资本平方项和劳动平方项的估计系数均为负且取值接近，但由于物质资本增长速度要快于人力资本，这意味着资本的产出弹性具有不断下降的趋势，也即资本的边际产出下降速度加快。

表 6 - 1　2002 ~ 2011 年中国工业生产函数模型的估计

变量	系数	估计值	t 值
截距	β_0	- 9.723 ***	- 8.46
$\ln K$	β_K	0.788 ***	3.81
$\ln L$	β_L	2.540 ***	7.2
$(\ln K)^2$	β_{KK}	- 0.092 ***	- 2.83
$(\ln L)^2$	β_{LL}	- 0.251 ***	- 6.41
$\ln K \cdot \ln L$	β_{KL}	0.196 ***	3.54
$year2002$	β_{2002}	0.094 ***	3.04
$year2003$	β_{2003}	0.184 ***	5.71
$year2004$	β_{2004}	0.333 ***	8.92
$year2005$	β_{2005}	0.485 ***	11.54
$year2006$	β_{2006}	0.604 ***	12.16
$year2007$	β_{2007}	0.731 ***	12.79

续表

变量	系数	估计值	t 值
year2008	β_{2008}	0.742 ***	11.08
year2009	β_{2009}	0.843 ***	11.39
year2010	β_{2010}	0.824 ***	10.01
year2011	β_{2011}	0.664 ***	5.23
R^2		0.978	
F 值		844.73 ***	

注：*** 、** 分别表示在 1% 和 5% 的显著性水平下通过了统计检验。

（二）工业经济增长的动力机制的演变与工业经济效率的恶化

根据上述方法本书计算了中国改革开放以来资本、劳动和 TFP 对工业经济增长的贡献情况，其中 2001 年之前的资本和劳动产出弹性分别设置为 0.5，之后的要素弹性来源于对面板数据的估计。表 6 - 2 给出了具体计算结果。

表 6 - 2　1980 ~ 2012 年中国工业经济的增长核算结果

单位：个百分点；%

年份	TFP 贡献值	资本贡献值	劳动贡献值	TFP 贡献率	资本贡献率	劳动贡献率
1980	8.97	0.09	2.96	73.24	0.72	24.16
1981	0.97	0.07	1.36	40.35	2.82	56.60
1982	3.98	0.07	1.66	69.02	1.26	28.75
1983	7.70	0.61	1.51	77.17	6.12	15.12
1984	9.60	0.90	4.81	60.84	5.69	30.50
1985	7.07	2.39	3.87	51.38	17.36	28.13
1986	1.44	5.03	4.22	13.28	46.51	39.01
1987	- 0.42	5.19	2.43	- 5.93	72.78	34.10
1988	2.90	4.58	1.92	30.32	47.96	20.11
1989	- 8.01	3.18	- 0.24	149.28	- 59.18	4.54
1990	- 10.06	3.63	9.49	- 627.91	226.50	592.33
1991	7.03	3.41	0.38	63.65	30.91	3.45
1992	14.54	3.33	0.66	76.23	17.46	3.47
1993	6.26	3.04	1.67	55.61	27.00	14.86
1994	9.96	4.36	0.21	66.82	29.29	1.44
1995	5.30	4.83	1.09	46.24	42.15	9.49
1996	4.91	5.78	3.57	33.40	39.35	24.28
1997	5.26	5.31	1.29	43.38	43.75	10.66

续表

年份	TFP 贡献值	资本贡献值	劳动贡献值	TFP 贡献率	资本贡献率	劳动贡献率
1998	2.21	5.09	0.43	28.54	65.68	5.56
1999	4.20	4.36	-0.58	52.41	54.39	-7.25
2000	5.10	4.03	-0.61	59.40	46.95	-7.11
2001	7.41	3.10	-0.36	72.00	30.11	-3.47
2002	9.80	3.98	-2.43	86.87	35.29	-21.53
2003	5.63	7.14	0.28	42.54	53.91	2.14
2004	1.09	8.45	2.36	9.20	71.30	19.93
2005	-0.69	10.70	3.23	-5.33	82.92	25.04
2006	0.02	11.95	3.15	0.14	80.79	21.33
2007	2.54	11.58	3.23	14.57	66.48	18.57
2008	-0.04	10.15	0.55	-0.34	99.13	5.33
2009	-2.64	12.91	0.49	-27.06	132.47	5.03
2010	0.95	11.29	0.79	7.55	89.25	6.22
2011	-3.69	12.41	2.86	-34.73	116.76	26.87
2012	-3.68	11.67	0.75	-47.30	150.03	9.71
平均	3.20	5.59	1.73	30.58	53.45	16.51

注：贡献值为对工业经济增长率的绝对贡献，贡献率为对工业经济增长的相对贡献。

资料来源：笔者根据有关数据计算整理。

由表 6-2 的内容本书可以得出以下五点认识。

1. 中国工业经济增长的动力转换可划分为三个阶段

第一阶段为 1979~1992 年，关于改革的争论和经济转型中的矛盾使得宏观经济的波动十分剧烈，TFP 也随之表现出极大的波动性。总体而言，这一时期资本投入、劳动投入和 TFP 进步对工业经济增长的贡献较为平衡。第二阶段为 1993~2002 年，正值改革重启后第一轮经济增长热潮到经济"软着陆"，工业部门的 TFP 也表现出较大的波动性。总体来看，这一时期资本投入与 TFP 对工业经济增长的贡献相当，成为经济增长最为重要的来源。第三阶段为 2003 年至今，此间中国经济经历了第二轮经济快速增长，政府对经济干预的力度逐渐增强，资本积累率不断提高，粗放型发展的特征日益强化。此时中国工业经济增长的动力表现为资本投入在工业增长中的驱动作用不断强化，并成为驱动工业经济增长最为重要的力量，年均贡献值高达 10.83 个百分点，年均贡献率高达 94.3%；而全要素生产率的停滞乃至下降阻碍了工业经济的增长，年均贡献值为 -0.05 个百分点，年均贡献率

为 - 4.08%；劳动投入的作用则逐渐趋于中性，年均贡献值为 1.77 个百分点，年均贡献率为 14.02%。

2. 资本投入的扩张是改革开放以来中国工业经济增长的最主要动力来源，且其重要性在近期显著增强

30 余年来，资本积累对中国工业经济增长的贡献率高达 53.45%，仅依靠投资驱动，中国工业经济便可实现年均 5.59% 的较快增长。从时间趋势来看，投资对工业经济增长的驱动作用整体上呈现一种上升趋势，尤其是自 2003 年以来，投资驱动作用的上升趋势明显加快。本书的计算结果表明，2003 年之前，投资扩张对工业经济增长的贡献率为 34.07%；而 2003 年之后，这一数字便大幅提升为 94.3%。从长期来看，投资比例的上升必然以消费比例的下降为代价，这造成了产能持续扩大与内需不足之间的深刻矛盾，从需求角度制约了工业经济的增长。

3. 劳动投入扩张对中国工业经济增长的贡献较小，但其重要性在近期有所增强

30 余年来，劳动投入扩张对中国工业经济增长的贡献率为 16.51%，其拉动中国工业经济年均增长 2 个百分点。从时间趋势来看，劳动投入扩张对工业经济增长的拉动作用呈现一种 U 形趋势：①改革开放初期，中国依靠低劳动成本的优势推动了工业发展，并顺利切入了国际市场和国际分工体系。依据表 6 - 2 计算，1979～1990 年间，劳动投入扩张对工业经济增长的贡献率高达 40.62%。②改革开放中期，伴随着工业技术水平的持续提高、工业产业结构由简单劳动密集型行业向资本和技术密集型行业的逐渐转变、以 "减员增效" 为目的的公有企业劳动雇用制度改革的推进，劳动投入扩张对工业经济增长的贡献出现大幅下降，1991～2003 年间劳动对工业产出的贡献率仅为 3.65%。③近些年来，伴随着劳动力素质的大幅提升和许多岗位劳动力供给的逐渐偏紧，劳动的边际产出出现较快提高，相应地，劳动投入扩张对工业经济增长的贡献率在 2003 年后回升至 14.02%。

4. TFP 进步贡献了中国工业经济增长近 1/3 的份额，但近年来其贡献率出现了快速下降趋势

1979～2002 年，TFP 进步对中国工业经济增长的贡献率年均高达 47.34%，而其后的数年间，这一比例骤降为年均 - 4.08%。即是说，中国工业经济增长的动力机制在最近一轮的增长周期中出现了逆转，由此前的效率与要素投入并驾齐驱、协同驱动转变为以要素投入（尤其是资本投入）

驱动为主。需要指出的是，TFP进步的减速乃至逆转，并不只是缘于技术创新活动的不足，还缘于制度和政策方面的因素。如2008年国际金融危机后，政府4万亿元投资资金及由其撬动的10万亿元信贷，大部分投资于传统的资本密集型工业行业及国有工业企业，从而刺激了低效率工业行业和国有工业企业的横向扩张，对工业TFP产生了负面影响。

5. 中国工业经济的增长缺乏可持续性

现代经济增长理论指出，在TFP未能实现较快增长的情况下，即使能够通过一系列政策和制度在一定时期内扭曲资源配置结构、撬动资金投入实现产出较快增长，最终也仍将在要素边际产出递减的约束下陷入停滞。如图6-3所示，中国的资本边际产出在2002年之后出现了快速下降，降幅超过50%。目前，每单位资本投入仅能带来0.28单位的产出，这已恢复到改革开放初期的水平。从目前来看，这一下降趋势尚无扭转的迹象，中国工业经济快速发展的势头已难再依靠高速增长的资本投入来维持下去。本书的这一结论与以往基于资本回报率的研究文献在关于中国工业经济发展可持续性的分析结论上有所差异。白重恩在2013年亦指出，中国的资本回报率在最近几年出现了大幅下降，2012年仅为2.7%。

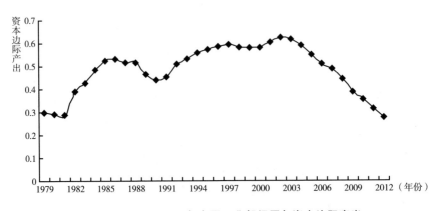

图6-3 1979~2012年中国工业部门历年资本边际产出

在经过了30多年的持续高速增长后，中国工业经济增长的动力机制逐渐由效率与要素协同驱动向要素驱动逆转，全要素生产率急剧恶化，资本边际产出水平快速下降，资本积累比例提高与居民消费比例下降的矛盾愈发突出，工业经济持续增长的前景不容乐观。与此同时，中国的工业发展还面临着资源环境约束不断强化、产业升级进程缓慢、传统竞争优势逐步散失、过剩产能难以消化、自主创新能力长期不足等诸多问题的困扰。在这一背景下，中国工业经济转变发展方式、实现增长动力转换的迫切性日益凸显。

（三）资本回报率、边际资本产出率与当前工业经济增长方式可持续性

针对中国工业增长可持续性的分析，本书与基于资本回报率的研究文献的主要分歧在于转折点的确定上。在对中国工业发展的可持续性分析方面，本书对资本边际产出指标的测度表明，自新一轮景气周期伊始（2002年），中国的工业资本边际产出即已转向下降通道，发展模式的不可持续性早已初现端倪。但基于资本回报率指标的研究文献则认为，20世纪90年代中期以后中国的工业资本回报率一直处于上升状态，直至金融危机之后（2008年）才转而下降。这会使人们直观地认为，中国工业经济发展所面临的困难只是外部冲击所带来的周期性的暂时困难。然而，这种困难是由深层次的体制问题所导致的，并不会伴随着危机的消退而得以克服，而必须通过进一步深入推进改革来加以根本解决。由此，本书有必要探讨两组指标出现差异的原因。

$$r = \frac{\alpha}{K/Y} - \delta - i \qquad\qquad (6-3)$$

$$MPK = \alpha A K^{\alpha-1} L^{\beta} = \frac{\alpha}{K/Y} \qquad\qquad (6-4)$$

从公式上看，资本回报率（r）与资本边际产出（MPK）之间的差别主要在于前者剔除了折旧率（δ）和存货（i）。在资本和产出均运用了相似数据的条件下，两者之间的分歧将主要产生于资本产出弹性和存货方面。具体来看，相关文献在资本回报率的计算中常用资本的名义收入份额来代替资本弹性，而在资本的市场势力占优时，这样做会高估资本的实际回报率。第一，在刘易斯拐点到来之前的较长时期内，过剩的劳动供给会降低劳动者的议价能力，加剧劳资双方市场势力的不平衡，即使在劳动力质量快速提升的背景下，劳动收入份额依然出现了持续下降趋势，相应地，资本收入份额大幅攀升；第二，地方政府在相互竞争过程中，通过各种名目的财政补贴和廉价工业用地出让等形式的隐性补贴来吸引工业企业的进入，而这些补贴大多转化成企业的资本利得；第三，2003年进入新一轮景气周期后，工业用地除了以廉价出让形式给企业带来了隐性资本收益外，还通过土地资产价格的暴涨给工业企业带来了不菲的表外资产收益，甚至有的企业主营业务虽然亏损，但通过土地资产价格的膨胀依然可获得正的利润；第四，金融管制背景下的融资成本偏高和资金错配问题，对实体经济产生了深远的影响，这一方面增加了私营工业企业的资金使用成本，进而被动地推升了资本价格和劳动节约型技术进步；另一方面引致了国有及国有控股工业企业负债的扩张，即使在融资的单位成本较低的情况下，总的财务成本依然偏高，以上两点均推动了资本名义收入的提升；第五，由于劳动市场的竞争性致使经济景气主要带来了就业的扩张而非工资的同比上升，从而令回报率计算过程中的资本名义收入份额也有所提高。此外，伴随着市场经验的逐渐丰富、供应链管理的改善和交通基础设施的快速完善，中国工业部门的库存比例下降较快，这对资本回报率也产生了一定程度的积极影响。

总体来看，中国工业部门资本回报率的上升主要来源于资本名义收入的膨胀，而不是实际产出效率的提升，由此，本书认为既有的资本回报率指标测度结果并不能准确地反映中国工业部门资本产出效率与可持续发展能力的变化。比较而言，不变价格下的资本边际产出指标更适合在长期反映工业部门资本产出效率与可持续发展能力的变化。

四　现阶段中国工业经济增长动力机制的进一步分析

（一）现阶段工业经济增长动力机制的形成机理

当前，中国工业经济要素投入（主要是资本要素投入）主导的增长动力机制根源于政府主导、投资驱动的增长方式。从总体上看，改革开放以来政府部门从计划与控制工业经济的发展，逐步转变到让市场及市场主体在资源配置和工业发展中发挥越来越重要的作用，政府对微观经济的直接干预与管制不断减弱。但是，2003 年以来这一趋势发生逆转，政府对微观经济的干预不断强化（吴敬琏，2010）。随着工业化和城市化的加速推进，地方政府控制的土地、矿产等资源的重要性与价值急剧上升，这使得地方政府重新获取了干预甚至在某种程度上控制微观经济的巨大能力。在现行财政体制和官员政绩考核晋升制度下，各级地方政府具有强烈促进本地经济增长的冲动，同时各级政府掌握着工业经济发展中重要资源（土地、矿产与部分金融资本等）的配置权，各级政府利用这些重要资源，通过低价提供土地、矿产资源、财政补贴、税收优惠等政策推动工业投资的高速增长，进而推动工业经济的快速增长。政府主导、投资驱动的工业增长方式随之形成。

在政府主导、投资驱动的工业增长方式下，工业投资的高速增长显著加快了物质资本积累的速度，进而使得工业经济增长中资本投入的作用与地位都显著提升。同时，这种增长方式会对工业经济增长的效率带来严重的不利影响，并在一定程度上甚至还会阻碍工业经济的增长。这种不利影响主要体现在以下几个方面：①地方政府通过低价供地、税收优惠等补贴措施推动工业经济增长的方式，造成增长效率的恶化。对于工业投资广泛的地区补贴性竞争导致部分行业严重产能过剩，给工业经济的配置效率带来极为不利的负面影响；地区之间广泛的补贴性竞争为低效率的企业生存甚至发展提供空间，市场优胜劣汰的竞争机制难以充分发挥，导致在跨企业层面资源配置效率低下（江飞涛等，2012）。②政府主导工业增长所需重要资源配置，导致工业部门配置效率低下。通过制定实施广泛干预微观经济的产业政策，政府主导甚至在一定程度上决定了资本、土地等要素资源在工业部门内部的配置。具体而言，政策部门从各个行业中挑选出需要重点发展的先进技术、新产品和先进工艺进行扶持，并挑选出落后的技术与工艺、落后的产品进行限制或直接强行淘汰。在具体实施过程中，往往超越中国经济发展阶段而片面追求发展高新技术产品和工艺，同时把本来具有市场需求的产品、适应性技术看作落后产品（技术）并加以淘汰，这就导致较为严重的资源错配，降低了资源的配置效率。政策部门还在很大程度上影响着重要资源在企业间的配置，尤其是在钢铁、汽车、有色金属、石化等重要行业中，产业政策具有显著扶持大企业限制小企业的倾向，这破坏了公平竞争的市场环境，使得这些行业中优胜劣汰的市场竞争机制严重受阻，这对于行业效率的提升产生了显著的负面影响（江飞涛、李晓萍，2012）。③政府主导工业增长的方式，造成能源、土地、金融、劳动力等要素市场不同程度的扭曲，并进而导致资源误配和结构失衡。一方面，市场扭曲促成了"虚高"的出口竞争力和过高比重的资源消耗产业；另一方面，要素市场扭曲还导致以国有企业为主体、垄断性强的非贸易部门（以基础产业为主）与以非国有企业为主、高竞争性的贸易部门（以出口导向型产业为代表）并存的二元结构，前者在占有大量资源的同时产出效率大大低于后者（刘世锦，2011），中国的产业竞争力却主要来源于后者。

综上所述，政府主导、投资驱动的工业经济增长方式，一方面使得资本投入对于工业经济增长的作用不断强化，另一方面它又会恶化增长效率并使得全要素生产率对工业经济增长的作用显著下降，从而形成了现阶段（资本）要素投入为主导的工业经济增长动力机制。

（二）现阶段工业经济增长方式与增长动力机制可持续性的进一步探讨

本章第三部分已经指出，由于资本产出效率与全要素生产率的持续恶化，当前政府主导、投资驱动的工业经济增长方式，以及由此而形成的资本要素投入主导型的工业经济增长动力机制，在可持性方面面临严重质疑。然而，这还不是问题的全部，当前工业经济增长方式与增长动力机制的可持续性还面临以下三个方面的严峻挑战。

1. 资源、环境越来越难以承载当前工业经济的增长方式

政府主导、投资驱动的增长方式主要是依靠物质资源的大量投入实现的，这对资源、能源构成了极大的需求，但由于资源固有的存储量限制及其不可再生性，其生产能力愈发难以跟上需求扩张的步伐。目前，工业发展所需的 45 种主要矿产，中国只有一半种类能满足需求，一些主要矿产即将出现资源枯竭问题。当前工业经济增长方式下，地方政府尤其是一些落后地区的地方政府，倾向于用牺牲环境的方式来降低工业企业成本、提高产品价格竞争力，进而促进本地区工业生产规模的扩大。在依靠物质资源大量投入的发展过程中，高排放、重污染造成生态环境被严重破坏。

2. 中国制造业在国际市场上的传统竞争优势面临越来越严峻的挑战，这给当前工业经济的增长方式和增长机制的可持续性带来严峻挑战

政府主导、投资驱动的工业经济增长导致国内需求和投资失衡，即国内需求不足与产能相对过剩并存，投资驱动下生产能力的快速扩张必须依赖出口的高速增长来消化。然而，中国工业品出口的高速增长越来越难以为继。由于长期以来创新能力不足和投入成本被人为压低，中国制造业在国际上的竞争优势长期固化于低生产成本、低价格以及庞大生产能力带来的规模经济。随着劳动成本、土地成本与环境成本的快速上升以及后发国家的发展觉醒，在劳动密集型和资源密集型产品市场上，后发国家和地区对中国低成本优势的挑战将日益严峻；第三次工业革命的发展与发达国家的再工业化，则可能进一步削弱中国制造业传统竞争优势。此外，新一代信息技术的迅猛发展，企业的竞争方式正在发生重大改变。寻求和创造"正确的"产品或服务、商业模式、组织模式和交易模式方面的创新，取代了过去以降低生产成本、提高产品质量、扩大生产规模与降低产品价格为主的竞争方式，成为企业之间最为重要的竞争形式，同时也成为国家间产业竞争力最为核心的组成部分（李平等，2013）。在这种新的发展态势下，中国制造业产品在国际市场上面临越来越严峻的竞争形势，产品出口高速增长的格局难以延续，这就给高度依赖外部市场的投资驱动型增长方式带来严峻挑战。

3. 中国制造业在全球价值链中长期固化于中、低端，其增长的空间难以得到拓展

作为全球价值链外包体系中的承包者，中国制造业企业在具有比较优势的传统劳动密集型产业以及高新技术产业中的加工环节融入全球产业链，而在研发能力、设计能力以及品牌营运能力还难以和先进的跨国企业进行正面竞争，在技术密集型产业和高技术产业中也主要集中在具有比较优势的劳动密集型加工组装环节，在全球价值链中处于中、低端，获得的附加值比较低。中国在具有传统优势的劳动密集型产业中，也仅仅是处于产业链相对低端的位置。而在现阶段增长方式下，中国制造业多数企业创新动力和创新能力不足，热衷于扩大生产规模，而吝于进行创新研发投资，这直接限制了中国制造业向高端环节的提升，进而导致工业经济增长的外部空间也难以得到拓展。

（三）当前工业增长方式转变与增长动力机制转换面临的主要障碍

当前，工业经济的增长方式与增长的动力机制迫切需要转换，转换的目标只能是以创新和效率驱动为特征的新增长方式，而市场与政府关系不顺是实现这种转换的主要障碍。迄今为止，市场机制是激励创新、推动效率提升、配置资源最为有效的机制。市场机制能否有效发挥作用，则取决于市场制度的完善程度。此外，在创新人才培养、基础科学研究、产业基础技术研发等公共领域，市场机制存在一定程度的不足。而在当前工业经济乃至整个国民经济的发展模式下，政府替代市场主导重要的要素资源及创新资源的配置，而疏于构建创新驱动、效率驱动所需的市场制度框架与外部环境。这种政府与市场关系的错位、政府的越位与缺位，正是当前中国工业经济增长方式存在根本性缺陷的关键所在，并成为实现向创新驱动、效率驱动增长方式转变的主要障碍。

政府越位带来的障碍主要体现在，政府直接干预微观经济、主导工业经济增长的方式既不利于激励创新、有效配置创新资源，也不利于效率的提升。关于政府主导工业增长方式所带来的效率恶化问题，本节的第一部分已做详细的阐述。在此，主要论述政府越位对于创新带来的不利影响：①政府主导重要资源配置与工业主导增长的方式带来较为严重的寻租问题，极不利于实施创新驱动战略。地方政府广泛的投资补贴诱发企业的寻租行为，严重影响企业在研究开发、技术工艺的改造升级以及市场开拓上的积极性和投入强度，进而对产业的动态效率产生较为严重的不利影响。各种审批、核准与准入等管制政策的大量存在以及各种政策性补贴的大量存在，对应的是总量巨大的政策租金，这诱使企业及其经营者将更多的精力配置于寻租活动，相应减少了适应市场、降低成本、提高产品质量、开发新产品等方面的努力，进而降低了整体工业经济体系的微观活力以及提升效率的动力（江飞涛、李晓萍，2012）。②政府部门主导创新资源配置的方式，会扭曲企业创新行为，严重影响创新效率。李平等（2014）的研究指出，当前政策部门主导创新资源配置的方式，实际上是代替市场、企业及其他创新主体选择创新投入的方向甚至具体技术路线。这一方面使得企业等创新主体更多按照政策部门的选择来选择创新方向与技术路线，这会造成技术创新与市场脱节，甚至还导致众多企业为获得产业政策支持在指定的技术路线上进行低水平、重复性的研发活动；另一方面这种政策模式还会诱使企业为获取国家给予的研发经费与补贴，释放虚假信息申报各种政府资助，甚至还诱发了政策部门的创租与经济主体的寻租行为，降低整个社会的创新效率。

政府缺位带来的障碍主要体现在，政府为产业创新发展构建良好的制度环境及市场环境方面进展相对缓慢。第一，土地、矿产资源等重要资源产权体制不完善，土地、能源、资源价格形成机制存在缺陷。这是地方政府控制和配置重要资源的体制基础，它不仅降低了工业发展中资源配置的效率，还严重降低和抑制企业通过创新活动来获得利润的动力和努力。第二，公平竞争的市场环境建设缓慢。公平竞争的市场环境是市场优胜劣汰、激励创新与推动效率提升机制充分发挥作用的基础。目前，中国仍未建立起较为完善的公平竞争制度与市场环境，现实中存在大量的不公平竞争与不正当竞争，极不利于激励创新与促进效率提升。第三，知识产权制度和执行机制中的根本缺陷依然存在。企业进行创新活动无法得到正常收益回报，从而降低了企业创新的动力。第四，金融体制改革滞后。资本市场发育不足，多元化、多层次的投融资机制尚未形成，利率市场化改革进展缓慢，这些既不利于工业发展中资本配置效率的提高，也不能适应产业创新发展的需要。第五，科研体制仍不完善。科技研究与市场、经济脱节问题突出，科技公共服务支撑体系不健全且整体服务水平、服务质量不高，科研成果转化率低，科研效率亟须提高。这些问题的存在，都极不利于实现创新驱动发展战略。第六，生态与环境保护制度及其执行机制不健全。这使得工业发展中环境效率低下与环境效率提升缓慢，降低了环保技术、绿色制造技术发展及创新的压力与动力。

五　主要结论

改革开放以来中国工业经济增长的动力机制经历了两次大的转换，第一次大的转换是由 1979~1992 年的资本投入、劳动投入和 TFP 进步平衡贡献型增长机制，转换为 1993~2002 年资本投入与 TFP 进步并驾齐驱、共同驱动型增长机制，2003 年以后则进一步转换为要素投入（主要是资本要素投入）主导型的增长机制。

2003 年以来，工业经济全要素生产率与资本产出效率急剧恶化。2003~2012 年期间全要素生产率增长率年均值为 -0.051 个百分点，2008~2012 年期间全要素生产率增长率年均值更是下降至 -1.82 个百分点。这一时期，中国工业边际资本产出率亦持续快速下降，2002 年中国工业边际资本产出率为 0.61，2012 年该值已下降至 0.28。本书的研究进一步表明，工业边际资本产出率和全要素生产率的下降并非仅仅是国际金融危机冲击的结果。2003~2007 年期间，国民经济处于繁荣期，工业经济增速不断加快，与之背道而驰的是全要素生产率增长率与边际资本产出率的急剧下滑，2008 年金融危机及国内经济减速的冲击只是进一步加剧了效率恶化趋势。这就意味着当前政府主导、投资驱动的工业增长方式与要素主导型的增长机制均是不可持续的。

政府推动投资高速增长进而驱动工业快速增长的方式，是当前要素主导驱动型增长动力机制形成的主要原因。它导致工业全要素生产率和资本效率的急剧恶化，以及工业经济增长动力机制的失衡与增长动力的快速弱化，这种增长方式给未来中国工业经济的长期健康发展带来了巨大的风险。市场经济体制不健全、政府对于微观经济干预的强化、政府仍掌握和控制着重要资源的配置权，是现阶段政府主导、投资驱动工业增长方式形成的根本原因，并且成为当前实现工业经济发展模式转变与增长动力机制转换的主要障碍。

第七章
钢铁工业产能过剩问题研究

钢铁工业是我国国民经济的基础性支柱产业，是本轮"产能过剩"中尤为严重的行业，钢铁行业一直以来也是产能过剩治理政策重点关注的行业。钢铁行业产能过剩的特征和趋势具有较强的代表性，在一定程度上反映了原材料工业产能过剩的特征和趋势。

一 中国钢铁工业发展的基本情况

（一）产品产量增速显著放缓

金融危机以来，随着市场需求增速的逐渐放缓，钢铁产业产品增量呈现显著放缓的态势。2006 年，生铁产量与粗钢产量增速分别达到 19.8% 和 18.5%。2007 年生铁产量、粗钢产量的增速分别达到 13.2% 和 15.7%。2008 年，受国际金融危机的冲击，生铁产量有所下降，粗钢产量仅增长 1.1%。2009 年，在中央积极财政和宽松货币政策的刺激下，生铁产量、粗钢产量分别上升 15.9%、13.5%。2010 年、2011 年随着刺激政策逐渐减弱，粗钢产量增速分别下降至 9.3% 和 8.9%。2012 年，随着经济增长进一步放缓，粗钢产量增速进一步下降至 3.1%（见图 7-1）。

（二）产品结构不断调整

2012 年，23 类钢材品种中 19 类品种产量较上年呈现增长，其中 8 类品

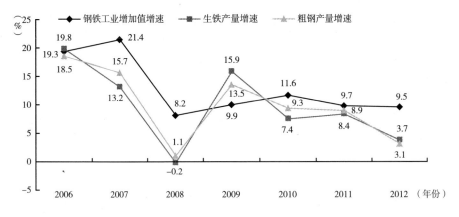

图 7 - 1 　钢铁工业增加值与主要产品产量增速

种产量增幅达两位数,有 4 类品种产量下降。从全年产量增幅情况看,热轧薄板增幅最为显著,全国热轧薄板的产量达 792.4 万吨,同比增长 69.8%;其次是重轨,增幅为 16.2%;线材、钢筋、热轧薄宽钢带、涂层板、焊接钢材增幅也超过了 10%。长材仍是增产的主力军,螺纹钢和线材的增产比例占据了增产总量的半壁江山。这主要是由于建筑钢材是我国钢材生产的主要品种,占到我国钢材生产总量的 1/3 以上。

2012 年,特厚板、厚钢板、中板产量出现了大幅下滑,分别下滑了 11.8%、10.6%、8.8%。特厚板、厚钢板、中板的产量下降一方面是由于 2012 年产能扩张增速放缓;另一方面,下游需求低迷也是原因之一。2012 年我国造船行业形势严峻,新订单和手持订单降幅继续扩大,也制约了特厚板、厚钢板的需求。2012 年,我国钢材产品中板带材占钢材产量比重约为 43%,较 2011 年下降 1 个百分点;长材约占 40%,较 2011 年上升 1 个百分点;管材约占 8%;型材约占 7%;铁道用钢占 0.54%;其他约占 2%(见图 7 - 2 和图 7 - 3)。

(三) 钢铁工业延续"北重南轻"的区域格局

我国钢材的产区主要集中在华东、华北地区,钢铁工业"北重南轻"的布局长期未能改善。河北、江苏、山东、辽宁四省的钢铁生产占据了全国的一半左右。2012 年,十大产钢省份的生铁生产占全国产量的 73.0%,粗钢产量占全国产量的 72.6%。近年来前十产量大省总占比情况波动较小,2012 年只有钢材产量占比下滑了 3 个百分点。2012 年从各省份全年生铁、

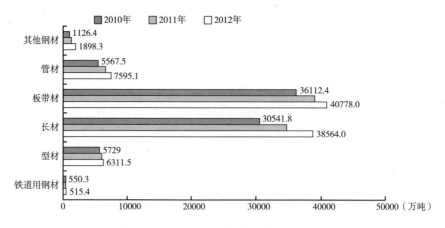

图 7 - 2　2010～2012 年我国主要钢材产量

资料来源：中经网统计数据库。

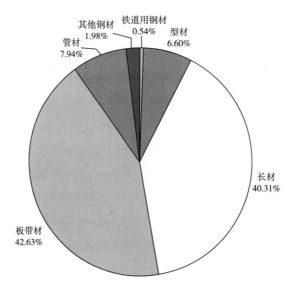

图 7 - 3　2012 年我国钢材生产结构

资料来源：钢铁协会、我的钢铁网。

粗钢、钢材产量增长情况看，绝大多数省份钢铁产品较 2011 年产量呈现增长。受城市转型等因素的影响，北京、上海、重庆等城市的粗钢产量、生铁产量锐减；宁夏的粗钢产量、生铁产量也出现了较大减产，而钢材产量则出现了高达 42% 的增长。我国钢铁生产第一大省是河北省，2012 年各钢铁产品产量均高居全国之首。全年生铁、粗钢、钢材产量分别达 16350.2 万吨、

16999.5万吨和20995.2万吨，较上年分别增长4.8%、6.2%和9.4%，增速较2011年均有所下滑。在生铁生产方面，前十大省份的总产量为4.8亿吨；在粗钢生产方面，前十大省份的总产量为5.1亿吨；在钢材生产方面，前十大省份的总产量为4.9亿吨（见图7-4、图7-5和图7-6）。

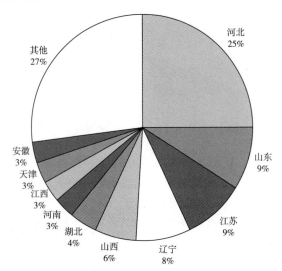

图7-4　2012年生铁生产的地区产量分布

资料来源：中国钢铁工业协会、我的钢铁网。

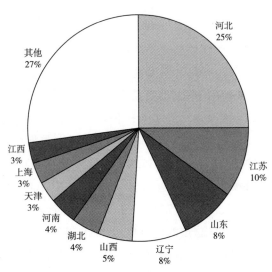

图7-5　2012年粗钢生产的地区产量分布

资料来源：中国钢铁工业协会、我的钢铁网。

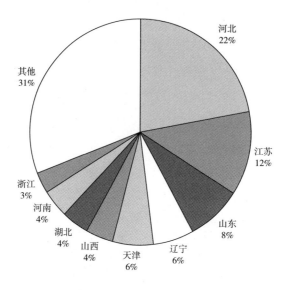

图 7 - 6　2012 年钢材生产的地区产量分布

资料来源：中国钢铁工业协会、我的钢铁网。

（四）我国成为第一大钢材出口国

2012 年，我国出口钢材 5573 万吨，较 2011 年的 4891 万吨增加了 682 万吨，增幅为 13.9%。出口钢锭、钢坯 0.428 万吨。若将钢材折算成粗钢，2012 年则出口粗钢量为 5915.36 万吨，比 2011 年的 5209.90 万吨增加了 705.46 万吨，增幅为 13.54%，保持世界第一大钢材产品出口国地位（见图 7 - 7 和表 7 - 1）。2012 年，钢材出口量增幅最大的大类品种是线棒材与角型材，增幅分别达到 75.93% 和 28.96%；管材、铁道用材和其他钢材的出口量同比分别增加了 4.34%、5.38% 和 6.49%；原本占据中国钢材出口总量一半以上的板材类钢材出口，是 2012 年同比增幅最低的钢材大类，仅微升 0.62%，并且所占钢材出口比重也明显下降，从 2011 年的 54.28% 下降到 2012 年的 48.11%，减少了 6.17 个百分点；而特钢不但出口量增幅达到 38.47%，而且占钢材出口总量的比重也从 2011 年的 37.68% 提升 8.27 个百分点至 2012 年的 45.95%。也就是说，中国的普碳钢材出口量依然在萎缩之中。

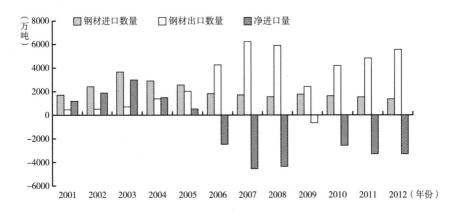

图 7 - 7　2001 年以来我国钢材进出口数量

资料来源：中经网数据库。

表 7 - 1　2000 ~ 2011 年中国与主要钢铁出口国的国际市场占有率比较

单位：%

年份	中国的国际市场占有率	日本的国际市场占有率	韩国的国际市场占有率	俄罗斯的国际市场占有率	美国的国际市场占有率
2000	3.06	10.35	4.66	5.26	4.41
2001	2.39	10.28	4.41	4.98	4.52
2002	2.31	10.76	3.96	5.08	3.96
2003	2.64	9.80	4.27	5.38	3.71
2004	5.14	8.62	4.30	5.80	3.22
2005	6.09	8.68	4.53	6.00	3.63
2006	8.67	7.98	4.22	5.30	3.41
2007	10.75	7.18	3.92	4.97	3.16
2008	12.06	7.50	4.26	5.58	3.42
2009	7.25	9.55	5.35	6.11	4.06
2010	9.31	9.87	5.75	5.69	4.05
2011	10.52	8.84	6.03	5.26	3.85

资料来源：根据 WTO 数据库（http：//www.wto.org/index.htm）中数据计算而得。

（五）产品出口结构不断优化

在我国钢材产品出口中，以冷轧普薄板（卷）、镀锌（铝）板、涂层板为主的冷轧类板材，以合金棒线材、型材、热轧板（卷）为代表的添加微量合金的热轧类钢材，以及管材类产品等占据中国钢材出口总量的绝大部分。2012 年，板材与棒线材合计出口量为 3851.1 万吨，占钢材出口总量的比重为 69.26%，比 2011 年增加了 524.26 万吨，增幅增加了 1.33 个百分点，对中国钢材出口量的变化起着举足轻重的作用，在棒线材与板材的出口品种中，反映了特钢类品种出口量剧增而普碳类则在品种上存在着出口量值变化的倾向。2012 年，线棒材出口量比上年有较明显的增长，主要在于以合金钢棒材与合金钢盘条的出口增量的作为。螺纹钢、线材与棒材作为棒线材中的三大组成品种，由于螺纹钢除了普碳外尚无能够变通为特钢类的产品，因而其月度出口量基本在 2 万吨上下徘徊，2012 年月均螺纹钢出口量为 2.186 万吨，虽月均出口量比 2011 年的 1.866 万吨有所增加，但绝对增幅并不明显，仅占线棒材出口总量的 2.22%，比 2011 年的 3.35% 减少了 1.13 个百分点。2012 年，板材出口量为 2674.77 万吨，比 2011 年板材出口总量仅增加 16.59 万吨，涨幅为 0.62%，其中热轧板材类出口量占板材出口总量的比例为 40.21%，比 2011 年增加了 2.06 个百分点。在热轧板材中，含合金材质的出口量比上年度增加了 140.194 万吨，达到 952.368 万吨，增幅为 17.26%。另外，2012 年冷轧合金钢材质的板材出口增加了 0.263 万吨至 0.748 万吨。2012 年，各品种热轧不锈钢板材类出口量比 2011 年减少 15.221 万吨至 83.751 万吨，降幅为 15.38%；在热轧不锈钢板材出口量下降的同时，冷轧不锈钢板材出口量也比 2011 年减少了 21.377 万吨至 46.806 万吨，降幅更猛至 31.35%。热轧普碳类各类品种的板材出口量从 2011 年的 103.067 万吨剧降至 2012 年的 40.116 万吨，降幅为 61.08%，同时，普碳冷轧板带的出口量也比上年减少了 28.668 万吨至 352.427 万吨，降幅为 7.52%。我国 2012 年共出口钢坯 4018 吨，其中高碳钢坯占出口量的 71.62%，普板坯占 8.51%，不锈板坯占 0.29%，普方坯占 0.002%，其他合金钢坯占 15.37%。高碳钢坯是我国钢坯出口中最主要的品类（见图 7 - 8）。

（六）劳动生产率不断提升

"十一五"期间，钢铁产业就业人数增长缓慢，2010 年黑色金属冶炼及压延加工业全部就业年平均人数为 345.4 万人，与 2005 年相比增加了 57.9 万人，年均增长 3.7%，而同期工业增加值年均增长 14.0%。"十一五"期间，钢铁行业劳动生产率显著提高。2005 年，钢铁行业劳动生产率为 20.1 万元/人；2010 年该值上升至 32.1 万元/人，为 2005 年的 1.60 倍。2011 年黑色金属冶炼及压延加工业劳动生产率为 35.8 万元/年·人，与 2010 年相比上升了 11.5%（见表 7 - 2）。

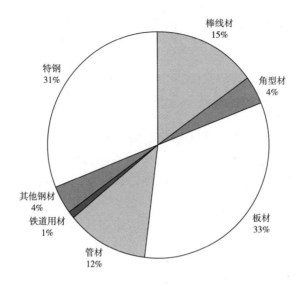

图 7 - 8　2012 年钢材出口结构

资料来源：我的钢铁网。

表 7 - 2　近年来中国黑色金属冶炼及压延加工业就业人数与劳动生产率

年份	黑色金属冶炼及压延加工业全部就业平均人数（万人）	黑色金属冶炼及压延加工业增加值（亿元,2005 年不变价）	黑色金属冶炼及压延加工业劳动生产率（万元/人,2005 年不变价）
2005	287.5	5776.9	20.1
2006	296.1	6891.8	23.3
2007	304.4	8366.7	27.5
2008	313.5	9052.8	28.9
2009	323.0	9949.0	30.8
2010	345.4	11103.1	32.1
2011	339.9	12180.1	35.8

资料来源：国家统计局。

二　钢铁工业产业组织的演进与现状

（一）集中度整体呈上升趋势

"十一五"期间，钢铁行业产业集中度稳步提高，2005 年中国钢铁行业产业集中度 CR4、CR10 分别为 16.34% 和 33.03%；2009 年钢铁行业 CR4、CR10 分别为 24.4% 和 43.47%，分别较 2005 年上升了 8 个和 10 个百分点；2010 年，集中度进一步提高，CR4、CR10 分别为 27.8% 和 48.6%，较 2009 年分别大幅上升了 3.4 个和 5.1 个百分点。2011 年，钢铁工业集中度 CR4、CR10 分别为 29.0% 和 49.2%，较上年分别上升 1.2 个和 0.6 个百分点。2012 年，由于全行业利润微薄，需求增长持续放缓，钢铁工业并购风险加大，并购重组案例明显减少，大部分并购步伐都已放缓。2012 年，钢铁工业集中度 CR4、CR10 分别为 27.1% 和 45.9%，较上年分别下降了 1.9 个和 3.3 个百分点（见图 7 - 9）。

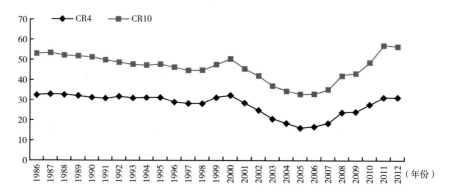

图 7 - 9 中国钢铁产业集中度

资料来源：中国钢铁工业协会、《中国钢铁工业年鉴》。

（二）兼并重组渐趋活跃

"十一五"期间，兼并重组明显提速。跨省市兼并重组取得突破性进展，宝钢、鞍钢、武钢、首钢、沙钢通过兼并重组竞争力明显增强；在区域内重组方面，河北、山东、天津 3 省市大型钢铁企业实现了省市内强强联合。优势企业集团跨地区重组加快，宝钢集团重组新疆八一钢铁、韶关钢铁、广州钢铁和宁波钢铁，鞍钢集团重组攀钢集团和天铁冷轧，武钢集团重组昆钢、柳钢和鄂钢，首钢集团重组水城钢铁、贵阳特钢、长治钢铁和通化钢铁。区域内钢铁企业联合重组形成一定规模，河北省唐钢、邯钢、宣钢、承钢、石钢和舞钢成立河北钢铁集团，山东省济钢、莱钢、日照钢铁合并成山东钢铁集团。

2010 年，钢铁行业兼并重组步伐加速推进。主要兼并重组事件有：沙钢重组无锡锡兴钢铁，成立江苏沙钢集团锡兴特钢有限公司；中信泰富出售石家庄钢铁 80% 的股权给河北钢铁集团；本溪钢铁（集团）有限责任公司与北台钢铁（集团）有限责任公司正式合并重组；天津钢管集团、天津钢铁集团、天津天铁冶金集团和天津冶金集团共同组建"渤海钢铁集团"；首钢重组通钢集团；鞍钢与攀钢在北京完成正式重组，重组后成立鞍钢集团公司，鞍钢与攀钢则成为鞍钢集团公司的全资子公司；河北钢铁集团将以商誉、管理、技术咨询服务、购销渠道等资源，分别出资到河北敬业、唐山松汀等 12 家民营钢铁企业，持有各公司 10% 的股份，吸纳其为集团成员企业，并纳入集团总体规划。

2011 年，马钢重组长江钢铁，宝钢用"渐进式股权融合"方式重组凤宝特钢、新普钢铁、亚新钢铁三大民营钢铁公司，太钢集团采用同样方式重组山西襄汾星原钢铁公司，沙钢集团推进跨地区跨行业联合重组，江苏兴鑫钢铁、镔鑫特钢、鸿泰钢铁、龙江钢铁和新三洲特钢五家民营钢铁公司重组为江苏沿海钢铁集团，鞍钢重组福建三钢。

2012 年，宝钢重组韶钢、湛江钢铁取得新进展，太钢正式启动与星原钢铁"渐进式"重组，唐山渤海集团联合重组，首钢并购重组通钢、迁钢又进一步，湖北省经信委批准十堰市钢铁企业跨地区联合重组方案成立湖北丹福钢铁集团，湖北省钢铁结构调整办同意荆州市钢铁工业结构调整初步方案组建荆州钢铁集团，沙钢与丰立集团拉开重组序幕。

（三）钢铁企业大型化趋势日趋显著

我国钢铁工业大企业产量占比快速增长，1999 年以前我国没有产量在 1000 万吨以上的钢铁企业，1999 年宝钢成为第一家产量在千万吨以上的企业，千万吨以上企业产量占比快速上升到 13.45%，到 2012 年进一步快速增加到 57.16%。产量 500 万吨以上企业占比从 1992 年的 25.45% 上升到 1999 年的 31.25%，到 2012 年这一比例迅速上升到 68.71%。200 万吨以上企业的产量至 2011 年上升到 84.10%。但 2012 年我国钢铁产业的集中度出现了不升反降的局面。产量大于 1000 万吨企业产量占比同比减少 2.43 个百分点；产量大于 500 吨和产量大于 200 万吨企业产量占比同比分别减少了 4.5 个和 4 个百分点。

随着我国钢铁工业市场规模的高速增长，我国钢铁企业规模不断扩大，市场中大规模企业的数目快速增加。1999 年宝钢集团整合了梅钢、上海三厂等钢铁企业，形成我国第一家规模过千万吨的企业，2002 年我国又有一家千万吨以上钢铁企业——鞍钢诞生。2012 年全年粗钢产量超过 1000 万吨的钢铁企业共计 17 家，较 2011 年增加 1 家，其中河北钢铁接近 7000 万吨，宝钢和鞍钢超过了 4000 万吨，武汉钢铁、沙钢和首钢超过 3000 万吨，山东钢铁超过 2000 万吨。2012 年，前 10 大钢铁企业的产量除沙钢、首钢和马钢以外，均呈现不同程度的减产，华凌钢铁粗钢产量同比减少 11.18 个百分点，渤海钢铁为 9.78 个百分点（见表 7 - 3 和表 7 - 4）。

表 7 - 3　我国大规模钢铁企业数量

单位：家

年份	企业数目 （产量 > 1000 万吨）	企业数目 （产量 > 500 万吨）	企业数目 （产量 > 200 万吨）
2012	17	28	56
2011	16	28	54
2010	13	29	55
2009	11	28	53
2008	9	22	52
2007	10	24	63
2006	9	22	55
2005	8	18	47
2004	2	15	43
2003	2	13	33
2002	2	8	25
2001	1	4	19
2000	1	4	15
1999	1	4	15
1998	0	4	15

资料来源：《中国钢铁工业年鉴》，我的钢铁网。

表 7 - 4　钢铁工业大规模企业产量占比

单位：%

年份	企业产量占比 （产量 > 1000 万吨）	企业产量占比 （产量 > 500 万吨）	企业产量占比 （产量 > 200 万吨）
2012	57.16	68.71	80.10
2011	59.59	73.21	84.10
2010	54.25	72.96	84.35
2009	45.26	66.55	79.51
2008	40.67	58.78	75.84
2007	35.21	55.63	76.55
2006	30.70	51.35	74.36
2005	27.94	46.68	71.18

年份	企业产量占比 （产量 >1000 万吨）	企业产量占比 （产量 >500 万吨）	企业产量占比 （产量 >200 万吨）
2004	11.99	44.98	71.67
2003	13.74	44.66	69.61
2002	16.21	36.99	63.06
2001	12.62	28.52	60.81
2000	13.80	32.09	59.24
1999	13.45	31.25	57.78
1998	0	28.30	54.88

资料来源：《中国钢铁工业年鉴》，我的钢铁网。

三　钢铁工业技术发展现状

（一）设备大型化、现代化进程加快

"十一五"期间，我国钢铁行业工艺技术和装备水平不断提升。钢铁生产主体工艺技术装备具备了自主集成和创新的能力，主要先进技术已较多地推广应用到生产上，主要技术经济指标不断改善，生产效率明显提高。

"十一五"期间，中国炼铁设备发生显著变化，各种类型的炼铁高炉数量逐渐增加，其中，中国重点大中型钢铁企业中，1000 立方米以上的炼铁高炉由 2005 年的 90 座增加到 2009 年的 191 座，增长 112.2%，其生产能力由 13732 万吨增加到 30782 万吨，增长 124.2%；其中，3000 立方米以上的炼高炉由 2005 年的 9 座增加到 28 座，增长 211.1%，其生产能力由 2563 万吨增长到 8719 万吨，增长 240.2%。2010 年底，我国有 1000 立方米以上大型高炉 260 座，占全国炼铁总产能的约 52%。1000 立方米以上高炉的利用系数、燃料比、高炉风温等技术指标与国外相当，部分指标处于领先水平，高炉自动化操作水平普遍提升。与此同时，宝钢 4966 立方米高炉、首钢京唐 5500 立方米高炉和沙钢 5800 立方米高炉的投产使得我国特大型高炉在世界范围占有一席之地。

"十一五"期间，重点大中型工业企业中 100 吨以上的转炉由 2005 年的 92 座增加到 2009 年的 187 座，增长 103.3%，其生产能力由 2005 年的 12756 万吨增加到 2009 年的 30021 万吨，增长 135.3%。炼钢电炉方面，重点大中型钢铁企业中 50 吨以上炼钢电炉座数由 2005 年的 44 座上升至 77

座，增长了 75%，其产能从 2703 万吨增加到 4623 万吨，增长了 71%。到 2010 年底，我国有 100 吨以上转炉 200 多座，50 吨以上电炉 80 多座，占全国炼钢总产能的约 51%。"十一五"期间，我国建成投产了首钢京唐 300 吨、鞍钢鲅鱼圈 260 吨、邯钢西区 300 吨和马钢 300 吨等世界最先进的大型炼钢转炉。总体来看，我国 100 吨以上转炉和 50 吨以上超高功率电炉基本达到国外同类装备的先进水平，已成为我国炼钢生产的主体设备，并基本实现了炼钢－精炼－连铸－热轧一对一最佳经济规模的工艺装备配置。

此外，为提高产品质量，钢铁企业投入大量资金，建设铁水预处理、二次精炼设施，配套采用在线检测分析系统等。2009 年精炼比达到 66.8%，确保了产品质量的提升，部分钢材产品的实物质量达到或接近国际先进水平。

到 2010 年底，我国有热轧宽带钢轧机 72 套，设计产能约 2.13 亿吨；中厚板轧机 71 套，设计产能约 8600 万吨；冷轧总产能约 1 亿吨，其中冷连轧宽带钢轧机（含酸洗轧机联合机组）50 余条，产能约 7000 万吨；热轧无缝钢管生产装置 126 套，产能约 1900 万吨。近年来建成投产的现代化轧钢生产线集成了当今世界最先进的轧钢技术，其中节能降耗、高效生产、减量化生产、断面形状及板形控制、表面质量控制、控轧和控冷高性能钢材生产等关键、核心轧钢技术已得到良好应用，提高了轧钢技术的整体水平，为高档钢材品种生产奠定了现代化轧钢装备基础。

在技术装备水平不断提升的同时，我国钢铁行业经历了从引进、消化、吸收到自主集成与创新的阶段，基本实现了钢铁生产全流程各主要工序主体装备的国产化，满足和推动了钢铁行业快速发展建设的需要。目前，我国已经具备自主建设一个世界一流水平的千万吨级钢厂的能力。"十一五"期间，鞍钢鲅鱼圈、首钢京唐、邯钢新区、马钢新区、宝钢梅钢宽带钢冷连轧机组等项目的投产，标志着我国钢铁行业自主设计、制造、工程建设和掌握运用新技术的水平达到了新的高度。

（二）节能减排取得进展

2010 年，重点统计钢铁企业的平均吨钢综合能耗为 604.6 千克标煤，较 2005 年下降 12.89%；钢铁生产主要工序能耗稳步下降，实现节能总量约 4611 万吨标煤；万元工业增加值能耗为 5.21 吨标煤，较 2005 年下降 23.16%。从钢铁行业的整体情况来看，2009 年吨钢能源消耗为 0.993 吨标煤/吨钢，比 2005 年的 1.119 吨标煤/吨钢下降了 11.3%；2009 年的 5.67

吨标煤/万元增加值（2005 年不变价），比 2005 年的 6.85 吨标煤/万元增加值（2005 年价格）下降了 17.2%；吨钢二氧化碳排放量由 4.084 吨下降至 3.763 吨；吨钢烟尘排放量、吨钢粉尘排放量和吨钢废水排放量分别由 2005 年的 1.64 公斤/吨钢、2.97 公斤/吨钢和 4.81 吨/吨钢，大幅度下降至 2009 年的 0.91 公斤/吨钢、1.48 公斤/吨钢和 2.22 吨/吨钢。

钢铁工业生产所用能源约有 70% 已经转换为二次能源。目前，中国投产和在建的 CDQ 有 158 套，处理焦炭能力为 1.58 亿吨/年，占我国焦炭产能的 35.2%（王维兴，2011b）。重点钢铁企业焦化厂的干熄焦率达到 80%。中国现有 TRT 装备的高炉 655 座，其中 63.70% 为煤气干法除尘，15.05% 为湿法除尘，平均吨铁发电量低于 30 千瓦时/吨铁（朱继民，2011）。目前，重点企业生产和在建的烧结余热回收装置约有 80 套，占烧结机总数的 15%。据统计，2010 年重点钢铁企业中，有 21 家高炉煤气利用率在下降，14 家转炉煤气利用率在下降，9 家焦炉煤气利用率在下降（王维兴，2011a）。中国钢铁工业二次能源的利用效率在逐步提升，促进了钢铁工业的节能减排。

许多钢铁企业通过发展循环经济，提升了钢铁工业的节能减排效果。如包头钢铁以零排放为目标，通过可燃气体回收利用循环链、工业用水循环链、固体废物循环链，实现高炉、转炉、焦炉三种煤气全面回收；首钢京唐曹妃甸钢铁基地建成投产，成为我国首个发展循环经济的临海大型钢铁联合企业；日照钢铁公司建成综合污水处理厂、废气利用发电工程、钢渣超细粉项目、矿渣水泥项目、固废回收综合利用项目。

（三）技术水平与自主创新能力仍有待进一步提高

中国钢铁行业的技术水平与国际先进水平相比还存在较大差距，在一些高档关键品种钢材，如高压锅炉管、350 公里/小时高速铁路动车组车轮、高磁感低铁损取向硅钢、高档轿车板等高端产品仍需大量进口。尽管近年来高端机械装备用钢的自主创新取得了一些进展，但与进口同类钢材的水平相比，在质量上存在明显差距，钢材的性能指标公差多处于合格下沿，质量稳定性差，生产成本高。在新技术、新工艺和设备的自主研发方面，中国钢铁行业与世界先进水平同样存在很大的差距。如对流程紧凑化具有重大意义的熔融还原和薄带直轧技术，国外已有产业化和半产业化的试验成果，而中国对这些方面还不够重视，相应的技术研究还很缺乏，更是缺乏产业化的技术和经验。在碳减排和固定工艺方面，欧洲和日本企业走在了前头，中国相关技术的开发还非常缺乏。只有宝钢、鞍钢、武钢等在跟进，如建设了COREX3000并进行了碳减排的技术储备，进行了蓄热燃烧技术和海洋浮游生物增值吸收二氧化碳方面的研究。在非高炉炼铁工艺、新一代钢铁流程、碳减排和固定工艺技术、半凝固加工产业化技术的研究开发方面，中国钢铁企业与世界先进水平有非常大的差距。

中国钢铁工业技术创新能力不足，还体现在以下几个方面：一是技术创新的投入不足，许多钢铁企业对于技术创新与科研经费的使用也没有清晰的方向；二是科研院所与企业之间的合作相对缺乏，企业之间的联合研发也相对缺乏，一些行业技术研究和共性技术的研究也相应不足；三是研发观念相对落后，很少从下游用户、市场需求出发来考虑产品、技术的进步方向与研究开发的重点；四是在技术创新和产品开放过程中，缺乏与下游用户的战略合作，技术服务水平相对比较低；五是顶尖技术人才相对缺乏，没有形成一个完整、系统、全面、一流的研发与创新队伍。

四 主要钢铁产业政策

（一）"十一五"期间钢铁行业发展的基本思路与实施的主要政策

1. "十一五"发展规划中发展钢铁行业的基本思路

"十一五"期间，《中华人民共和国国民经济和社会发展第十一个五年规划纲要》（以下简称《"十一五"规划》）对于原材料工业发展的基本思路是，按照控制总量、淘汰落后、加快重组、提升水平的原则，加快调整原材料工业结构和布局，降低消耗，减少污染，提高产品档次、技术含量和产业集中度。具体到钢铁行业发展的基本战略，主要是：坚持内需主导，着力解决产能过剩问题，严格控制新增钢铁生产能力，加速淘汰落后工艺、装备和产品，提高钢铁产品档次和质量。推进钢铁行业发展循环经济，发挥钢铁企业产品制造、能源转换和废物消纳处理功能。鼓励企业跨地区集团化重组，形成若干具有国际竞争力的企业。结合首钢等城市钢铁企业搬迁和淘汰落后生产能力，建设曹妃甸等钢铁基地。积极利用低品位铁矿资源。

2. "十一五"时期钢铁行业实施的主要产业政策

"十一五"期间，遵循《"十一五"规划》中钢铁行业的发展思路，中国钢铁行业产业政策主要围绕促进结构调整、抑制产能过剩、淘汰落后和节能减排等几个方面展开，"十一五"期间实施的主要产业政策如下：

（1）《钢铁行业发展政策》。2005 年，由国家发改委起草、国务院审议通过了国家级产业发展政策《钢铁行业发展政策》，它包括政策目标、产业发展规划、产业布局调整、产业技术政策、企业组织结构调整、投资管理、原材料政策、钢材节约使用、其他等九章，共四十条，分别提出了钢铁行业发展总体目标、产品结构调整、组织结构调整、产业布局调整目标以及技术经济指标和发展循环经济的要求等。

（2）《国务院关于加快推进产能过剩行业结构调整的通知》。2006 年，国务院下发了《国务院关于加快推进产能过剩行业结构调整的通知》，该项政策为了抑制部分行业（钢铁、水泥、电解铝等）严重的产能过剩问题，同时为了加快产能过剩行业的结构调整，提出了八条重点措施，包括：切实防止固定资产投资反弹；严格控制新上项目；淘汰落后生产能力；推进技术改造；促进兼并重组；加强信贷、土地、建设等政策与产业政策的配合；深化行政管理和投资体制、价格形成和市场退出机制等方面的改革；健全行业信息发布制度。

（3）《钢铁行业调整和振兴规划》。2009 年，国务院颁布《钢铁行业调整和振兴规划》，该规划中阐述了钢铁行业现状及面临的形势，明确了指导思想，提出应对危机与振兴产业相结合、控制总量与优化布局相结合、自主创新与技术改造相结合、企业重组与体制创新相结合以及内需为主与全球配置相结合五项基本原则，从总量恢复到合理水平、淘汰落后产能有新突破、联合重组取得重大进展、技术进步得到较大提升、自主创新能力进一步增强、节能减排取得明显成效六个方面提出了具体政策目标。以此为基础，该规划要求重点做好八个方面的任务。为完成政策目标和重点任务，规划提出了共十二项政策措施。

（4）《关于进一步加大节能减排力度加快钢铁行业结构调整的若干意见》。2010 年，国务院特别针对钢铁行业下发了《关于进一步加大节能减排力度加快钢铁行业结构调整的若干意见》，指导钢铁行业节能减排和结构调整工作的推进。若干意见中明确要求钢铁产能过快增长现象要坚决抑制，并将此工作列为节能减排工作的重中之重。若干意见还对推动钢铁行业加快结构调整作出了相关部署。其中要求钢铁行业加快兼并重组，提高产业集中度；加大对钢铁行业技术创新、技术改造的支持力度，提高资金使用效率，提高产品国际竞争力，促进产业升级。

（5）《钢铁行业生产经营规范条件》。2010 年，工业和信息化部公布

《钢铁行业生产经营规范条件》。规范条件从产品质量、环境保护、能源消耗和资源综合利用、工艺与装备、生产规模、安全生产和社会责任六个基本方面，对钢铁企业生产经营规范条件进行了约束，也就是说，企业必须是上述六方面条件均满足方能具备钢铁生产资格。而六大方面的具体指标则是在遵循产业发展政策和发展规划下，结合当前行业发展水平，充分考虑到实用性及可操作性，选取的行业常用指标，其覆盖范围较广、综合性较强。规范条件的实施，将有力推动行业的结构调整和升级。

（二）进入"十二五"以来钢铁产业政策的演变

1. 钢铁行业"十二五"发展规划

从钢铁行业"十二五"规划的指向来看，钢铁行业发展重心将由纺锤形向哑铃形转变。规划侧重于满足下游行业转型升级和战略性新兴产业发展的要求，以钢铁工业结构调整、转型升级为主攻方向，以自主创新和技术改造为支撑，提高质量，扩大高性能钢材品种，实现减量化用钢，推进节能降耗，优化区域布局，引导兼并重组，强化资源保障，提高资本开放程度和国际化经营能力，加快实现由注重规模扩张发展向注重品种质量效益转变（见表 7 - 5 和表 7 - 6）。

表 7 - 5　历年规划内容

项目	国家发改委《钢铁行业发展政策》	国家发改委《关于控制钢铁工业总量淘汰落后产能加快结构调整的通知》	工信部《钢铁产业调整振兴规划》	工信部《钢铁工业"十二五"发展规划》
时间	2005 年 7 月	2006 年 6 月	2009 年 1 月	2011 年 11 月
淘汰落后产能	淘汰并禁止新建土烧结、土焦、化铁炼钢、热烧结矿、300 立方米及以下高炉、20 吨及以下转炉、电炉及落后轧钢产能	"十一五"期间淘汰约 1 亿吨落后炼铁能力，2007 年前淘汰 5500 万吨落后钢产能，2007 年前淘汰 200 立方米及以下高炉、20 吨及以下转炉和电炉；2010 年前淘汰 300 立方米及以下高炉	三年内再淘汰落后炼铁能力 7200 万吨，炼钢能力 2500 万吨，2010 年底前淘汰 300 立方米及以下高炉产能 5340 万吨，20 吨及以下转炉、电炉产能 320 万吨，2011 年底前淘汰 400 立方米及以下高炉、30 吨及以下转炉和电炉	淘汰 90 平方米及以下烧结机，8 平方米以下球团竖炉等铁前系统，400 立方米及以下高炉，200 立方米及以下专业铸铁管厂高炉，30 吨及以下电炉和转炉，复二重线材轧机，叠扎薄板机，横列式棒材及型材轧机，热轧硅钢片，I级螺纹钢和II级螺纹钢

续表

项目	国家发改委《钢铁行业发展政策》	国家发改委《关于控制钢铁工业总量淘汰落后产能加快结构调整的通知》	工信部《钢铁产业调整振兴规划》	工信部《钢铁工业"十二五"发展规划》
时间	2005 年 7 月	2006 年 6 月	2009 年 1 月	2011 年 11 月
产品升级	多数产品基本满足国民经济大部分行业发展需要,推广Ⅲ级及以上级别螺纹钢,各类用途的高强度钢板、H 形钢等钢材品种,鼓励钢铁企业生产高强度钢材和耐腐蚀钢材	2010 年板带比达到50%	重点发展高速铁路用钢,高强度轿车用钢,高档电力用钢和工模具钢,特殊大锻材等;百万千瓦火电及核电用特厚钢板和高压锅炉管,高磁感应低铁损取向硅钢等产品,实现自主化,关键钢材品种自给率达到90% 以上,淘汰335Mpa 及以下钢筋,400Mpa 及以上钢筋使用比例达到 60%以上	建筑行业 400Mpa 及以上高强度螺纹钢比例超过80%,同时详列机械、汽车、造船、家电、电力、特钢等行业重点产品
兼并重组	到 2010 年钢铁冶炼企业数量较大幅度减少,排名前十位的钢铁集团产量占全国比例达到 50% 以上,2020 年达到 70% 以上	形成 2～3 个 3000 千万吨级钢铁集团,排名前十位的钢铁集团产量占比达到 50%以上,巩固鞍本联合成果,要结合首钢搬迁改造,促进与河北省钢铁企业的联合重组,要总结宝钢与上海冶金企业重组的经验,推动其他钢铁企业进行区域内及跨地区的联合重组	排名前五位产能占比达 45% 以上,沿海沿江钢企产能占比达40% 以上,推动鞍本集团、广钢集团、广西钢铁集团、河北钢铁集团和山钢集团完成集团内实质性重组,推进鞍本与攀钢、东北特钢,宝钢与包钢、宁钢等跨地区的重组,推进天津钢管与天铁、天钢、天津冶金公司,太钢与省内钢铁企业等区域内的重组。到 2011 年,全国形成宝、鞍、武等几个产能在 5000 万吨级以上特大型钢企,形成若干个产能在1000 万～3000 万吨级的大型钢企	跨区域:形成 3～5 家具有较强国际影响的集团,完善鞍钢与攀钢、本钢、三缸等,宝钢与广东钢铁企业,武钢与云南、广西钢铁企业,首钢与吉林、贵州、山西等钢铁企业兼并重组。区域内:形成 6～7 家具有较强市场竞争力的企业集团,巩固河北钢铁、山东钢铁重组成果,推进唐山渤海钢铁、太原钢铁开展兼并重组,引导河北、江苏、山东、山西、河南、云南等省内钢铁企业兼并重组

续表

项目	国家发改委《钢铁行业发展政策》	国家发改委《关于控制钢铁工业总量淘汰落后产能加快结构调整的通知》	工信部《钢铁产业调整振兴规划》	工信部《钢铁工业"十二五"发展规划》
时间	2005 年 7 月	2006 年 6 月	2009 年 1 月	2011 年 11 月
节能减排	最大限度地提高三废的综合利用水平,建立循环型钢厂;2005年,全行业吨钢综合能耗降到 0.76 吨标煤,吨钢可比能耗0.7 吨标煤,吨钢耗新水 12 吨以下,2010年分别降到 0.73 吨标煤、0.685 吨标煤、8 吨以下;2020 年分别降到 0.7 吨标煤、0.64 吨标煤、6 吨以下,鼓励用可再生材料		重点大中型企业吨钢综合能耗不超过 620千克标煤,吨钢耗新水低于 5 吨,吨钢烟粉尘排放量低于 1 千克,吨钢二氧化碳排放量低于 1.8 千克,二次能源基本实现100% 回收利用,冶金渣近 100% 综合利用	定性阐述节能减排要点,详细列出重点推广的铁前、炼钢、轧钢、综合节能技术
产业布局	原则上不再单独建设新的钢铁联合企业、独立炼铁厂、炼钢厂,不提倡建设独立轧钢厂。东北要淘汰落后产能,实施联合重组,建设具有国际竞争力的精品基地;华北搞好结构调整,对首钢实施搬迁,与河北省钢铁工业进行重组;华东企业要提高生产集中度和国际竞争力;东南地区建设大型钢铁联合企业;西南发展高附加值产品;西北企业以满足本地需求为主,不追求生产规模扩大		一是建设沿海钢铁基地,按期完成首钢搬迁工程,建成曹妃甸钢铁精品基地,推动宝钢与广东钢铁企业、武钢与广西钢铁企业兼并重组,推动日照钢铁精品基地建设,论证宁波钢铁续建项目;二是推进城市钢厂搬迁	环渤海、长三角地区原则上不再布局新建钢铁基地,河北、山东、江苏、辽宁、山西减量调整产业布局;湖南、湖北、河南、安徽、江西等中部地区不再增加产能总量,推进结构升级;西部地区承接产业转移,适度发展钢铁工业;推进东南沿海钢铁基地建设,加快建设湛江、防城港沿海钢铁精品基地,推进福建宁德钢铁基地建设

项目	国家发改委《钢铁行业发展政策》	国家发改委《关于控制钢铁工业总量淘汰落后产能加快结构调整的通知》	工信部《钢铁产业调整振兴规划》	工信部《钢铁工业"十二五"发展规划》
时间	2005年7月	2006年6月	2009年1月	2011年11月
技术改造	设置企业装备水平和技术标准准入条件,鼓励特钢企业研发军工、轴承、齿轮、工模具钢、耐热、耐冷、耐腐蚀特种钢材		60%以上产品实物质量达国际先进水平,大型装备本地化率92%以上	详细列出技术创新重点覆盖的新工艺、新装备、新材料技术、节能减排新技术及资源、能源循环利用技术,详细列出技术改造要覆盖的需提升质量的钢材品种,资源开发、节能减排、工艺技术、两化融合项目
资源保障	鼓励发展低品位矿采选技术,利用贫矿资源,支持企业到境外建设铁矿、铬矿、锰矿、镍矿、废钢及炼焦煤等生产供应基地		加大国内铁矿资源勘探力度,适度开发利用低品位矿和尾矿,加强对共生矿、伴生矿资源的研究开发和综合利用,提高国产铁矿石自给率,鼓励四川攀西、河北承德地区钒钛资源综合利用,鼓励大型企业开展境外矿产资源项目,沿海钢铁企业尽可能利用国外铁矿石、煤炭等资源	鼓励企业建立与资源所在国利益共享的对外资源开发机制,建立稳定、可靠的铁矿石、铬矿、锰矿、焦煤等原燃料供应基地和运输保障体系,加大国内铁矿资源的勘探力度,提高尾矿回收综合利用水平,重点建设一批废钢加工示范基地,完善加工回收配送产业链,鼓励在海外建立废钢回收加工配送基地
其他				发展钢材深加工,完善物流配送体系,提升产品价值和企业服务功能,促进由钢铁生产商向服务商转变,鼓励国外先进知名钢铁企业参股和投资国内钢铁企业和项目,支持国内钢铁企业在境外投资建设钢厂,参与国外钢铁企业的兼并重组

表 7 - 6 钢铁工业"十一五"规划与"十二五"规划对比

项目	"十一五"规划	实现情况	"十二五"规划
行业集中度	到2010年,国内排名前十位的钢铁企业集团钢产量占全国产量的比例达到50%以上	未完全实现:前十位比例为48%	到2015年,国内排名前十位的钢铁企业集团钢产量占全国产量的比例达到60%以上
节能减排	到2010年,全行业吨钢综合能耗降到0.73吨标煤、吨钢可比能耗0.685吨标煤、吨钢耗新水8吨以下	完全实现:全行业吨钢综合能耗降到0.605吨标煤、吨钢耗新水4.1吨	重点统计钢铁企业焦炉干熄焦率达到95%以上。单位工业增加值能耗和二氧化碳排放分别下降18%,重点统计钢铁企业平均吨钢综合能耗低于580千克标准煤,吨钢耗新水量低于4.0立方米,吨钢二氧化硫排放下降39%,吨钢化学需氧量下降7%,固体废弃物综合利用率97%以上
淘汰落后产能	加快淘汰并禁止新建土烧结、土焦(含改良焦)、化铁炼钢、热烧结矿、容积300立方米及以下高炉(专业铸铁管厂除外)、公称容量20吨及以下转炉、公称容量20吨及以下电炉(机械铸造和生产高合金钢产品除外)、叠轧薄板轧机、普钢初轧机及开坯用中型轧机、三辊劳特式中板轧机、复二重式线材轧机、横列式小型轧机、热轧窄带钢轧机、直径76毫米以下热轧无缝管机组、中频感应炉等落后工艺技术装备	基本实现	淘汰400立方米及以下高炉(不含铸造铁)、30吨及以下转炉和电炉

2. 钢铁行业淘汰落后产能与节能减排相关政策

(1)《工业节能"十二五"规划》(以下简称《规划》)。《规划》从主要目标、重点行业节能途径与措施、重点节能工程、保障措施等方面对"十二五"时期我国工业节能工作做出了相应指导,其中钢铁行业发展目标为:至"十二五"末期,钢铁行业单位工业增加值能耗较2010年下降18%,吨钢综合能耗由2010年的605千克标准煤/吨,降至2015年的580千克标准煤/吨,降幅为4.1%;《规划》还给出了钢铁行业生产中焦化、烧结、高炉等工序的能源利用效率目标以及钢铁行业节能的相关措施建议,使行业节能工作目标更为明确。《规划》对我国未来工业发展的节能工作做出了整体指导,并细化到相关具体行业的发展目标,为工业生产的可持续发展、能源节约提供了政策支持与保障措施，使未来的节能计划得以顺利进行，在工业化进程快速推进过程中具有重要的指导意义（见表7-7和表7-8）。

表7-7 钢铁行业节能途径与措施

序 号	内 容
1	以工序优化和二次能源回收为重点,提高物料、燃料的品质,提高高炉喷煤比和球团矿使用比例,加大废钢回收和综合利用,降低铁钢比
2	大力发展绿色钢材产品,有效控制钢铁产量增长,淘汰90平方米以下烧结机、400立方米及以下高炉、30吨及以下转炉和电炉、炭化室高度小于4.3米(捣固焦炉3.8米)常规机焦炉、6300千伏安及以下铁合金矿热电炉、3000千伏安以下铁合金半封闭直流电炉和精炼电炉
3	加大能源高效回收、转换和利用的技术改造力度,提高二次能源综合利用水平
4	全面推广焦炉干熄焦、转炉煤气干法除尘、高炉煤气干法除尘、煤调湿、连铸坯热装热送、转炉负能炼钢等技术
5	重点推广烧结球团低温废气余热利用、钢材在线热处理等技术
6	示范推广上升管余热回收利用、脱湿鼓风、利用焦炉消纳废弃塑料和废轮胎等技术
7	研发推广高温钢渣铁渣显热回收利用技术、直接还原铁生产工艺等
8	加快电机系统节电技术、节能变压器的应用

表7-8 钢铁行业主要工序能耗及能源利用效率目标

工 序	目 标
焦化	到2015年,能耗达到国家单位产品能耗限额标准先进值的企业数量占比达60%
烧结	到2015年,能耗达到国家单位产品能耗限额标准先进值的企业数量占比达15%
高炉	到2015年,能耗达到国家单位产品能耗限额标准先进值的企业数量占比达15%
电炉	到2015年,能耗达到国家单位产品能耗限额标准先进值的企业数量占比达65%
二次能源综合利用	大中型钢铁企业余热余压利用率达到50%以上,利用副产二次能源的自发电比例达到全部用电量的50%以上

（2）钢铁行业排污标准进一步完善。钢铁工业是能源消耗量较大、污染物排放较多的行业，我国作为钢铁大国，钢铁产量位居世界前列，由此产生的钢铁产能与环境之间的矛盾也越来越突出。根据统计，2010年我国钢铁行业二氧化硫、氮氧化物、烟尘和粉尘的排放量分别占我国工业排放总量的9.5%、6.3%、9.3%和20.7%。为了使我国钢铁行业的发展更为健康，严格控制生产过程中污染物排放量，2012年6月7日环境保护部召开了环境保护部常务会议，审议并原则通过了8项钢铁行业相关的污染物排放标准。此次通过的8项排放标准，涉及污染物的范围更加全面，要求也更加严

格，对于我国钢铁行业控制污染物排放量起到了明确的约束作用，进一步促进了我国钢铁工业向环保、绿色方向发展（见表7-9）。

表7-9　审议通过的钢铁工业8项污染物排放标准

名　　称
《铁矿采选工业污染物排放标准》
《钢铁烧结、球团工业大气污染物排放标准》
《炼铁工业大气污染物排放标准》
《炼钢工业大气污染物排放标准》
《轧钢工业大气污染物排放标准》
《铁合金工业污染物排放标准》
《钢铁工业水污染物排放标准》
《炼焦化学工业污染物排放标准》

（3）工信部于2012年9月3日发布了《钢铁行业规范条件（2012年修订）》（以下简称《条件》）。当前我国钢铁行业正处于总结经验、转型升级的重要时期，以往的粗放经营模式已经不适用于未来的发展需要，钢铁行业的散乱局面需要得到治理，针对我国钢铁行业现状，《条件》从产品质量、环境保护、能源消耗和资源综合利用等6个方面进行了阐述，较为全面地对钢铁行业的生产经营做出了规范，并且还将严格按照上述条件对钢铁企业进行审核，不符合要求的企业，将无法得到相关的政策支持。《条件》的发布对规范钢铁行业经营秩序起到了非常重要的约束作用，不符合《条件》的企业由于无法得到政策支持，将逐步被市场所淘汰，同时环保、淘汰落后产能等重点任务也将得到落实，行业发展将逐步规范（见表7-10）。

表7-10　钢铁行业规范条件

任务	内容
产品质量	1. 钢铁企业须具备完备的产品质量管理体系,保持良好的产品质量信用记录,近两年内未发生重大产品质量问题;2. 钢铁企业产品质量须符合国家和行业有关标准,严禁生产Ⅰ级螺纹钢筋、Ⅱ级螺纹钢筋、热轧硅钢片等需淘汰的钢材产品
环境保护	1. 企业须具备健全的环境保护管理体系,配套必要的污染物治理设施,近两年内未发生重大环境污染事故或重大生态破坏事件;2. 钢铁企业排污须持有排污许可证,达标排放;3. 钢铁企业吨钢烟(粉)尘排放量不超过1.19千克,吨钢二氧化硫排放量不超过1.63千克

续表

任务	内容
能源消耗和资源综合利用	1. 钢铁企业须具备健全的能源管理体系,配备必要的能源(水)计量器具,有条件的企业应建立能源管理中心;2. 钢铁企业主要生产工序能源消耗指标须符合《粗钢生产主要工序单位产品能源消耗限额》和《焦炭单位产品能源消耗限额》等国家和地方标准;3. 钢铁企业须注重资源综合利用,提高各种资源的循环利用率,吨钢新水消耗不超过4.1立方米,固体废弃物综合利用率不低于94%

五　钢铁工业发展中的产能过剩问题

(一)　钢铁工业产能过剩矛盾更为突出

随着我国经济的快速发展及城镇化进程的加速,我国钢铁生产能力已跃居世界第一位。金融危机以来,钢铁工业产能利用率经历先急剧下降,然后快速回升与再度下降的过程。2007年,我国粗钢产能利用率为85.8%;2008年,在国际金融危机的冲击下,粗钢利用率急剧下降至75.8%,下降了10个百分点;2009年、2010年,在4万亿元投资的拉动下,粗钢产能利用率分别上升至81%和82%;2011年,随着刺激政策开始减弱,粗钢产能利用率下降至80%;2012年,我国粗钢产能为99519万吨,同比增长17%,增速较2011年提高6个百分点。与我国粗钢产能不断增长相伴随的是我国钢铁行业的持续不景气,国内粗钢表观消费量不足7亿吨,产量7.16亿吨,粗钢产能利用率为72%,是金融危机以来的最低值,较2011年下滑8个百分点,较2010年下滑10个百分点。粗钢产能过剩明显(见图7-10)。

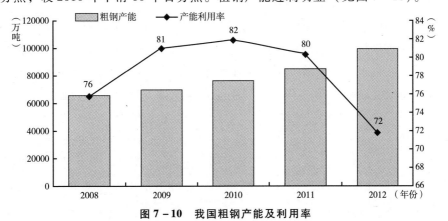

图7-10　我国粗钢产能及利用率

从产品上看,我国钢铁工业由结构性过剩转为全面性过剩。据2012年上半年的调查,我国螺纹钢、线材产能合计39861万吨,据不完全统计,全年还将新增产能3460万吨,产能利用率不足75%。不只低附加值产品出现较为严重的产能过剩,由于较长一段时期以来不锈钢、重轨、宽厚板、热轧和冷轧薄板、电工钢等中高端产品产能快速扩张,这些产品也开始出现明显的产能过剩。以中厚板为例,在2012年产能仍继续增加的情况下,全年特厚板、厚板、中板产量分别下降了11.8%、10.6%、8.8%,产能过剩问题十分突出。2012年,中国热轧产能已超过2.2亿吨,冷轧产能已超过1.2亿吨,电工钢产能将超过1530万吨,产能利用率均处于历史较低水平。

(二) 金融危机以来钢铁行业经济效益恶化

国际金融危机以来,我国钢铁行业经济效益急剧恶化。2008年1~11月,黑色金属冶炼及压延业利润降为1475亿元;2009年随着金融危机的蔓延和扩散,我国钢铁行业1~11月利润更是下降到812亿元;2010年随着经济复苏以及在国家各项刺激政策的作用下,我国钢铁行业1~11月利润回升至1283亿元,但仍未达到金融危机之前的水平。2011年,钢铁行业利润总额上升至2099亿元;2012年行业利润总额急剧下降至1229亿元。从销售利润率指标来看,2006年、2007年的1~11月,规模以上钢铁企业销售利润率处于较高水平,分别为5.1%和5.5%,受金融危机的影响,2008年、2009年1~11月销售利润率急剧下跌至3.5%和2.1%,2010销售利润率小幅回升至2.6%;2011年销售利润率为2.89%,略有上升;2012年,销售利润率几乎下降至1.73%。

2012年,我国钢铁行业生产经营形势非常严峻,下游行业需求疲软,原材料价格维持高位,钢材价格持续下跌,企业财务费用明显上升,利润大幅下降。在需求增长放缓、原材料和资金成本居高不下的情况下,钢铁行业已进入低效益时代。2012年,钢铁企业效益大幅下降,钢铁工业的亏损面达到19.06%,比上年同期增加6.2个百分点。中钢协会员钢铁企业累计实现销售收入35441.1亿元,同比下降4.31%;实现利税740.89亿元,同比下降54.33%;实现利润15.81亿元,同比下降98.22%。全年累计亏损企业23户,同比增加15户,亏损面28.75%,亏损企业亏损额289.24亿元,同比增长7.39倍。

（三）　现阶段钢铁工业产能过剩具有长期性特征

我国钢铁行业已经步入低速增长的"高位平台期"，如果没有及时有效的治理措施，我国钢铁工业产能过剩问题将可能在未来很长一段时期内存在。我国国民经济经过 30 多年高速增长，已经进入必须转变发展方式与调整经济结构的新阶段。进入新阶段后，经济增长速度将放缓，以往过度依赖投资拉动和出口的增长方式亦将难以持续，粗钢的需求强度将明显降低，需求增速将显著放缓。目前我国人均钢铁消费量已经接近甚至高于发达国家的水平：2011 年，世界人均钢材消费量为 214.7 千克，而我国人均钢材消费量为 459.8 千克，虽然不及韩国人均 1156.6 千克的水平，但已经远远超过欧洲 310 千克的平均水平。考虑到我国人口密度大因而桥梁和建筑等钢结构基础设施使用效率高的特点，人均钢铁消费量缺口已经不可能成为驱动我国钢铁工业快速增长的主要动力。同时，鉴于当前我国已形成 10 亿吨粗钢生产能力，钢铁工业固定资产投资仍维持较高水平，加之我国钢铁工业优胜劣汰机制尚未真正建立，市场自发调节供需平衡与产能的机制不能很好发挥作用，未来较长一段时期较为严重的产能过剩将是困扰我国钢铁工业发展的重要问题。

（四）　本轮钢铁工业产能过剩形成的原因

要素市场扭曲与地方保护主义仍然是导致本轮钢铁工业产能过剩、产业兼并重组困难的主要原因。钢铁企业往往是当地经济、财政的支柱，地方政府大多积极支持本地钢铁企业尤其是地方国有钢铁企业的发展。根据我们近年调研的情况，地方政府通常都为本地钢铁企业产能投资提供大量廉价土地以及税收上的优惠，甚至环境治理上放松标准，企业陷入严重亏损时地方政府还会为企业提供财政补贴和资助。在地方政府的支持和保护下，钢铁企业往往具有强烈扩张规模与过度产能投资的倾向，并会倾向于对市场需求的增长做出过度反应，进而导致全行业产能过剩。

中国钢铁产业政策中强烈的"扶大限小"的倾向，使得大中型钢铁企业为了争取政策重点支持、小钢铁企业为避免成为被产业政策限制甚至强行淘汰的对象并获得发展空间，而具有强烈的规模扩张动机，这在很大程度上扭曲了企业投资行为，使得企业有强烈过度投资的倾向，并进而会导致行业内产能过剩。政策部门习惯在产能利用率下降、竞争加剧的时候，便强化对中小企业（尤其是中小民营钢铁企业的限制）而保护在位大企业（尤其是国有大型钢铁企业）的做法，还会带来道德风险，进一步强化大企业过度投资行为。钢铁行业投资项目审批中设定比较高的设备规模标准，淘汰落后产能时以设备规模作为落后产能标准的做法，在一定程度上加深了钢铁行业产能过剩的严重程度。淘汰落后产能以设备规模作为主要标准，导致小钢铁企业避免被淘汰而投资相对大规模的高炉和转炉，在投资审批过程中设定比较高的设备规模标准，使得企业在扩大规模时，不得不选择大规模设备和生产线；在准入标准中设定比较高的规模标准，则会使得小企业避免被淘汰而进行新的产能投资。这些都会进一步加深产能过剩的严重程度。

国民经济增速放缓是本轮钢铁工业产能过剩形成的直接原因。国际金融危机以来，加大基础设施建设与刺激家电、汽车等产品消费需求等政策，为国民经济的企稳回升起到了极为关键的作用，同时也带动了钢材消费需求的快速回升，钢铁行业产能投资与产能随之恢复较快增长。随着政策的逐渐退出，基础设施建设投资增速明显放缓，家电、汽车等产品消费增长乏力，加之世界经济持续疲弱，钢材需求增速显著放缓。而近年来投资的新建项目不断形成新的产能，从而导致当前钢铁行业较为严重的产能过剩问题。从某种意义上说，上一轮强劲的经济刺激政策正是本轮钢铁工业产能过剩的诱因。

国有钢铁企业比重过高且大部分国有钢铁企业效率低下，进一步加剧了产能过剩和产能退出障碍的程度。2011 年，黑色金属冶炼与压延加工业中，国有和国有控股企业仍然占规模以上企业资产总额的 54.5%，占规模以上企业总产值的 36.9%；国有及国有控股企业总资产贡献率、成本费用利润率分别为 4.79% 和 1.19%，远低于行业平均水平的 8.88% 和 3.39%。但由于地方政府的隐性补贴，一些低效率的国有企业仍能维持生存，严重阻碍了优胜劣汰的市场调节机制。同时，由于有大量低效率的国有钢铁企业存在，即使已经出现产能过剩的情况，具有效率、管理、成本等多重优势的民营钢铁企业仍然会认为进一步扩大产能是合理的投资选择。这样一来，钢铁工业产能过剩势必出现雪上加霜的态势。

第八章
光伏产业产能过剩问题解析

以往重复建设、产能过剩问题多发生于钢铁、水泥、电解铝等传统产业领域，金融危机以来，光伏、风电设备等新兴产业产能过剩问题凸显。近年来，光伏产业的产能过剩问题日趋严重，多数企业处于停产、半停产状态，江西赛维、无锡尚德等龙头企业深陷破产危机。因而，解析光伏产业产能过剩问题及其形成机理具有重要意义。

一　我国太阳能光伏产业发展的基本情况

（一）我国太阳能光伏产业链发展现状

2008年，我国太阳能多晶硅产量为4500吨左右，电池片产量为2000兆瓦左右，光伏组件产量为2000兆瓦左右，占全球产量的1/3，超过了之前一直居全球市场份额首位的日本，成为全球第一大生产国。2009年，中国的太阳能电池产量达到4.3吉瓦，占全球份额已达到40%。

目前，中国已经成为世界上产量最大的太阳能产品生产国之一，生产规模迅速扩大，涌现出无锡尚德、天威保变/江苏中能、江西赛维等太阳能光伏产业代表企业。同时，中国具有一定规模已建成、在建及拟建的太阳能光伏产业基地5个，主要集中于环渤海区域、长三角区域的江苏、华中华南地区的湖北以及广东等几个产业聚集区。

目前，主要光伏产业聚集区已形成明显的区域特点，四川、河北、江苏的光伏产业链最为完整。其中，四川地区是国内光伏产业链完整的产业聚集区，江苏与河北以下游组件为主，江西、浙江、深圳等以下游组件企业为主，河南、内蒙古、宁夏等地则以上游多晶硅原料为主。

东中部地区以下游组件为主，四川则成为国内产业相对较完整的光伏产业聚集地，西北地区以上游多晶硅原料为主，是全国光伏产业地区分布基本格局。

1. 高纯度硅料生产

硅提纯形成的产业处于太阳能光伏产业最上游，对资金、技术、环保要求高、能耗高。由于资金和技术上的问题，我国的太阳能电池原料的生产大多数是从国外进口的。2004 年我国多晶硅有 99% 靠进口，随着我国经济实力的提高，技术有所突破，现在我国的多晶硅 50% 以上可以不用靠进口，但事实是还有一半需要从国外进口，总的来说我国硅提纯技术还要进一步研发。海关数据显示，2011 年上半年累计进口多晶硅达到 30389 吨，累计出口多晶硅 680 吨。从进出口状况看，中国多晶硅仍然无法满足自身需求。

在过去几年里，国内多晶硅产量和产能都处于快速扩张之中。2007 年，国内投产的项目有洛阳中硅、新光硅业、江苏中能、东汽峨嵋，这 4 家当年产量 1130 吨。2008 年，新投产项目有 10 家。2009 年 1 月，投产 2 家，在建还有 30 家左右。总产能超过 8 万吨，按 8 克/瓦计，可供应 10 吉瓦。这些项目绝大多数用的是西门子改良法生产工艺。在 2008 年以前，由于晶体硅产业的产量有限，硅锭、硅片的生产对原材料依存度高，受到一定的阻碍，硅原料的供应量少，使硅片行业产生高额利润。但是 2008 年之后，由于多晶硅的大量生产，使得硅锭、硅片的生产原料供应不再是问题，由此出现了大量的硅锭生产企业。此环节的产量变化，直接影响到下一环节的生产成本，对产业发展意义重大。

2. 太阳电池

2002 年以来，我国的光伏电池生产能力、组件封装、制造能力迅速提升，实现了跨越式的发展，迅速向世界光伏制造大国迈进，尤其是光伏电池的产能扩展迅速。2007 年，我国就已成为世界最大太阳能电池制造国。2009 年，世界光伏电池总产量为 9340 兆瓦，同比增长 36.35%；中国光伏电池产量为 4382 兆瓦，同比增长 66.24%，占全球产量的 46.92%，但 95% 以上产品出口国外。2010 年，我国的太阳能电池的产量已达 8 吉瓦，占世界产量的 50%。虽然此环节对技术的要求也比较高，但是经过努力我国在这方面的技术已经与国外水平相当，存在的问题是我国技术一般是借鉴、吸收，缺乏自主创新研发能力，核心技术没有完全掌握。出于多方考虑，比如风险利润，我国太阳能电池制造的企业比较多，但是参差不齐。

太阳能电池组件的制造封装属于劳动密集型产业，对技术、资金的要求不高，由于其发展门槛低，我国有上百家企业从事该行业，2008 年的太阳能电池的组装产量为 40 兆瓦，到 2011 年增加到 2.7 吉瓦，产量增速很快，所以我国的电池组装产业发展还是比较顺利的，但是产品的附加值不高，产业发展没有大前途，利润比较低。由于其下游产业的市场化程度比较低，电池组件大多数还是出口国外，高度依赖国外市场，在外界冲击情况下较容易出现组件产能过剩问题，企业竞争力小，生产很不稳定。

3. 光伏系统应用环节

光伏系统应用对各方面的综合要求比较高，光伏系统应用主要指在边远地区、农村地区应用，还有光伏照明、太阳能光伏商品等独立系统以及光伏并网发电系统。2007 年，我国光伏应用系统利用在农村电气化所占份额为 42%，在通信和工业应用上占 30%，在光伏产品（路灯、交通信号灯、LED 照明等）占 22%，而光伏并网系统只占 6%。相对世界其他国家而言，它们光伏系统主要以光伏并网系统为主，而我国主要以独立系统为主，光伏并网发电还处于初期，从而制约了我国光伏产业应用的发展。

依据上述对产业链的分类，在上游硅料、中游组件和下游电站所构成的光伏产业链中，中国光伏产业呈现两头小、中间大的畸形发展态势。国内的光伏企业，大都集中在多晶硅片、电池组件等产品的生产和销售上，各家产品大多同质化，生产门槛不高，产能急速扩张，而依靠规模建立的成本优势却并不高。由于缺乏核心技术，中国光伏电池生产规模虽已居世界第三位，却仍走不出"两头在外"挣小钱的老模式，并引发了环境污染等一系列难题。

自 2005 年中国光伏组件产业出现爆发性增长至今，该产业一直处于畸形发展的状态。一方面，光伏产业市场与原料"两头在外"——产品的 70% 销往欧洲，同时从欧洲大量进口硅原料。在产业链中游环节，太阳能电池组件的制造封装属于劳动密集型产业，对技术、资金的要求不高，由于其发展门槛低，我国有上百家企业从事该行业，2008 年的太阳能电池的组装产量为 40兆瓦，到 2011 年增加到 2.7 吉瓦，产量增速很快，但是产品的附加值不高，产业发展没有大前途，利润比较低。由于其下游产业的市场化程度比较低，电池组件大多数还是出口国外，并且很容易出现组件产能过剩问题，企业竞争力很小。另一方面，大量涌现的光伏组件制造商并未推动本国光伏发电项目发展。受制于电网并网问题及产业政策乏力,国内光伏发电一直未取得与组件产业相应的发展速度。我国的太阳能光伏产业是两头在外、中间在内的发展模式,高技术高利润的产业都在国外,存在原料、产品发展隐患。中国光伏行业的发展主要是靠消耗中国的能源为基础,这种模式必然难以为继。

(二) 我国太阳能光伏产业链的特征

自"十一五"以来,在中国政府鼓励发展清洁能源的背景下,中国光伏电池产量已连续 5 年超过 100% 的增长率快速发展。2007 年以来,世界光伏生产第一大国连续 6 年是中国。2012 年,中国光伏电池产量达 23 吉瓦,全球市场占比超过 50%。据统计,中国目前从事光伏产业的规模以上(年收入超 500 万元)企业数量近 600 家,行业年产值超过 3000 亿元,直接从业人数超过 30 万人。

1. 产业链上游,市场结构高度集中

2010 年,我国主要多晶硅企业前 4 大厂商(保利协鑫、洛阳中硅、赛维 LDK、江苏大全)的多晶硅产量占比达到 75.98%,前 10 大厂商产量占比达九成。我国的多晶硅产业基本上处于极高的寡占型市场结构,市场的垄断程度较高,行业内部的主导企业市场占有率处于较高水平。

2. 产业链中游,电池产量增长迅猛

在世界光伏市场的强力拉动下,中国太阳能光伏电池产业通过引进、消化、吸收和再创新,取得了长足的进步。中国太阳能电池产业的发展大致可分为三个阶段。第一阶段为 1984 ~ 2000 年的研究开发时期;第二阶段为 2001 ~ 2004 年的产业形成时期(尚德等太阳能电池厂商开始创业);2005 年至今的第三阶段是中国太阳能电池产业的快速发展时期。

自 2002 年以来,我国的光伏产业制造能力实现了跨越式的发展。2002 年,光伏制造产业电池和组件产量均位居世界第七。2005 年,中国光伏电池和组件制造位列世界前四强。2007 年是我国光伏电池生产的重大转折点。2007 ~ 2012 年,我国的光伏电池产量连续六年居全球第一位。2007 年,我国光伏电池产量达到 1088 兆瓦,占全球的 24.91%,超越欧洲、日本成为全球光伏电池生产第一大国。2010 年,国内光伏电池产量约 10 吉瓦,占全球总产量的 45% 左右。2012 年,我国光伏电池产量近 23 吉瓦。

3. 产业链下游,累计装机容量规模全球占比小

由于资源能源禀赋和技术水平的限制,形成了长期以来我国燃煤发电的能源供给结构。近年来，光伏发电技术进步加快，但是，光伏发电成本仍然偏高，导致我国的光伏发电需求应用市场发育缓慢。截至 2012 年，我国光伏装机容量在全球新装机容量中的比例和累计装机容量中的比例都很低。2012 年，累计装机容量不足世界总容量的 1%，新装机容量在 5% 左右。

2009 年以来，为了进一步实现低碳清洁发展，培育国内光伏产业应用市场健康发展，《太阳能光电建设应用财政补助资金管理办法暂行办法》《关于实施金太阳示范工程的通知》《关于加快推进太阳能光电建筑应用的实施意见》等国内光伏补贴计划其配套政策相继出台，大大加快了光伏应用市场的发展。但是，与全球光伏发电装机规模迅速发展的趋势相比，我国的容量仍然很小。2012 年，我国光伏发电装机容量仍然不到全球的 5%。

4. 产业链下游，新增装机容量增长迅速

整体来看，与全球光伏市场横向比较，我国光伏产业国内市场启动晚、规模小，导致我国的光伏产业严重依赖国外市场需求，光伏发电累计装机容量规模小、全球占比低。但是，纵向比较来看，"十一五"以来，我国光伏市场新增装机容量发展迅速。2007 年，我国累计光伏装机容量仅仅为 0.1 吉瓦；截至 2012 年，我国累计光伏装机已达 4.5 吉瓦。2007～2012 年，国内光伏新增装机年均增长率超过 128.53%，增幅迅速。

二　我国光伏产业面临的问题

在上游硅料、中游组件和下游电站所构成的光伏产业链中，中国光伏产业明显呈现两头小、中间大的畸形发展态势。国内的光伏企业，大都集中在多晶硅片、电池组件等产品的生产和销售上，各家产品大多同质化，生产门槛不高，产能急速扩张，而依靠规模建立的成本优势却并不高。由于缺乏核心技术，中国光伏电池生产规模虽已居世界第三位，却仍走不出"两头在外"挣小钱的老模式，并引发了环境污染等一系列难题。

（一）两头小、中间大，产品同质竞争激烈

自 2005 年中国光伏组件产业出现爆发性增长至今，该产业一直处于畸形发展的状态。一方面，光伏产业市场与原料"两头在外"——产品的70% 销往欧洲；另一方面，从欧洲大量进口硅原料。在产业链中游环节，太阳能电池组件的制造封装属于劳动密集型产业，对技术、资金的要求不高，

由于其发展门槛低，我国有上百家企业从事该行业，2008 年的太阳能电池的组装产量为 40 兆瓦，到 2011 年增加到 2.7 吉瓦，产量增速很快，同质竞争加剧了产品价格下滑，产品的附加值进一步降低，企业普遍处于较低利润的生存水平。我国的太阳能光伏产业是两头在外、中间在内的发展模式，高技术、高利润的产业都在国外，存在原料、产品发展隐患。

（二）高度依赖国外市场，内需不足

大量涌现的光伏组件制造商并未推动本国光伏发电项目发展。受制于电网并网问题及产业政策乏力，国内光伏发电一直未取得与组件产业相应的发展速度。因而，我国太阳能光伏产业下游的市场化程度比较低，电池组件大多数还是依赖国外市场，据欧盟的计算，2011 年中国向欧盟出口了总价值 210 亿欧元的太阳能面板和相关部件，出口量占中国光伏制造业总产量的 70%。产品高度依赖国外市场，导致产品很容易受外界冲击出现产能过剩现象，不利于企业提高竞争力。

（三）核心技术欠缺，生产成本较高

10 年间，中国光伏产业的产能已经超过了全世界装机容量的近一倍，但核心技术却依然捉襟见肘。以多晶硅企业为例，目前国内绝大部分多晶硅企业生产成本在 33～40 美元/千克之间，约比国外高 10 美元/千克。而多晶硅进口价格快速下滑，国际多晶硅产品将进一步通过低价策略，涌入中国市场。

成本如此之高，利润何来？目前，绝大多数中国光伏企业的生产业务都集中在技术含量低、生产工艺简单、劳动密集型、污染和耗电严重的硅片生产、电池片生产、组件组装等低附加值环节。在多晶硅提纯环节，中国企业采取的依然是"非闭环改良西门子法"，而德国、美国、日本等国企业已经开始采用技术更高、污染较小的"闭环改良西门子法"。但由于"三头（设备、原材料、市场）在外"的不利处境，许多企业宁愿把资金用来扩充产能来获取短期的高额利润，却不愿用来更新设备或研发新的生产技术，从而获取长远的多方面的利益。

（四）光伏市场信号扭曲

太阳能光伏作为国家战略性新兴产业，需要一定的产业政策的引导和扶持，以适应全球新的能源竞争。也可以说，各国的光伏产业的发展壮大都离

不开政府。由于我国地方政府的政绩考核机制，光伏产业的发展在很大程度上盲目地由政府推动，企业变相获得土地、资本等方面的扶持，造成市场价格信号扭曲，反而不利于光伏产业的进一步发展。在全国 31 个省份把光伏产业列为优先扶持发展的新兴产业。在这 600 个城市中，有 300 多个发展太阳能光伏产业，有 100 多个建立了太阳能光伏产业基地，而身处其中的光伏企业则数不胜数。如此之多的光伏产业基地，不断地推进光伏业疯狂的产能扩张，以至于 2011 年中国光伏的产能达到了 40 吉瓦，而全世界的装机容量才 28 吉瓦。

三　我国太阳能光伏产业政策

"十一五"以来，我国光伏产业迅猛发展，国家连续出台了各类产业政策。从近年来我国出台的光伏产业政策来看，主要有产业规划政策、产业扶持政策、产业标准政策以及产业法规政策四大类。具体政策见表 8-1。

表 8-1　我国太阳能光伏产业相关政策一览

类别	名　称	发文单位	时间
规划类	《国家中长期科学和技术发展规划纲要(2006~2020 年)》	国务院	2006 年
	《关于加快培育和发展战略性新兴产业的决定》	国务院	2010 年
	《可再生能源中长期发展规划》	国家发改委	2007 年
	《可再生能源发展"十二五"规划》	国家发改委	2012 年
	《关于促进战略性新兴产业国际化发展的指导意见》	商务部	2011 年
	《可再生能源产业发展指导目录》	国家能源局	2005 年
	《国家能源科技"十二五"规划》	工信部	2011 年
	《产业关键共性技术发展指南(2011 年)》	财政部	2011 年
	《太阳能光伏产业"十二五"发展规划》	财政部	2012 年
	《太阳能发电发展"十二五"规划》	国家能源局	2012 年
	《"十二五"国家战略性新兴产业发展规划》	国务院	2012 年
	《关于加快推进太阳能光电建筑应用的实施意见》	财政部、住建部	2011 年
扶持类	《可再生能源发电价格和费用分摊管理试行办法》	国家发改委	2006 年
	《可再生能源发展基金征收使用管理暂行办法》	财政部	2011 年
	《金太阳示范工程财政补贴资助资金管理暂行办法》	财政部、科技部、国家能源局	2009 年
	《关于实施金太阳示范工程的通知》	财政部	2009 年
	《产业结构调整指导目录(2011 年)》	国家发改委	2011 年
	《关于完善太阳能光伏发电上网电价政策的通知》	国家发改委	2011 年

续表

类别	名　称	发文单位	时间
扶持类	《关于加强太阳能光电建筑应用示范后续工作管理的通知》	财政部	2011 年
	《关于组织 2012 年度可再生能源建筑应用相关示范工作的通知》	财政部	2011 年
	《关于做好 2012 年金太阳示范工作的通知》	财政部	2012 年
	《关于申报分布式光伏发电规模化应用示范区的通知》	国家能源局	2012 年
	《关于组织实施 2012 年度太阳能光电建筑应用示范的通知》	财政部	2011 年
	《关于做好分布式光伏发电并网服务工作的意见(暂行)》	国家电网公司	2012 年
	《可再生能源发电有关管理规定》	国家发改委	2006 年
标准类	《多晶硅行业准入条件》	工信部、国家发改委、环保部	2011 年
	《400V 以下并网光伏专用逆变器技术条件和试验方法》	北京鉴衡认证中心	2009 年
	《外商投资产业指导目录(2011 年修订)》	国家发改委、工信部	2011 年
	《多晶硅太阳能组件生产标准》	海关总署、国家发改委	2011 年
	《光伏并网发电关键技术标准研制》	国家质检总局	2011 年
法规类	《中华人民共和国可再生能源法》	全国人大常委会	2005 年
	《中华人民共和国节约能源法》	全国人大常委会	2007 年
	《中华人民共和国可再生能源法修正案》	全国人大常委会	2009 年

(一) 规划类政策

产业规划政策对于光伏发电产业整体而言,具有全局性、战略性和方向性的引导作用,是光伏产业发展的重要指引和目标。这些规划对于促进太阳能光伏发电产业的快速发展有很大的方向性作用,是太阳能光伏产业开发利用和引导光伏产业发展的主要依据,基本决定了我国未来一定时期的光伏市场规模。

近年来,国家陆续出台了《可再生能源中长期发展规划》《可再生能源发展"十一五"规划》《国民经济和社会发展"十二五"规划纲要》《太阳能光伏产业"十二五"发展规划》《太阳能发电发展"十二五"规划》《"十二五"国家战略性新兴产业发展规划》及《国家能源科技"十二五"规划》等。

2006 年 2 月,国务院发布了《国家中长期科学和技术发展规划纲要(2006~2020 年)》将太阳能发电确定为我国科学和技术发展的优先主题。

2007 年,国家发改委发布的《可再生能源中长期发展规划》确定了太阳能发电的中长期目标:到 2010 年,我国可再生能源年利用量将达到 2.7

亿吨标准煤，其中太阳能发电将达到 30 万千瓦，到 2020 年，我国一次能源消费结构中可再生能源比例将由 2007 年的 7% 提升到 16%，太阳能发电达到 180 万千瓦。

2008 年 3 月，国家颁布了《可再生能源发展"十一五"规划》。规划明确指出，风能和太阳能是未来 10 年发展的重点领域。2006～2010 年，预计太阳能光伏装机容量的年均增长率将达到 80.86%；到 2020 年，我国光伏装机容量将达到 180 万千瓦，年发电量达 21.6 亿千瓦时。

《新能源产业振兴规划》明确，到 2020 年我国光伏发电累计装机容量目标为 20 吉瓦，是原规划的 12.5 倍。《太阳能光伏产业"十二五"发展规划》提出，2015 年实现装机 200 万千瓦，2020 年实现装机 2000 万千瓦的发展目标。

2012 年年底以来，我国不断上调光伏发电装机目标。国家能源局《太阳能发电发展"十二五"规划》提出，到 2015 年底我国太阳能发电装机容量达到 2100 万千瓦以上（这意味着未来 3 年我国光伏发电装机容量有望扩大 6 倍以上），2020 年达到 5000 万千瓦。

（二）扶持类政策

2006 年 1 月，《可再生能源发电价格和费用分摊管理试行办法》公布。提出可再生能源发电价格实行政府定价和政府指导价两种价格。其中，太阳能发电项目实行政府定价，价格主管部门制定标杆电价，电价标准由各省 2005 年脱硫燃煤机组标杆上网电价加补贴电价组成（补贴电价标准为每千瓦时 0.25 元）。

2006 年 5 月，《可再生能源发展专项资金管理暂行办法》（财政部）规定，重点扶持太阳能等在建筑物中的推广应用，将以无偿资助和贷款贴息两种方式提供可再生能源发展专项资金。

2009 年 3 月，为了实施我国"太阳能屋顶计划"，财政部、住建部推出《关于加快推进太阳能光电建筑应用的实施意见》，加快光电在城乡建设领域的推广应用，从而激活市场需求，启动国内应用市场，积极推进太阳能屋顶、光伏幕墙等光电建筑一体化示范，支持在农村与偏远地区发展离网式发电。

2009 年 3 月，财政部出台《太阳能光电建筑应用财政补助资金管理暂行办法》。"太阳能屋顶计划"采用美国模式。补助标准原则定为 20 元/瓦，补助后发电成本约为 1 元/千瓦时左右，增强了光电竞争力，有利于更好地开拓国内市场。

2009 年 7 月，财政部、科技部、国家能源局联合印发了《关于实施金太阳示范工程的通知》，决定采取财政补助、科技支持和市场拉动综合方式，进一步加快太阳能光伏产业化和规模化发展，计划在 2～3 年内，安排294 个示范项目，总投资近 200 亿元，发电装机总规模为 642 兆瓦，年发电量约 10 亿千瓦时，采取财政补助方式支持不低于 500 兆瓦的光伏发电示范项目总投资额 50%～70% 的补贴。金太阳示范工程是财政部继光伏建筑补贴政策推出之后的最大举措，同光伏建筑补贴政策互为补充，共同涵盖了光伏产业下游的主要应用领域，以用户侧并网光伏发电项目、无电地区光伏发电项目和大型并网光伏发电项目三项为主要补贴范围。

2011 年 7 月 24 日，为规范太阳能光伏发电价格管理，国家发改委推出《关于完善太阳能光伏发电上网电价政策的通知》，对全国非招标太阳能光伏发电项目实行统一的标杆上网电价。通知要求，以 2011 年 7 月 1 日为核准建设、2011 年 12 月 31 日为建成投产的时间分界线，除西藏上网含税电价统一核定为每千瓦时 1.15 元外，每千瓦时 1 元。

2012 年 3 月 14 日，为了规范可再生能源电价附加的资金管理，财政部、国家发改委、国家能源局出台《可再生能源电价附加补助资金管理暂行办法》。《暂行办法》规定可再生能源发电项目上网电量的补助标准，并且按上网电量专门针对可再生能源发电项目接入电网系统而发生的工程投资和运行维护费用给予适当补助。对于由国家投资或补贴建设的公共可再生能源独立电力系统的销售电价，其合理运管费用超出销售电价的部分，每年补助 0.4 万元/千瓦，执行同一地区分类销售电价。

2012 年 9 月和 10 月，扶持分布式光伏发电产业的两个重要文件《关于申报分布式光伏发电规模化应用示范区的通知》《关于做好分布式光伏发电并网服务工作的意见（暂行）》相继推出，让分布式光伏发电产业成为令人瞩目的新星。

为落实可再生能源发展"十二五"规划，促进太阳能发电产业可持续发展，中国国家能源局发布了《关于申报分布式光伏发电规模化应用示范区的通知》，以此展开对分布式光伏发电应用示范区建设。通知提出，示范区的分布式发电项目应具备长期稳定的用电负荷需求和安装条件，所发电量主要满足自发自用。优先选择电力用户电价高、自用电量大的区域及工商企业集中开展应用示范，选择具备规模化利用条件的城镇居民小区或乡镇

（村）开展集中应用试点。在补贴方面，国家对示范区的光伏发电项目实行单位电量定额补贴政策，对自发自用电量和多余上网电量实行统一补贴标准。项目的总发电量、上网电量由电网企业计量和代发补贴。通知要求，电网企业配合落实示范区分布式光伏发电项目接入方案并提供相关服务，规范并简化分布式光伏发电接入电网标准和管理程序，推进分布式光伏发电的规模化应用。

为了落实国家能源局《关于申报分布式光伏发电规模化应用示范区的通知》，应对我国光伏产品遭遇欧美"双反"调查的严峻挑战，国家电网公司出台了《关于做好分布式光伏发电并网服务工作的意见（暂行）》。意见明确，对单个并网点总装机容量不超过 6 兆瓦，且 10 千伏及以下电压等级接入电网的发电项目，国家电网免收服务费、系统备用费，并承担分布式光伏接入引起的公共电网改造，以及接入公共电网的接网工程全部由电网企业投资。根据测算，单个并网点总装机容量不超过 6 兆瓦的范围能涵盖所有的屋顶和光电建筑一体化项目。分布式光伏发电项目免收系统备用费。

（三）产业标准政策

1987 年，全国太阳光伏能源系统标准化技术委员会成立，制定了部分太阳光伏能源系统领域的基础类标准，并且对部分国际通用的 IEC（国际电工委员会）光伏标准进行了转化，替代了原有的部分标准。目前，主要由国家标准化管理委员会牵头制定光伏标准。

"十一五"以来，为了进一步促进光伏产业的健康发展，优化产业结构，国家出台了《可再生能源发电有关管理规定》《多晶硅行业准入条件》等系列光伏产业标准政策，对于规范光伏产业健康发展意义重大。

2006 年 2 月 6 日，国家发改委公布《可再生能源发电有关管理规定》，明确了可再生能源发电项目的审批和管理方式，给企业进入可再生能源发电产业提供了指导方向和实施标准，鼓励国内各类经济主体参与可再生能源开发利用。

2009 年 8 月，按照国家认监委《认证技术规范管理办法》和《认证技术规范管理办法实施细则》要求，中国电力科学研究院等单位共同起草了认证技术规范 CGC/GF001：2009《400 V 以下并网光伏专用逆变器技术条件和试验方法》，为我国并网光伏逆变器的健康发展提供了科学、合理的技术依据。

2011 年 1 月，为促进多晶硅行业节能降耗、淘汰落后产能和结构调整，引导行业健康发展，工业和信息化部、国家发展改革委、环境保护部会同有关部门制定了《多晶硅行业准入条件》。准入条件本着坚决抑制行业重复建设和产能过剩的目的，按照优化布局、调整结构、节约能源、降低消耗、保护环境、安全生产的原则，制订了多晶硅行业准入条件。该条件规定，太阳能级多晶硅项目每期规模大于 3000 吨/年，半导体级多晶硅项目规模大于 1000 吨/年。严格控制在能源短缺、电价较高的地区新建多晶硅项目，对缺乏综合配套、安全卫生和环保不达标的多晶硅项目不予核准或备案。

2011 年底，以我国知名光伏企业英利集团生产工艺为基础的多晶硅太阳能光伏组件加工贸易单耗标准通过海关总署审定。我国多晶硅太阳能光伏组件生产诞生第一个国家标准。

2011 年，为了提高光伏发电的整体水平，保障电网运行安全，公益性行业科研专项科研项目《光伏并网发电关键技术标准研制》由国家质检总局发布，这是我国关于光伏并网发电的最新标准，包括 14 项光伏并网发电国家标准、10 项光伏并网发电行业标准。光伏并网发电新标准的出台，使光伏发电产业链各个环节有了规范性、约束性标准，将达不到标准的企业排除在外。

2012 年，国家标准化委、工信部、国家能源局共同组建光伏发电及产业化标准推进组，负责光伏并网发电标准化日常管理工作，中国电科院、国网电科院等单位参与体系及相关标准制定工作，旨在通过研究国内外光伏并网发电的标准体系，构建适合我国的光伏并网发电标准体系。

（四）产业法规政策

为了进一步促进太阳能光伏产业的持续健康发展，"十一五"以来，我国出台了《中华人民共和国可再生能源法》等法规，从国家意志层面明确了光伏发电产业的重要地位，产业法规政策对于产业的发展起到保障的重要作用。

2005 年 2 月 28 日，全国人大常委会通过《中华人民共和国可再生能源法》，确立了可再生能源总量目标制度、并网发电审批和全额收购制度、上网电价与费用分摊制度、专项资金和税收、信贷鼓励措施。这是一部关系国家能源和环境安全，关系国家可持续发展的重要法律。《可再生能源法》及有关政策共同构成了促进可再生能源发展的电价政策框架，确立了可再生能源电价政策方向。《可再生能源法》及其配套规章实施以来，光伏发电等可再生能源发电建设步伐逐年加快，发展环境明显改善，可再生能源发电装机容量和发电量快速增长，电网企业在可再生能源发电接入工程建设、上网服务、并网安全运行保障、电量优先调度、电费全额结算等工作方面有较大提高，进一步促进了可再生能源产业的发展。

2009 年 12 月 26 日，全国人大常委会通过《中华人民共和国可再生能源法修正案》，界定可再生能源的范围，具体规定了资源调查发展规划、产业指导、技术支持、价格管理、费用补偿、经济激励、监督措施及法律责任。

为了解决我国能源消费增长快、能耗高、能效较低问题，有效缓解节能工作形势严峻，2007 年 10 月，《节约能源法修订草案》出台，明确规定："国家实行节约资源的基本国策，实施节约与开发并举、把节约放在首位的能源发展战略。"新的《节约能源法》为我国科学发展再添法律利器，将有助于解决当前我国经济发展与能源资源及环境之间日益尖锐的矛盾，进一步促进了光伏产业的长远发展。

（五）地方层面光伏产业政策

除了以上国家层面的光伏发电政策体系之外，一些地方政府也颁发了相关政策规划。主要有《北京市加快太阳能开发利用促进产业发展指导意见》《浙江省关于加快光伏等新能源推广应用与产业发展的意见》《江西省光伏产业发展规划》《江苏省光伏发电推进意见》《上海推进新能源高新技术产业化行动方案（2009～2012 年)》《江苏新能源产业调整和振兴规划纲要》《内蒙古光伏产业发展纲要》以及宁夏《关于进一步加快新能源产业发展的若干意见》、山东《加快新能源产业发展的指导意见》等。

四　光伏产业产能过剩的基本情况

我国主要光伏企业在 2011 年第四季度均出现不同程度的亏损。中小企业的生产情况更为惨淡，据赛迪智库光伏产业研究所调查显示，我国半数以上的中小电池组件企业已经停产，30% 大幅减产，10%～20% 小幅减产或努力维持，并已开始不同程度裁员。多家多晶硅企业减产、停产或破产，许多工人下岗。产品价格一路下跌，跌势开始趋缓。2011 年一季度末以来，整个产业链价格一路下跌，目前多晶硅、硅片、电池、组件均价分别为16.58MYM/千克、0.29MYM/瓦、0.45MYM/瓦、0.67MYM/瓦，分别较年初下降45.64%、27.06%、9.05%、29.65%，总体下跌趋缓。

2012年前三季度全行业实现销售收入248.92亿元，同比下滑18.55%，其中光伏设备、硅片－电池－组件、逆变器和辅材环节分别增长－58.21%、－34.87%、－0.50%和－22.72%。受"双反"和欧洲反倾销立案的影响，我国光伏企业受到的冲击巨大，长期挤压的产能过剩问题凸显。表8－2和表8－3显示了利用多晶硅产业的产能利用率和全球产能供需表来测度的产能过剩。

表8－2　2007～2011年我国多晶硅产能/产量情况

年　　份	2007	2008	2009	2010	2011
产能(吨)	5000	15000	40000	85000	160000
产量(吨)	1093	4685	20071	45000	84000
产能利用率(%)	21.86	31.23	50.18	52.94	52.5

资料来源：CPIA 2012.04。

表8－3　2010～2012年全球太阳能电池产能和装机供需情况及预测

年　　份	2010	2011	2012
产能供给(吉瓦)	41	63	80
产能需求(吉瓦)	16.8	29.7	40.2
超额供给比例(%)	144	112	99

五　产能过剩的原因分析

（一）全球经济低迷的影响

由于欧债危机的延续，欧洲各国纷纷下调补贴标准。德国、意大利和西班牙等在内的欧洲光伏装机大国陆续推出一系列削减或停止光伏上网电价补贴的政策，欧洲各国上网电价补贴呈不断削减态势。从主要光伏应用地区对太阳能光伏政策的调整来看，欧洲各国呈上网电价补贴不断削减态势。其中，德国的10兆瓦以下的光伏系统的上网电价补贴从0.32欧元/千瓦时，到 2012 年初已经降到 0.135 欧元/千瓦时，且从 2012 年 5 月起，德国将按照每月 0.15 欧分/千瓦时的幅度逐月削减光伏补贴。与此同时，欧洲各国也在收紧予以补贴的光伏电站安装量上限（Cap）。如法国确定年度补贴安装量上限为 500 兆瓦，德国则给出 2012 年的安装目标为 2.5 吉瓦到 3.5 吉瓦，相比 2011 年全年 7.5 吉瓦的安装量已经下降了约一半，而且从 2014 年起，德国还将每年削减 400 兆瓦的安装量，并争取在 2017 年将年安装量限定在 900 兆瓦 ~1900 兆瓦。

由于光伏产品高度依赖欧洲市场，欧洲市场份额的大幅度缩水，短期内对国内众多企业而言是致命的。欧洲的反倾销立案和美国的双反制裁，进一步加大了中国国内产品的出口成本，削弱了利润水平，而中国众多企业处于中游低端增加值的组件环节，产品同质，竞争力薄弱，加剧了产能过剩的严峻性。

（二）政策性补贴所导致的要素市场价格扭曲

相对于低迷的国际经济环境而言，中国此番太阳能光伏产业危机的深层次原因是政策性补贴所导致的要素市场扭曲和企业的预期共同造成的，补贴下调，双反和反倾销这三次外部打击只是快速地让产能过剩问题凸显出来。也可以从中国和欧美等发达国家的补贴政策侧重点看出来：中国各级政府看重的是税收和就业等政治绩效衡量指标，因此扶持重点是光伏设备制造；欧洲各国政府看重的是新能源环保价值，因此财政补贴放在了光伏发电站，这是光伏产业制造在中国、应用在欧洲的根源，也导致中国光伏企业集中在中游的电池组件生产环节，组件所需的硅原料、购买组件的光伏发电企业，绝大多数来自境外，因此被认为是输出清洁能源到国外，制造污染在国内。

中央政府逆周期实行投资性拉动经济增长和引导产业升级的相关政策，是此轮光伏产业危机的一大原因。2008 年金融次贷危机以来，各国政府为应对金融危机的冲击，都采取了不同的财政政策和金融政策。中国 2009 年适时推出了"四万亿"的投资计划，以使投资拉动经济上行。太阳能光伏产业属于新兴高科技产业，产业壮大提供的清洁能源能形成对传统行业如煤电等的替代，备受国家发展战略性部署的青睐。而且，光伏市场前景很好，企业本身就有激励进入该行业。中央政府对于光伏产业，出台了多项鼓励发展的政策，支持相关企业在资本市场上以较低的成本获得大量融资。相对于房地产等行业，融资的便利性和获利的超额性，不断吸引新的企业加入。资本市场价格信号的扭曲，为企业低成本地扩大产能提供了极大的便利。

地方政府对光伏企业的土地低价提供，是此轮光伏产业危机的另一大原因。地方政府成为光伏企业的支持者和推动者。地方政府在财政分权体制下，为了更好地进行区域分权竞争，地方政府具有强烈的动机干预企业投资和利用各种优惠政策招商引资。土地的模糊产权、环境保护体制上的严重缺陷和金融机构的软约束问题，使得低价出让工业土地、牺牲环境和帮助企业获取金融资源成为地方政府竞争资本流入的重要手段。在体制扭曲背景下，地区对于投资的补贴性竞争是导致产能过剩最为重要的原因。土地市场价格的扭曲，降低了企业扩张产能的成本。而且各地政府的竞争，导致数百产业园的成立，更是使得国内的产能脱离国内市场需求迅速膨胀，而只能脆弱地依赖国外市场。

故中央和地方政府为光伏企业提供的资本和土地的补贴，极大地刺激了光伏产业的发展，然而受限于国内需求和技术革新，国内的组件环节逐步成为世界最强的一环，但却不是利润最大的一环。地方政府利用土地的模糊产权，低价出让工业土地补贴企业，实现区域性竞争；中央政府提供资本市场的金融支持，共同导致企业自有投资过低而使风险严重外部化，扭曲了企业的投资行为，使得产能进一步偏离实际需求。

（三）企业基于综合利益最大化的博弈

政策性补贴导致要素市场价格扭曲，此时微观的企业所追求的就不一定是利益最大化，而是使得自身的综合利益最大化。不可否认的是，企业存在的基础是产业利润，但一旦土地、资本等要素价格扭曲，企业可以在进入光伏产业后廉价获得工业土地和资本，并可以在一定的合同内以不同的名目开发另外一些项目。基于这个预期，企业对于光伏产业的看好还基于其可获得最大的综合利润。

企业在和政府博弈中，还存在着"道德风险"问题。在现代公司制中，股东并不承担无限责任，而仅以自有出资承担有限经济责任。企业在新建项目投资中，大多新设子公司以隔离风险，当新建项目失败时，投资方在自有出资范围内承担亏损，如果亏损数额超过投资者的自有出资，企业的债权人将承受部分项目失败所带来的损失。当企业的自有投资过少或者投资者抽逃资本金情形时，债权人将会承受投资失败造成的大部分损失。正是由于政府不正当干预而导致的要素价格扭曲，使得企业变相获得了政策性补贴而致使企业投资中自有成本过低，投资风险显著外部化，企业倾向于投资资本密集型项目，形成庞大的产能。企业在和政府的博弈中，充分利用地方政府的扶持而不断扩大产能，进一步索取"特权"，稀释自有资本。一旦企业规模很大又面临危险的时候，因为其自有成本过低，破产意味着成本的大部分由政府来承担，从而迫使政府加大对其补贴力度，使其"存活"。在大型光伏企业"大而不能倒"的观念影响下，政府纷纷慷慨解囊。依据赛维2012年半年报，其净利润亏损10.8亿元，负债总额266.76亿元，其中税费返还高达3.55亿元。另外，赛维所缴纳的优惠电价和正常工业电价之间的差额基本上都由政府"埋单"。与此类似，2012年9月，无锡市市长前往陷入债务危机的尚德电力召开市政府现场办公会，宣布从市、区两级成立领导、服务小组协助尚德脱困。当地政府还召集债权银行开会，决定对尚德进行授信，首批2亿元资金已发放到位。在这种情况下，产能过剩无法通过市场来调节出清，反而进一步加剧。

六　无锡尚德与江西赛维
——地方政府强力推动下的过度投资

　　培育新兴产业一直是产业政策的一个重要目标，发达国家比较普遍的做法是保护知识产权、支持基础研究、支持企业研发与补贴绿色产品（或绿色能源）的消费。中国的新兴产业培育政策，则不仅仅如此，政策重点在于对企业的产能投资和生产环节的支持。在中国，中央政府产业政策导向意味着是否发展政策支持的产业以及多大程度发展这些产业，将是考核地方政府政绩时的重要指标，同时也意味着地方政府为这些产业发展提供各种优惠政策时面临更小的政治风险（与钢铁、电解铝等行业相比较）。这就使得地方政府在提供各种优惠政策推动新兴产业发展方面具有强烈的动机。因而，中央政府的政策支持不但意味着更容易获得来自中央财政的政策补贴，同时也意味着更容易获得地方政府廉价土地的支持、税收优惠、财政补贴以及更容易获得地方政府在融资上的帮助。一旦技术壁垒被打破，在地方政府投资优惠政策的作用下，大量新的进入者会涌入这个新兴行业，对于这个行业的产能投资会随之激增。地方政府的大量优惠政策一方面给投资企业带来了大量补贴性收益，另一方面使得企业能以较少的投资撬动大的投资项目，并将投资风险转嫁给银行和社会。在这种体制下，当某个新兴行业的市场出现市场需求的扩张时，整个行业和行业中的多数企业都会对需求的扩张做出过度反应，导致行业产能远大于市场需求的扩张。当前，光伏产业出现的严重产能过剩现象以及全行业所面临的危机，正是体制扭曲下地方政府以超乎寻常的热情推动太阳能光伏产业产能投资的结果。从无锡尚德、江西赛维等许多光伏企业的建立和发展过程中，均发现地方政府深度参与。

（一）无锡尚德

在无锡尚德的发展过程中，无锡市政府深度参与其中。2000 年，从澳洲回到无锡打算创业淘金的施正荣口袋里只有 40 万美元，无锡地方政府下了行政命令，一定要帮助尚德公司初创期的第一批 800 万美元资金顺利及时到位。2001 年 1 月 22 日，澳大利亚太阳能电力、无锡信托、无锡新区高新技术风险投资、小天鹅集团、水星集团以及无锡创业投资共同出资 800 万美元，施正荣占 25% 的股份，其中技术股占 20%，折合 160 万美元，现金股 5%，折合 40 万美元，成为公司第一大股东，并担任总经理。

在无锡新区，尚德公司受到了保姆式的服务。不但办各类手续一路绿灯，地方政府还出面协调，为不断发展而缺乏资金的尚德公司解决融资难题。2002 年，草创的尚德亏损 700 余万元，到了把进口硅棒切割变成内销产品的田地，正是地方部门出面协调，5000 万元担保资金令公司得以喘息。不久后，无锡地方政府有关部门积极帮助尚德公司通过无锡市劳动局拿到低息贷款资金 5000 多万元。

2003 年、2004 年，无锡市政府又为尚德争取了 9 个创新项目多达 4000 万元的各级政府扶持资金，其中省科技厅支持的科技成果转化基金就有 2500 多万元，且都是通过承担各类计划项目无偿拨付。

政府的支持不仅于此，无锡新区还给予营业执照加速办理、优先提供办公用房等隐性优惠，甚至协调了当地 6 家颇有实力的国有股东先后加盟尚德，并成立新区特别领导小组，专程为尚德解决厂房扩张、电力保障等问题。

2005 年，无锡尚德公司扩张速度太快，依靠银行融资已解决不了问题，必须打通资本市场。依靠 75% 国有资本投入发展起来的尚德公司，当站到世界光伏第十名的席位时，迫切需要通过企业上市融入巨资。无锡市委市政府主要领导动员当初出资的国有企业股东退出。

2011 年，为了鼓励尚德继续扩张，无锡市新区甚至提出了"五年内再造一个尚德"的目标，为此专门为尚德再划拨了数百亩土地，要求尚德在规定时间内再造一个 5 万人的工厂。

2012 年年底，尚德电力贷款增至 37 亿美元，包括工行、农行、中行等在内的 9 家债权银行，对无锡尚德的本外币授信余额折合人民币已达到 71 亿元，2013 年 3 月 15 日到期的 5.75 亿美元可转债直接导致尚德的破产重组。2013 年 3 月 20 日，无锡市中等人民法院宣布对无锡尚德破产重组，为期 6 个月。无锡市政府与无锡市属国有独资企业集团无锡国联主导无锡尚德的破产重组。

（二）江西赛维

江西赛维"光速"发展过程，新余市政府是最为重要和关键的推手。2005 年，赛维 LDK 成立时，新余市以新余市财政作担保，发放信托产品融资 1.2 亿元，剩下的缺口七拼八凑，新余市从城市经营节约中拿出 5000 万元，省财政厅以支持新余市财政的名义划拨了剩下的 3000 万元，再由市财政借贷给赛维。

江西省一次性特批给赛维土地指标 1.5 万亩。在土地征用过程中，涉及农田、拆迁、补偿、安置等敏感繁杂的事情，全部由新余市政府包办处置，用最快的速度为赛维建设铺平了道路。"在 20 多天内就炸平了位于赛维建设厂区内的两座山头。"

新余市是赛维 LDK 的"全天候保姆"：在赛维创办初期，汪德和每月要到赛维现场办公一次。要求新余市委市政府各部门不仅上门服务，而且要现场服务，能办的事立即办；政府各部门纷纷出台对赛维的服务措施和项目。赛维迅速扩张，人员紧缺，新余市人事局全员行动，分赴全国各大人才市场、人才交流会，为赛维广罗人才。

新余市政府在融资方面为赛维提供的支持，可谓不遗余力，在当地政府近几年的工作汇报文件中，对赛维的融资信贷支持一直是工作汇报的重点。在官方通报中，赛维近几年的贷款满足率一直是 100%。除了协调本地银行提供贷款外，新余市政府还曾多次引入外地金融机构进行合作，其中便包括华融。

电价补贴。赛维曾享受过 0.32 元/千瓦时左右的优惠电价，而当时的新余正常工业用电电价约在 0.5 元/千瓦时。按照一份 2008 年的当地政府文件，江西省电力公司等单位给赛维也执行过 0.48 元/千瓦时左右的优惠电价。事实上，赛维所缴纳的优惠电价，和正常的工业电价之间存在一个差额，目前为 0.12 元/千瓦时，而这个差额基本由政府"埋单"。目前，赛维享有的 0.48 元/千瓦时的优惠电价仍然在执行，而新区工业用电的电价约在 0.58 元/千瓦时到 0.61 元/千瓦时，每年从政府获得的电费补贴高达上亿元。

新余市政府亦为赛维的发展提供了税费方面的优惠。2012 年 3 月，赛维 LDK 财务部长感谢新余地税时说："非常感谢地税部门一直以来为赛维公司提供的税收帮助，地税部门根据国家税收政策给予的各项税收优惠为我们企业度过产业危机提供了大力支持。"

2012 年 5 月 2 日，江西省政府将拨款 20 亿元人民币成立救助基金支持赛维 LDK 渡过难关，7 月 12 日，新余市政府决定用市财政 7.55 亿元为赛维还债，而年初新余市还为赛维提供过一笔 2 亿元的支持资金。

第九章
产能过剩治理政策的反思与重构

一 中国治理产能过剩的主要政策与措施

抑制部分行业产能过剩和重复建设产业政策中更为依靠直接干预的政策措施。2006 年《国务院关于加快推进产能过剩行业结构调整通知》（以下简称《结构调整通知》）中的重点措施是：严把土地、信贷两个阀门，严格控制固定资产投资；在环境、安全、技术、规模方面制定更加严格的标准，提高准入门槛，严格控制新上项目；淘汰落后生产能力，促进兼并重组；加强信贷、土地、建设、环保等政策与产业政策的协调配合；健全行业信息发布制度；深化行政管理和投资体制、价格形成和市场退出机制等方面的改革。其中，深化行政管理体制、投资体制和价格形成机制等方面的改革虽然被列为一项重要措施，但缺乏推进体制改革的具体措施，深化体制改革涉及各方面利益，国家必须从更高层面大力推进才能完成。以《结构调整通知》为基础，国家发展改革委联合财政部、中国人民银行等部门，相继发布了汽车、钢铁、电石、水泥、煤炭、铝工业、铁合金、纺织、铅锌等行业加快结构调整、应对产能过剩的相应政策。国家发展改革委又相继颁布了电石、铁合金、焦化、玻璃纤维、铝、铅锌、锑、钨、锡、铜冶炼 10 个行业准入条件，从技术标准、生产规模、能耗、环保等方面制定具体的准入条件。这些文件的相继出台，将《结构调整通知》里的政策和措施具体落实到各行业。

2009 年 9 月颁布的《关于抑制部分行业产能过剩和重复建设引导产业健康发展的若干意见》（以下简称《若干意见》）中的对策措施有九点：严

格市场准入，强化环境监管，依法依规供地，实行有保有控的金融政策（信贷审批），严格项目审批管理，做好企业兼并重组，建立信息发布制度，实行问责制，深化体制改革。这些措施在很大程度上是原有产能过剩治理措施的延续，《若干意见》与《结构调整通知》相比，细化了土地控制和信贷控制的措施，新增了问责制的内容，试图通过行政问责制来保障政策的实施。《若干意见》中关于社会体制改革的内容，依旧缺乏具体措施，难以具体实行。从以上两个重要政策文件来看，投资的审批与核准和行业准入实际上是最为核心的政策措施，供地审批和信贷审批措施都是以行业准入与投资项目的审批、核准为依据的，政策措施依然以直接干预为主。

金融危机以来，强制淘汰落后产能成为治理产能过剩与结构调整极为重要的措施。虽然淘汰落后产能在此前抑制部分行业产能过剩政策中已采用，但这种措施只有通过行政体制的强力推动，才会具有一定的效力。2009 年以来，政策部门越来越重视淘汰落后产能工具的使用，并强调通过行政问责制保障淘汰落后产能工作的实施。在 2010 年 2 月颁布的《国务院关于进一步加强淘汰落后产能工作的通知》中，淘汰落后产能工作被赋予极为重要的意义，"加快淘汰落后产能是转变经济发展方式、调整经济结构、提高经济增长质量和效益的重大举措，是加快节能减排、积极应对全球气候变化的迫切需要，是走中国特色新型工业化道路、实现工业由大变强的必然要求"。为保证这一措施行之有效，《国务院关于进一步加强淘汰落后产能工作的通知》强调"采取更加有力的措施，综合运用法律、经济、技术及必要的行政手段"，规定"工业和信息化部、能源局提出分行业的淘汰落后产能年度目标任务和实施方案，并将年度目标任务分解落实到各省、自治区、直辖市……各省、自治区、直辖市人民政府要根据工业和信息化部、能源局下达的淘汰落后产能目标任务，认真制订实施方案，将目标任务分解到市、县，落实到具体企业"，并进一步强化了问责制的实行和行政上的组织领导，就淘汰落后产能重点工作在各部、委以及各级地方政府进行详细的分工。

二　现阶段产能过剩治理政策存在的主要问题

长期以来，我国政策部门以包括市场准入、项目审批、供地审批、贷款行政核准、目录指导、强制性清理等行政管制措施来治理产能过剩，体现出直接干预微观市场的特征。2009 年出台的《若干意见》中投资审批与核准和行业准入实际上是最为核心的政策措施，供地和信贷审批措施都是以行业准入与投资项目的审批、核准为依据的。而关于深化体制改革，依旧缺乏具体措施，难以具体实行。近来，强制淘汰落后产能也成为治理产能过剩的重要手段，并进一步强化了问责制的实行和行政上的组织领导。治理产能过剩依然以直接干预微观经济的措施为主。

这种产能过剩治理政策在制定和实施过程中，政策部门以其自身对市场供需状况的判断以及对未来供需形势变化的预测来判断某个行业是否存在产能过剩，并以此为依据制定相应的行业产能投资控制目标和控制措施，这实际上是以政策部门的判断和控制来代替市场协调机制。这种政策需要相应部门能对未来市场供需状况做出准确的预测，而这一点恰恰是最让人质疑的。政策部门对于供需状况的准确判断和预测，需要事先知道关于消费者偏好、生产者成本、潜在生产者进入意愿等大量市场细节信息，而这些信息只能依靠市场机制才能逐渐展现出来，并且具有很强的时效性。现实中，政策部门难以及时收集和处理数量巨大的市场信息，也不可能对未来市场进行准确的预测。以钢铁工业为例，从 20 世纪 90 年代以来许多政策文件中对未来市场的预测来看，无论长期或者短期预测，均与实际情况存在很大差异（见表 9－1），如果这些政策中的控制目标实现，那么将会出现严重的供不应求①。

表 9－1 历年政策文件中对钢铁工业市场的预测值或控制目标值

做出预测的政策	做出预测的时间	对钢铁工业市场的预测或者控制目标	钢铁工业市场的实际运行情况
钢铁工业"九五"计划	1994 年	2000 年市场需求钢材产量达到 9600 万吨	2000 年国内成品钢材消费量达 14118 万吨
钢铁工业"十五"计划	1999 年	2005 年钢材表观消费量达到 14000 万吨以上	2004 年的钢材表观消费量就达到了 3 亿吨
关于做好钢铁工业总量控制工作的通知	1999 年	1999 年全国钢产量比 1998 年压缩 10%，即 10313 万吨，全年钢材进口控制在 700 万吨	1999 年粗钢产量达到 12353 万吨，全年钢材进口 1486 万吨，粗钢表观消费量为 13632.49 万吨

---

① 据国家发改委公布，2003 年后新增的炼钢产能中，经国家发改委、国家环保总局、国土资源部核准（名为核准，实为审批）的项目中新增产能在全部新增产能中占比不足 20%，没有经过审批的违规建设产能约在 3 亿吨左右。如果没有这些违规的产能存在，我国钢铁产品的严重短缺将制约中国经济的发展。

做出预测的政策	做出预测的时间	对钢铁工业市场的预测或者控制目标	钢铁工业市场的实际运行情况
关于做好钢铁工业2000年总量控制工作的通知	2000年	钢铁工业的总量控制目标为产钢1.1亿吨、钢材1亿吨	实际产量钢材达到13146万吨,产钢12850万吨,钢材价格普遍上涨,钢材净进口972万吨
关于做好钢铁工业2001年总量控制工作的通知	2001年	总量控制的目标是钢产量11500万吨,钢材10500万吨	实际钢产量15163.44万吨,钢材产量达到16067万吨,钢坯、钢锭净进口544万吨,钢材净进口1247万吨,价格仅有小幅下降
关于做好钢铁工业2002年总量控制工作的通知	2002年	总量控制的目标是钢产量12500万吨	实际产钢量18224万吨,钢材表观消费量达到2.115亿吨,全年钢材价格整体上扬
关于制止钢铁行业盲目投资的若干意见	2003年	到2005年底形成3.3亿吨钢铁生产能力,已大大超过2005年市场预期需求	2004年产能超过34013万吨,大多数钢铁工业企业满负荷生产,产品价格大幅上升,2005年粗钢产量就达到了3.5亿吨,消费量达到3.76亿吨
关于钢铁行业控制总量淘汰落后加快结构调整的通知	2006年初	认为钢铁工业严重产能过剩	2006年我国累计粗钢、生铁和钢材产量同比分别增长18.5%、19.8%、24.5%,国内钢材市场运行总体良好,钢铁行业利润实现历史最好水平
钢铁产业调整与振兴规划	2009年3月	认为2009年钢铁行业表观消费量为4.3亿吨。2011年,粗钢产量5亿吨,表观消费量4.5亿吨	2009年表观消费量和产量均在5.7亿吨左右。2011年粗钢产量6.83亿吨,表观消费量为6.48亿吨
关于抑制部分行业产能过剩和重复建设引导产业健康发展若干意见的通知	2009年9月	认为2009年钢铁行业表观需求量为5亿吨	2009年表观消费量和产量均在5.7亿吨左右

　　计划色彩强烈的投资管制政策,不但不能从根本上治理产能过剩,反而会导致市场协调困难、市场波动加剧等不良的政策效应。以钢铁工业为例,严格控制产能投资的政策,曾阻碍了钢铁产品结构的迅速调整与技术装备的及时更新,引起钢铁工业固定资产投资在"过冷"和"过热"之间剧烈波动,市场机制下正常的产能调整受到阻碍,鼓励板材产能投资的政策在一定程度上直接导致这类产品生产能力的相对过剩;限制线材、螺纹钢产能等低

端产品产能的政策，则直接导致建筑钢材市场供应的相对短缺。还需要指出的是，金融危机后刺激汽车需求、家电产品需求的政策，虽然短期内显著刺激了这两个行业的消费，但是一定程度上使消费者消费行为提前，并扭曲了市场信号，推动两个行业加大产能投资，使得政策退出时或政策效应减退时，行业的产能过剩问题更为显著，供需动态平衡的调整也更为困难。

有些研究者认为，这类治理政策直接干预市场的投资管制类政策并没有什么问题，采用更为科学的预测方法就能让政策部门做出更为准确的预测，就能完善这类政策并使其行之有效。这种认识显然没有认识到市场的真正功能与政府准确预测的不可能性。政府对于市场供需状况的准确判断，需要关于消费者偏好、生产者成本、潜在生产者进入意愿等大量市场细节知识，而这些知识只能依靠市场过程的展开而逐渐显示和暴露出来，在市场过程产生这些信息之前是无法获取它的。不仅如此，这些信息自身的默识性、不确定知识的黏性（sticky knowledge）以及这些知识与特定的语境高度相关性，导致这些知识传播的局域性和知识收集的艰巨性，这些缄默知识和黏性知识同时是无法汇总的知识，政策制定部门也不可能依据这些知识进行正确的计算和预测。需要进一步指出的是，只有具体场景中的现场个人才具有可获取资源、局部市场变化等私人知识，才有可能充分利用特定知识优势对环境与条件的变化做出更为灵活的反应（王廷惠，2005）。政府不可能具有比企业家更为敏锐地发现正在运行的市场过程中潜在知识的能力，也不可能比经济个体更能对市场做出灵活反应。因而，政府不可能准确预测未来市场供需状况，也就不可能通过投资管制正确指导市场中企业的产能投资。计划色彩强烈的投资管制政策，更是会导致市场协调困难、市场波动加剧等不良的政策效应（江飞涛、陈伟刚等，2007）。

现行产能过剩治理政策中，以设备规模作为落后产能标准，在投资审批过程中设定比较高的设备规模标准，在市场准入标准中设定比较高的企业规模标准，这些政策在一定程度上加重了产能过剩的程度。淘汰落后产能以设备规模作为主要标准，这可能会导致小企业避免被淘汰而投资相对大规模的设备，在投资审批过程中设定比较高的设备规模标准，使得企业在扩大规模时，不得不选择大规模设备和生产线；在准入标准中设定比较高的规模标准，则会使得小企业避免被淘汰而进行新的产能投资。这些都会进一步加深产能过剩的严重程度。

现行产能过剩治理政策中，片面强调提高市场集中度，导致大量低效率重组行为。推动兼并重组与提高市场集中度，一直被当作产能过剩治理政策的重要手段，从政策诸多方面扶持大企业并限制小企业发展。这种政策模式导致大量地方政府主导非市场导向的兼并重组，这些重组大多效率较低。地方政府为了避免本地企业被政策边缘化，也为了获取更多的政策扶植，倾向于将本地钢铁企业拼凑在一起。河北钢铁集团、山东钢铁集团的组建实际就是出于这样一种目的。这种兼并有异于高效率企业对低效率企业的兼并整合，往往是几家效率并不高的企业在形式上的组合，即便是行政强力推动下实现了财务、采购和销售上的整合，除了地区垄断能力得到提升外，核心能力的提高有限。从近年来钢铁、有色金属等行业兼并重组的案例来看，多数兼并重组企业不但没有缩减产能，而是大规模扩大了产能。

三　产能过剩治理政策的重构

针对现阶段工业产能过剩的性质变化与新特点，应以尊重经济规律和市场机制为基本原则，调整政策思路、措施和执行方式。

（一）短期政策

短期政策方面，不宜采用直接干预微观经济、管制经济的方式实现人为的"供需平衡"，而应以避免严重产能过剩行业整体陷入生存危机与避免系统性金融风险为主要目标，产能调整与供需调节则主要依赖市场机制，市场的优胜劣汰机制是化解调整过剩产能最为有效的手段。随着政策目标的调整，措施与手段亦做相应调整。

1. 适度拉动需求，缓解严重产能过剩带来的剧烈冲击

应在优化投资结构的基础上，保持基础设施建设的适度增长；通过结构性减税，刺激消费需求，减轻企业负担；扩大节能绿色产品的补贴范围（例如绿色节能建筑材料），并适度加大补贴力度。严重产能过剩行业往往会面临剧烈的调整，不利于产业的长期发展，甚至会冲击金融稳定。此时，应通过财政税收政策适度拉动需求，缓解行业的生存危机，避免金融风险的集中释放。需要重点指出的是，政策力度不易过大。否则，会使得市场内生的产能调整与结构升级压力散失，刺激政策退出后产能过剩的格局不但不会得到根本改变，甚至还会进一步加深其严重程度。

2. 调整拉动需求政策的投入方向，重点加大农村与小城镇基础设施建设投入

中央财政应加大转移支付力度，积极支持中西部地区加大乡村公路（道路）建设、农田水利设施建设、乡村教育与医疗基础设施建设、乡村电网与通信网络建设、乡村饮水工程建设、乡村环境保护基础设施建设等方面的投入。这些措施一方面可以拉动投资需求，缓解钢铁、有色金属、水泥等行业产能过剩程度；另一方面也可以推进基本公共服务的均等化和城乡一体化建设。

3. 新兴产业培育政策取向由"厂商补贴"向"消费者补贴"转变，并积极推进智能电网和分布式电网的建设

对于生产厂商的大量补贴是导致太阳能光伏、风电设备制造业严重产能过剩的主要原因。支持新能源产业发展，应转为从消费端补贴新能源消费者，以刺激太阳能发电、风电等新能源的消费需求；而智能电网与分布式电网的建设一方面可以拉动投资需求，另一方面可以破除新能源大规模应用的技术瓶颈。两项措施相结合有利于缓解太阳能光伏、风电设备行业的产能过剩。

4. 由"强制性退出"向"援助性退出"转变

部分落后产能（或企业）对于当地经济和就业举足轻重，如强行淘汰，会影响当地社会与经济的稳定，地方政府也会不配合。为保证这些产能或企业的顺利退出，应当加大失业人员救助与社会保障力度，提供再就业培训，对于落后地区还可以提供特别的税收优惠政策，以帮助这些地区吸引投资，发展经济，应对退出带来的冲击。

5. 由"规模性标准"向"环境性""安全性"标准转变

现行政策及政策实施中，仍将设备规模甚至企业规模作为重要标准，这既不合理，还导致部分小企业为避免被淘汰而投资相对大规模的设备，从而加重产能过剩的严重程度。建议应以环保、安全生产指标作为主要标准，并严格执行相应标准，坚决淘汰不符合环境保护、安全生产要求的落后产能。

（二）中长期政策

本轮产能过剩是增长阶段转换与体制性扭曲共同作用的结果，钢铁、有色金属、水泥、平板玻璃、纺织、服装等行业面临长期过剩产能调整压力。对于这些行业来说，应在充分尊重市场机制与经济规律的基础上，实施援助退出与辅助调整政策。

实施援助退出和辅助调整政策，不宜采取"收购报废""补贴报废"、控制行业准入、支持大企业合并形成垄断、干预企业层面投资和生产活动等方式。对于日本此类政策的深入研究表明，这类政策不但不能有效治理产能过剩，反而不利于衰退行业的产能调整，不利于产业竞争力提升，甚至会加重产能过剩问题。而是应在不直接干预企业生产经营活动、充分发挥市场机制的基础上，从宏观方面为过剩产能退出提供援助并辅助（或者说促进）这些产业调整升级。辅助调整与援助退出政策主要集中在以下两个方面。

1. 援助劳动力转移与人力资源的再开发

对于衰退行业过剩产能调整中的失业者进行救助，并对于失业人员和调整转产人员进行职业培训。这种职业培训有两种不同的形式。一种是培训失业人员从事其他行业的技能，使其能较为顺利地在其他行业再就业。另一种培训是帮助失业人员或在职人员强化从事原所在行业工作的技能和获得新的技能，这一方面可以帮助这些行业提高劳动生产率，缓解甚至抵消劳动力成本上升带来的不利影响；另一方面可以帮助这些行业的本国企业向产业链高端环节拓展，促进本国这些行业的低端环节过剩产能的退出，并在高端环节形成新的产能。

2. 资助技术创新与管理创新

鼓励衰退产业企业组成技术创新或管理创新联盟，并对企业及企业联盟的研发和管理创新活动进行资助。由政府出面联合企业、大学或研究机构成立研究开发中心，并提供技术开发资助，从新产品开发、技术流程创新与管理创新方面着手，推动衰退行业企业价值链的低端环节向高端环节拓展。同时对社会资金从事衰退行业企业重组和技术创新提供税收优惠。如美国机床工业在 20 世纪 80 年代衰退较严重时，国防部不仅直接资助 R&D 费用，而且出面联合 110 家机床生产商与用户公司以及大学或研究机构参加组建了全国制造科学中心（NCMS）。又如，在 20 世纪 80 年代初美国政府组织服装公司、纺织公司和纤维生产公司联合成立"快速响应计划"，使整个纺织业从纤维到服装到零售的周期由原来的 66 周缩短到 21 周。"快速响应计划"大大降低了纺织业的成本。

（三）长期政策

从长期来看，完善市场机制是根治产能过剩之道。治理产能过剩的关键在于通过推进经济体制改革，健全和完善市场制度，矫正导致系统性产能过剩的体制缺陷，并增进市场机能，以充分发挥市场利用分散信息、协调供需平衡、淘汰落后企业和产能、促进产业转型升级等方面的高效率性。具体而言，从根本上治理产能过剩应该从以下方面着手。

1. 调整财税体制

特别是理顺中央与地方之间的利益分配机制，改革以考核 GDP 增长为重点的政府官员政治晋升体制，消除地方政府不当干预企业投资的强烈动机；推动地方财政透明化与民主化改革，避免地方政府为企业投资提供财政补贴。具体而言：

首先，应当建立完整的多级财政，合理地界定各级政府的事权范围并规范税权分配体制，中央税收结构应该包括消费税、个人所得税、关税、证券交易税、土地增值税、企业所得税等流动性较强和涉及国民经济稳定的税种，地方税结构应该包括财产税、营业税、城乡维护建设税、资源税和社会保障税等流动性低和信息要求细的税种。

其次，要逐步理顺和改革转移支付的制度，归并和简化转移支付体系，逐步建立起以一般转移支付为主、专项拨款为辅的结构模式，同时清理和取消目前已经存在的不合理的专项拨款。

针对目前产能过剩严重的行业，可以将向其征收的增值税改为消费税，通过此举来降低地方政府利用过度刺激投资的手段来增加税收的积极性；同时发挥关税的调节作用，利用进口和出口的税收优惠政策来引导企业从产能过剩严重的行业逐步退出；在资源税方面，需要推进有关资源环境的税收制度改革，不仅要将资源环境的成本纳入企业的成本，还要进一步加强相应的监督管理，防止地方政府利用环境保护管理方面的漏洞为企业变相提供优惠政策。

2. 改革现有土地管理制度

明晰土地产权，深化土地市场的改革，理顺土地市场的价格形成机制，从根本上杜绝地方政府通过低价甚至零地价供地为企业提供补贴。具体而言，应该从以下三个方面着手：一是明晰农村土地产权，将农村土地所有权明晰到农户，建立地方政府无理征地的约束机制；二是逐步打破国家利用土地所有权盈利的体制，实现土地在政府、企业和个人之间的市场化流动；三是加强国家对于土地的公共管理职能，建设土地产权的市场化条件。

3. 进一步推动金融体制改革

进一步硬化银行预算约束，理顺地方政府与银行的关系，通过市场手段提高企业投资中自有资金的比例，降低企业投资行为中的风险外部化问题。

银行是信贷政策的执行主体，为了解决"预算软约束"的制度缺陷，需要逐步硬化国有商业银行的预算约束，这就需要逐步弱化商业银行作为国有企业预算软约束支持主体的角色，继续完善商业银行的市场经济体制。此外，还需要政府适当退出金融领域的直接经营活动，并推行利率市场化的进程从而使得国有银行按照商业化目标进行运作，硬化银行的预算约束并将对企业的政策补贴等业务交由政策性银行，同时建立和完善信贷风险预警控制与信用管理体系，停止对于产业政策明确淘汰的行业的信贷支持，控制相关企业的贷款。

4. 调整产业政策取向，消除产业政策对于产能投资的不当激励

中国产业政策具有强烈干预市场与限制竞争的特征，这种具有强烈"扶大限小"特征的政策模式，挑选特定产业与特定企业给予种种优惠（补贴）政策的做法，严重扭曲企业竞争行为，导致企业具有强烈产能投资和规模扩张倾向。中国应放弃这种产业政策模式，在政策取向上应从"干预微观经济和限制竞争"转为"放松管制与维护公平竞争"，政策重点也应转到为制造业竞争力提升和结构转型创造良好的市场与制度环境。对于严重产能过剩行业而言，产业竞争力的提升与结构转型是化解和调整过剩产能的重要方式。具体而言，产业政策重点应转到以下几个方面：一是要从产业层面放松并逐渐取消对于微观经济的广泛干预和管制，扩大经济主体的自由度（尤其是进入、退出市场和自主投资的自由度）；二是产业政策侧重点应从选择特定产业、特定企业进行扶持，以及通过行政管制方式提高集中度与打造大规模企业，转到对于企业研究开发与创新行为的普遍支持，对于提升劳动者技能与职业培训的普遍支持；三是健全和完善知识产权制度，加强知识产权的保护，加强技术创新的激励机制；四是产业政策应由"生产者优先"（即优先考虑生产者利益、支持生产者）转为维护消费者权益，通过切实维护消费者权益与"顾客驱动机制"，推动产品质量、产品功能与产品附加值的提升，推动市场的健康发展；五是制定严格、长期稳定、可预期的环境政策，并严格执行。

5. 改革现有的环境保护体制

保障环境保护相关法规的严格执行，防止地方政府牺牲环境竞争资本

流入。同时，制定实施长期稳定和严格的环境政策，与治理产能过剩等产业政策目标相对独立，不能因为产能不过剩就不实施严格的环境保护政策。

6. 放松政府对于微观经济的干预

减少不必要的投资行政审批和准入管理，扩大经济主体的自由度（尤其是进入、退出市场和自主投资的自由度）；进一步推进国有企业改革，建立不同所有制企业公平竞争的竞争环境，促进市场竞争。

参考文献

Abadie A. , "Semiparametric difference-in-differences estimators", *Review of Economics Studies*, 2005, 72 (1).

Abel A. B. , "The effects of uncertainty on investment and the expected long-run capital stock", *Journal of Economic Dynamics and Control*, 1984, (7).

Aghion P. and Howitt P. , *The Economics of Growth*, MA: Massachusetts Institute of technology Press, 2009.

Arrow K. J. and Kurz, 1970, Public Investment, the Rate of Return, and Optimal Fiscal Policy, Johan Hopking Press.

Bain J. S. , *Industrial organization*, New York: John Wiley, 1959.

Bernini C. and Pellegrini G. , "How are growth and productivity in private firms affected by public subsidy?", *Evidence from a regional policy*, Regional Science and Urban Economics, 2011, 41 (3).

Bulow J. , Geanakoplos J. , Klemperer P. , "Holding idle capacity to deter entry", *Economic Journal*, 1985, 337 (95).

Burnside C. , Eichenbaum M. , Robelo S. , "Labor hoarding and the business cycle", *Journal of Political Economy*, 1993, 101 (2).

Caves R. E. , "Industrial Organization and new Finding on the Turnover and Mobility of Firms", *Journal of Economic Literature*, 1998, 36 (4).

CavesR. E. , Poter M. E. , "From Entry Barriers to Mobility Barriers", *The Quarterly Journal of Economics*, 1977, 91 (2).

Cho J. O. and R. Rogerson, "Family Labor Supply and Aggregate

Fluctuations", *Journal of Monetary Economics*, 1988.

Cho J. O. and T. F. Cooley, "Employment and Hours over the Bussiness Cycle", *Journal of Economic Dynamics and Control*, 1994.

Clark C. S., "Labor Hoarding in Durables Goods Industries", *The American Economic Reviews*, 1973, 63 (5).

Clark J. M., *Competition as a Dynamic Process*, Washington, D. C.: The Brookings Institution, 1961.

De Long J. B. and Summers L. H., "Equipment investment and economic growth", *The Quarterly Journal of Economics*, 1991, 106 (5).

Devereus Michael B., Head Allen C. and Lapham Veverly J., "Monopolistic Competition, Increasing Returns, and the Effects of Government Spending", *Journal of Money, Credit and Banking*, 1996.

Dixit A. K., "The Role of Investment in Entry-Deterrence", *The Economic Journal*, 1980, 90 (357).

Dixit A. K., Stigler J. E., "Monopolistic Competition and Optimum Product Diversity", *American Economic Review*, 1977, 67 (3).

Fagnart J. F., Licandro O., Portier F., "Firm Heterogeneity, Capacity Utilization, and the Business Cycle", *Review of Economic Dynamics*, 1999, 2 (2).

Fair R. C., "Excess Labor and the Business Cycle", *The American Economic Reviews*, 1985, 75 (1).

Fay J. A., Medoff J. L., "Labor and Output over the Business Cycle: Some Direct Evidence", *The American Economic Reviews*, 1985, 75 (4).

Farrell M. J., "The measurement of production efficiency", *Journal of Royal Statistical Society*, Series A, General, 1957, 120 (3).

Finn Mary G., "Variance Properties of Solow's Productivity Residual and Their Cyclical Implications", *Journal of Economic Dynamics and Control*, 1995.

Finn Mary G., "Perfect Competition and the Effects of Energy Price Increase on Economic Activity", *Journal of Money, Credit, and Banking*, 2000.

Gilbert R. J., 1989, Mobility barriers and the value of incumbency, Handbook of Industrial Organization, Amsterdam: North-Holland Publishing.

Greenwood Jeremy, Hercowitz Zvi and Huffman Gregory, "Investment,

Capacity Utilization, and the Real Business Cycle", *American Economic Review*, 1988 (3).

Goldsmith Raymond W. , "A Perpetual Inventory of National Wealth", 1951. 5 – 61. NBER Studies in Income and Wealth, vo. l 14. New York: National Bureau of Economic Research.

Gwartney J. , Lawson R. and Holcombe, R. The size and functions of government and economic growth, Prepared for the Joint Economic Committee, 1998.

Hart R. A. , Malley J. R. , "Excess Labour and the Business Cycle: A Comparative Study of Japan, Germany, the United Kingdom and the United States", *Economica, New Series*, 1996, 63 (250).

Hall Robert and Jones Charles I. , "Why Do some Countries Produce So Much More Output per Worker than Others?", *Quarterly Journal of Economics*, 1999.

Hansen Gary, "Indivisible Labor and the Bussiness Cycle", *Journal of Monetary Economics*, 1985.

Heytens P. and Zebregs H. , How fast can China grow? . In Tseng, Wanda, Rodlauer, Markus (Eds), China Competing in the World Economy. Washington: International Monetary Fund, 2003.

Hirano K. and Imbens G. W. , The propensity score with continuous treatment, In: A. Gelman and X. L. Meng (eds.), Applied Bayesian modeling and causal inference from incomplete-data perspectives. Chichester: Wiley, 2004.

Hodrick Robert J. and Prescott Edward C. , "Postwar US Business Cycles: An Empirical Investigation", *Journal of Money, Credit and Banking*, 1997, Vol. 29.

Holz C. A. , "New capital estimates for China", *China Economic Review*, 2006, 17 (2).

Hossain S. I. , Making Education in China Equitable and Efficient, World Bank Policy Research Working Paper, No. 1814, 1997.

Jin H. H. , Qian Y. Y. , Weingast B. R. , "Regional Decentralization and Fiscal Incentive: federalism, Chinese Style", *Journal of Public Economics*, 2005, 89 (9).

Kim J. , "Inefficiency of Subgame Optimal Entry Regulation", *The RAND Journal of Economics*, 1997, 28 (1).

King Robert G. , Plosser Charles and Rebelo Sergio, "Production, Growth and Business Cycles: I. the Basic Neoclassical Model", *Journal of Monetary Economics*, 1988, Vol. 21.

King Robert G. , Sergio T. Rebelo, 1999, "Resuscitating Real Bussiness Cycles" in John Taylor and Michael Woodford (ed.), Handbook of Macroeconomics.

Kluve J. , Schneider H. , Unlendorff A. and Zhao Zhong, "Evaluating continuous training programmes by using the generalized propensity score", *Journal of the Royal Statistical Society: Series A*, 2012, 175 (2).

Krugman P. , "The Myth of Asia's Miracle", *Foreign Affairs*, 1994, 73, (6).

Kydland Finn E. and Prescott Edward C. , "Time to Build and Aggregate Fluctuations", *Econometrica*, 1982, Vol. 50.

Laurenceson J. and O'Donnell C. J. , New Estimates and a Decomposition of ProvincialProductivity Change in China, CEPA Working Paper Series, No. WP04/2011.

Lieberman M. B. , "Excess Capacity as a Barrier to Entry: An Empirical Appraisal", *The Journal of Industrial Economics*, 1987, 35 (4).

Leibenstein H. , "Allocative efficiency vs. 'X-efficiency'", *The American Economic Review*, 1996, 56 (3).

Levinsohn J. and Petrin A. , "Estimating production functions using inputs to control for unobervables", *Review of Economic Studies*, 2003, 70 (2).

Maddison A. , Chinese Economic Performance in the Long Run, Paris: OECD Development Centre, 1998.

Maddison A. , Standardized Estimates ofFixed CapitalStock: A SixCountry Comparison, in R. Ravenna, Zobol, i eds. , Essays on Innovation, NaturalResources and the InternationalEconomy, Italy: StudioAGR, 1993.

Mankiw N. G. and Whinston M. D. , "Free Entry and Social Inefficiency", *The Rand Journal of Economics*, 1986 (1).

Marcus N. and Howard P. , Industrial policy in an era of globalization:

Lessons from Asia. Peterson Institute Press: All Books, 2003.

Martin Boileau, and Michel Normandin, "Capacity utilization, superior information, and the business cycle", *Journal of Macroeconomics*, 2003, Vol. 25.

Martin Perry. , 1984, "Imperfect Competition and Public Policy", *Journal of Industrial Economics*, (3).

Mincer J. "Investment in Human Capital and Personal Income Distribution", *The Journal of Political Economy*, 1958, 66 (4).

Prescott Edward C. , "Theory Ahead of Business-Cycle Measurement", *Carnegie-Rochester Conference Series on Public Policy*, 1986, Vol. 25.

Psacharopoulos G. and Patrinos H. A. , "Returns to Investment in Education: a Further Update", *Education Economics*, 2004, 12, (2).

Quo Q. , Zhao Z. and Jia J. , "Analysis ofTotal Factor Productivityof Chinese Provincial", *Economy. Frontiers of Economics in China*, 2006, 1 (3).

Rogerson Richard. , "Indivisible Labor, Lotteries and Equilibrium", *Journal of Monetary Economics*, 1988.

Rogerson Richard, and Randall Wright, "Involuntary Unemployment in Economies with Efficient Risk Sharing", *Journal of Monetary Economics*, 1988.

Rosenbaum P. R. and Rubin D. B. , "The Central role of the propensity score in observational studies for causal effects", *Biometrika*, 1983, 70 (1).

Rotemberg Julio J. , and Michael Woodford, "Imperfect Competition and the Effect on Energy Price Increase on Economic Activity", *Journal of Money, Credit, and Banking*, 1996.

Salop S. , "Monopolistic Competition with outside Goods", *Bell Journal of economics*, 1979 (10).

Schmidt K. M. , "Managerial incentives and product market competition", *Review of Economic Studies*, 1997, 64 (2).

Simon Gilchirist, and John C. Willliams, "Investment, Capacity, and Uncertainty: A Putty-Clay Approach", *NBER working paper*, 2004, 10446.

Solow Robert M. , "Technical Change and the Aggregate Production Function", *Review of Economics and Statistics*, 1957, Vol. 39.

Turnovsky S. J. and W. H. Fisher, "The Composition of Government Expenditure and its Consequences for Macroeconomic Performance", *Journal of*

Economic Dynamics and Control，1995.

Von Weizsacker C. C.，"A Welfare Analysis of Barriers to Entry"，*Bell Journal of Economics*，1980（11）.

Wang Yan and Yao Yudong，"Sources of China's Economic Growth 1952 – 1999：Incorporating Human Capital Accumulation"，*Quarterly Journal of Economics*，2000.

Young and Alwyn，"The Razor's Edge：Distortions and Incremental Reform in the People Republic of China"，*Quarterly Journal of Economics*，2000.

Wu J.，"China's Economic Reform：Past，Present and Future"，*Perspectives*，1（5），April 30，2006.

Wu Y.，Capital Stock Estimates for China's Regional Economies：Results and Analyses，Citation：Economics Discussion Papers 07. 16，UWA Business School，University of Western Australia，2007.

安同良、周绍东、皮建：《R&D 补贴对中国企业自主创新的激励效应》，《经济研究》2009 年第 10 期。

北京大学中国经济研究中心宏观组：《产权约束、投资低效与通货紧缩》，《经济研究》2004 年第 9 期。

曹耳东、傅红岩：《市场过度竞争的产权经济学分析》，《学术月刊》1999 年第 10 期。

曹建海：《我国重复建设的形成机理与政策措施》，《中国工业经济》2002 年第 4 期。

曹建海：《中国产业过度竞争的制度分析》，《学术季刊》2001 年第 1 期。

曾五一、江晓冬、吴一群：《重复建设的效应、成因及其治理》，《厦门大学学报》2006 年第 3 期。

陈冬华：《地方政府，公司治理与补贴收入》，《财经研究》2003 年第 9 期。

陈晓、李静：《地方政府财政行为在提升上市公司业绩中的作用探析》，《会计研究》2001 年第 12 期。

陈宗胜、黎德福：《内生农业技术进步的二元经济增长模型——对"东亚奇迹"和中国经济的再解释》，《经济研究》2004 年第 4 期。

陈志：《新兴产业产能过剩了吗》，《经济研究参考》2010 年第 28 期。

单豪杰、师博:《中国工业部门的资本回报率:1978～2006》,《产业经济研究》2008 年第 6 期。

单豪杰:《中国资本存量 K 的再估算:1952～2006 年》,《数量经济技术经济研究》2008 年第 10 期。

杜丹清:《在促进正常竞争中制止过度竞争——日本政府制止过度竞争措施的启示》,《经济问题探索》1999 年第 5 期。

杜重华:《我国钢铁行业产能过剩研究——以我国 22 家钢铁企业上市公司为例》,东北财经大学硕士学位论文,2011。

付保宗、郭海涛:《美日的产能过剩及应对措施》,《宏观经济管理》2011 年第 3 期。

高桂平、董明会:《论企业"过度"进入行为对我国市场结构和经济绩效的改善》,《当代财经》1998 年第 2 期。

工业和信息化部:《船舶工业"十二五"发展规划》,2012。

工业和信息化部:《建材工业"十二五"发展规划》,2011。

工业和信息化部:《有色金属工业"十二五"发展规划》,2011。

郭庆旺、贾俊雪:《地方政府行为、投资冲动与宏观经济稳定》,《管理世界》2006 年第 5 期。

国家发展和改革委员会:《关于抑制部分行业产能过剩和重复建设引导产业健康发展的若干意见》,2009。

国家能源局:《风电发展"十二五"规划》,2012。

国家能源局:《太阳能发电发展"十二五"规划》,2012。

国务院办公厅:《船舶工业调整和振兴规划》,2009。

韩国高、高铁梅、王立国、齐鹰飞:《中国制造业产能过剩的测度、波动及成因研究》,《经济研究》2011 年第 12 期。

韩秀云:《欧债危机对我国光伏产业发展的影响》,《国际经济合作》2012 年第 12 期。

何记东、史忠良:《产能过剩条件下的企业扩张行为——以我国钢铁产业为例》,《江西社会科学》2012 年第 3 期。

江春、吴磊、滕芸:《中国全要素生产率的变化:2000～2008》,《财经科学》2010 年第 7 期。

江飞涛:《中国钢铁工业产能过剩问题研究》,中南大学博士学位论文,2008。

江飞涛、耿强、吕大国、李晓萍：《地区竞争、体制扭曲与产能过剩的形成机理》，《中国工业经济》2012年第6期。

江飞涛、曹建海：《市场失灵还是体制扭曲？——重复建设形成机理研究中的争论、缺陷与新的进展》，《中国工业经济》2009年第1期。

江飞涛、陈伟刚、黄健柏、焦国华：《投资规制政策的缺陷与不良效应——基于中国钢铁工业的考察》，《中国工业经济》2007年第6期。

江飞涛、李晓萍：《直接干预市场与限制竞争：中国产业政策的取向与根本缺陷》，《中国工业经济》2010年第9期。

江小涓：《经济转轨时期的产业政策——对中国经验的实证分析和前景展望》，上海人民出版社，1996。

江小涓：《体制转轨中的增长、绩效与产业组织变化——对中国若干行业的实证研究》，上海人民出版社，1999。

姜江：《我国部分新兴产业存在"潜在产能过剩"问题》，《宏观经济管理》2010年第10期。

科尔奈：《短缺经济学》，经济科学出版社，1986。

科尔奈：《社会主义体制——共产主义政治经济学》，中央编译出版社，2007。

孔庆洋、余妙志：《中国各地区工业资本存量的估算》，《经济问题探索》2008年第4期。

雷前治：《积极应对产能过剩促进水泥产业升级——"十二五"水泥工业发展规划思考》，《中国水泥》2011年第10期。

李保明：《竞争的自由与经济效率》，《经济评论》2002年第4期。

李宾、曾志雄：《中国全要素生产率变动的再测算：1978～2007年》，《数量经济技术经济研究》2009年第3期。

李宾：《我国资本存量估算的比较分析》，《数量经济技术经济研究》2011年第12期。

李江涛：《产能过剩问题、理论及治理机制》，中国财政经济出版社，2006。

李军杰、钟君：《中国地方政府经济行为分析——基于公共选择视角》，《中国工业经济》2004年第4期。

李军杰、周卫峰：《基于政府间竞争的地方政府经济行为分析——以"铁本事件"为例》，《经济体制比较》2005年第1期。

李军杰：《经济转型中的地方政府经济行为变异分析》，《中国工业经济》2005 年第 1 期。

李鹏：《我国煤化工行业产能过剩问题研究》，东北财经大学博士学位论文，2011。

李伟：《进入替代、市场选择与演化特征——中国经济体制转型中市场进入问题研究》，上海财经大学出版社，2006。

林毅夫、任若恩：《东亚经济增长模式相关争论的再探讨》，《经济研究》2007 年第 8 期。

林毅夫、巫和懋、邢亦青：《"潮涌现象"与产能过剩的形成机制》，《经济研究》2010 年第 10 期。

林毅夫：《潮涌现象与发展中国家宏观经济理论的重新构建》，《经济研究》2007 年第 1 期。

刘秉镰、武鹏、刘玉海：《交通基础设施与中国全要素生产率增长》，《中国工业经济》2010 年第 3 期。

刘世锦：《从增长阶段理解发展方式转型》，《经济研究》2011 年第 10 期。

刘世锦：《增长速度下台阶与发展方式转变》，《经济学动态》2011 年第 5 期。

刘世锦：《正视阶段新变化　用好战略机遇期　坚持稳中求进》，《求是》2012 年第 18 期。

刘生龙、胡鞍钢：《基础设施的外部性在中国的检验：1988～2007》，《经济研究》2010 年第 3 期。

刘新宇：《破解金融危机后新能源产能过剩的政策困局》，《经济问题探索》2010 年第 3 期。

刘晔：《焦炭行业产能过剩的特征、原因及对策分析》，《生产力研究》2009 年第 3 期。

刘长发：《如何看待目前我国水泥产能过剩的问题》，中国建材产业发展研究论文集，2010。

卢峰：《建立和完善"大国开放宏观政策架构"》，《消费日报》2010 年 5 月 20 日。

罗清启：《中国造船战略突围路径》，《董事会》2011 年第 2 期。

罗云辉：《过度竞争：经济学分析与治理》，上海财经大学出版社，

2004。

吕铁：《日本治理产能过剩的做法及启示》，《求是》2011 年第 5 期。

鲁保林：《中国工业资本存量估算：1981～2009》，《郑州轻工业学院学报（社会科学版）》2012 年第 10 期。

马传景：《关于解决重复建设问题的深层思考》，《求是》2003 年第 10 期。

蒙丹：《我国新能源产业链的低端产能过剩问题研究》，《经济纵横》2010 年第 5 期。

牛桂敏：《从过度竞争到有效竞争：我国产业组织发展的必然选择》，《天津社会科学》2001 年第 3 期。

皮建才：《中国地方政府重复建设的内在机制研究》，《经济理论与经济管理》2008 年第 4 期。

蒲小雷：《2012 年最严峻的八大实体行业：有色钢铁产能过剩》，《中国经济周刊》2012 年 12 月 19 日。

彭国华：《中国地区收入差距、全要素生产率及其收敛分析》，《经济研究》2005 年第 9 期。

秦萍：《产能过剩几多愁》，《中国船检》2009 年第 11 期。

邵敏、包群：《政府补贴与企业生产率——基于我国工业企业的经验分析》，《中国工业经济》2012 年第 7 期。

邵敏、包群：《出口企业转型对中国劳动力就业与工资的影响》，《世界经济》2011 年第 6 期。

邵敏、包群：《地方政府补贴企业行为分析：扶持强者还是保护弱者？》，《世界经济文汇》2011 年第 1 期。

沈坤荣、钦晓双、孙成浩：《中国产能过剩的成因与测度》，《产业经济评论》2012 年第 4 期。

沈婷婷：《钢铁行业产能过剩痼疾治理——基于固定资产投资的研究》，华中科技大学博士学位论文，2010。

盛文军：《转轨时期我国的产能过剩及政策选择》，《西南金融》2006 年第 10 期。

苏剑：《产能过剩背景下的中国宏观调控》，《经济学动态》2010 年第 10 期。

孙执中：《日本怎样避免盲目投资与重复建设——对日本特种萧条产业

政策史的考察》,《日本学刊》1997 年第 3 期。

孙琳琳、任若恩:《中国资本投入和全要素生产率的估算》,《世界经济》2005 年第 12 期。

孙文凯、肖耿、杨秀科:《资本回报率对投资率的影响:中美日对比研究》,《世界经济》2010 年第 6 期。

唐清泉、罗党论:《政府补贴动机及其效果的实证研究》,《金融研究》2007 年第 6 期。

唐要家:《进入竞争与市场绩效:辨明与检验》,《产业经济研究》2004 年第 4 期。

王立国、张日旭:《财政分权背景下的产能过剩问题研究——基于钢铁行业的实证分析》,《财经问题研究》2010 年第 12 期。

王立国、赵琳、高越青:《谨防风电设备、多晶硅行业性产能过剩的风险》,《宏观经济管理》2011 年第 5 期。

王立国:《理性发展现代煤化工行业的思考——基于防范产能过剩风险的视角》,《宏观经济研究》2012 年第 1 期。

王玲:《中国工业行业资本存量的测度》,《世界经济统计研究》2004 年第 1 期。

王小广:《产能过剩:后果、原因和对策》,《中国经贸导刊》2006 年第 2 期。

王小广:《对近期投资过热程度及后果的分析》,《中国财政》2006 年第 10 期。

王晓姝、李锂:《产能过剩的诱因与规制——基于政府视角的模型化分析》,《财经问题研究》2012 年第 9 期。

王岳平:《我国产能过剩行业的特征分析及对策》,《宏观经济管理》2006 年第 6 期。

王志刚、龚六堂、陈玉宇:《地区间生产效率与全要素生产率增长率分解 (1978～2003)》,《中国社会科学》2006 年第 2 期。

魏后凯:《从重复建设走向有序竞争》,人民出版社,2001。

武鹏:《改革以来中国经济增长的动力转换》,《中国工业经济》2013 年第 2 期。

小宫隆太郎、奥野正宽等:《日本的产业政策》,国际文化出版公司,1988。

徐晓晶:《有效解决中国造纸行业产能过剩问题的研究》,上海交通大学博士学位论文,2011。

杨蕙馨:《从进入退出角度看中国产业组织的合理化》,《东南大学学报(社会科学版)》2000年第4期。

杨蕙馨:《中国企业的进入退出:1985~2000年汽车与电冰箱产业的案例研究》,《中国工业经济》2004年第3期。

杨培鸿:《重复建设的政治经济学分析:一个基于委托代理框架的模型》,《经济学季刊》2006年第1期。

杨其静、杨继东:《政治联系、市场力量与工资差异——基于政府补贴的视角》,《中国人民大学学报》2010年第2期。

杨英杰:《体制上解决产能过剩的深层次问题》,《学习时报》2009年9月7日。

易纲、樊纲、李岩:《关于中国经济增长与全要素生产率的理论思考》,《经济研究》2003年第8期。

殷保达:《中国产能过剩治理的再思考》,《经济纵横》2012年第4期。

喻新安:《对"重复建设"批评的批评》,《企业活力》2002年第5期。

詹姆斯、克罗蒂、向悦文:《为什么全球市场会遭受长期的产能过剩?——来自凯恩斯,熊彼特和马克思的视角》,《当代经济研究》2013年第1期。

张晖明:《对当前"产能过剩"判断的深层分析和政策建议》,《江苏行政学院学报》2010年第3期。

张军:《转轨经济中的"过度进入"问题——对"重复建设"的经济学分析》,《复旦学报(社会科学版)》1998年第1期。

张军、吴桂英、张吉鹏:《中国省际物质资本存量估算:1952~2000》,《经济研究》2004年第10期。

张军:《资本形成、工业化与经济增长:中国的转轨特征》,《经济研究》2002年第6期。

张松林、武鹏:《全球价值链的"空间逻辑"及其区域政策含义》,《中国工业经济》2012年第7期。

张玲斌:《抑制产能过剩势头提高产业竞争水平》,《经济探析》2010年第7期。

张维迎、马捷:《恶性竞争的产权基础》,《经济研究》1999年第6期。

张伟、曹洪军：《我国不合理重复建设及其治理》，《宏观经济研究》2004 年第 5 期。

张晓晶：《"产能过剩"并非洪水猛兽》，《学习时报》2006 年 4 月 10 日。

张新海：《产能过剩的定量测度与分类治理》，《宏观经济管理》2010 年第 1 期。

赵伟、马瑞永、何元庆：《全要素生产率变动的分解——基于 Malmquist 生产力指数的实证分析》，《统计研究》2005 年第 7 期。

赵颖：《产能过剩的定量测算及其与宏观经济的相关性研究》，安徽大学硕士学位论文，2011。

郑京海、胡鞍钢、Arne Bigsten：《中国的经济增长能否持续——一个生产率视角》，《经济学（季刊）》2008 年第 3 期。

郑胜利：《日本反过度竞争的经验及其对我国的启示》，《经济与管理研究》2000 年第 3 期。

植草益：《日本的产业组织：理论与实证前沿》，经济管理出版社，2000。

中国经济周刊编辑部：《2012 年中国实体经济发展报告》，《中国经济周刊》2012 年第 1 期。

周劲、付保宗：《产能过剩的内涵、评价体系及在我国工业领域的表现特征》，《经济学动态》2011 年第 10 期。

周劲、付保宗：《产能过剩在我国工业领域的表现特征》，《经济纵横》2011 年第 12 期。

周劲、付保宗：《工业领域产能过剩形成机制及对策建议》，《宏观经济管理》2011 年第 10 期。

周劲、付保宗：《我国工业领域产能过剩的表现特征及政策建议》，《中国经贸导刊》2011 年第 13 期。

周劲：《产能过剩的概念、判断指标及其在部分行业测算中的应用》，《宏观经济研究》2007 年第 9 期。

周黎安：《晋升博弈中政府官员的激励与合作——兼论我国地方保护主义和重复建设问题长期存在的原因》，《经济研究》2004 年第 6 期。

周黎安：《中国地方官员的晋升锦标赛模式研究》，《经济研究》2007 年第 7 期。

周其仁：《"产能过剩"的原因》，《经济观察报》2005年12月12日。

周维富、吴敏：《钢铁工业产能过剩的危害及其治理对策》，《中国经贸导刊》2010年第3期。

朱利：《光伏产业产能过剩问题研究》，中国社科院研究生院博士学位论文，2012。

宗寒：《我国经济发展中的产能过剩及其防治》，《毛泽东邓小平理论研究》2010年第1期。

左小蕾：《产能过剩并非根源》，《中国电子商务》2006年第3期。

图书在版编目（CIP）数据

产能过剩、重复建设形成机理与治理政策研究/李平等著.
—北京：社会科学文献出版社，2015.8
　（中国社会科学院文库.经济研究系列）
　ISBN 978 - 7 - 5097 - 7128 - 0

　Ⅰ.①产…　Ⅱ.①李…　Ⅲ.①生产过剩 - 研究 - 中国
Ⅳ.①F124

　中国版本图书馆 CIP 数据核字（2015）第 032502 号

中国社会科学院文库·经济研究系列
产能过剩、重复建设形成机理与治理政策研究

著　　者／李　平　江飞涛　曹建海 等

出 版 人／谢寿光
项目统筹／恽　薇　林　尧
责任编辑／张景增　刘宇轩

出　　　版／社会科学文献出版社·经济与管理出版分社（010）59367226
　　　　　　地址：北京市北三环中路甲 29 号院华龙大厦　邮编：100029
　　　　　　网址：www.ssap.com.cn
发　　　行／市场营销中心（010）59367081　59367090
　　　　　　读者服务中心（010）59367028
印　　　装／北京季蜂印刷有限公司

规　　　格／开　本：787mm × 1092mm　1/16
　　　　　　印　张：13.5　字　数：230 千字
版　　　次／2015 年 8 月第 1 版　2015 年 8 月第 1 次印刷
书　　　号／ISBN 978 - 7 - 5097 - 7128 - 0
定　　　价／59.00 元